Andreas Austilat

Auch das geht vorbei

Buch
»Mit fünfzig fängt man ja schon mal an, Bilanz zu ziehen, wie es so gelaufen ist bisher. Das Leben an sich. Man muss Optimist sein, wenn man mit fünfzig noch glaubt, jetzt wäre Halbzeit. Nein, keine Frage, die Kurve zeigt nach unten. Die ganz großen Lebensentscheidungen, Frau, Haus, Kinder, sind längst alle getroffen. Natürlich kenne ich Leute, die glauben, sie könnten dann noch einmal von vorne anfangen...«

Autor
Andreas Austilat, geboren 1957, ist Reporter beim Tagesspiegel in Berlin. Regelmäßig erscheint dort seine beliebte Kolumne »Austilat spart« über die Wechselfälle des Lebens. Er ist verheiratet, hat Sohn und Tochter und wohnt in Berlin.

Von Andreas Austilat ist bei Goldmann außerdem erschienen:
»Hotel kann jeder«
»Vom Winde gesät«

Andreas Austilat

Auch das geht vorbei

Das Trostpflaster für den Mann ab 50

GOLDMANN

Sollte diese Publikation Links auf Webseiten Dritter enthalten,
so übernehmen wir für deren Inhalte keine Haftung,
da wir uns diese nicht zu eigen machen, sondern lediglich auf
deren Stand zum Zeitpunkt der Erstveröffentlichung verweisen.

Dieses Buch ist auch als E-Book erhältlich.

Verlagsgruppe Random House FSC® N001967

1. Auflage
Originalausgabe Februar 2020
Copyright © 2020 by Wilhelm Goldmann Verlag, München,
in der Verlagsgruppe Random House GmbH,
Neumarkter Str. 28, 81673 München
Umschlaggestaltung: UNO Werbeagentur, München
Umschlagfoto: FinePic®, München
Redaktion: Antje Steinhäuser
Satz: Uhl + Massopust, Aalen
KF · Herstellung: kw
Druck und Einband: GGP Media GmbH, Pößneck
Printed in Germany
ISBN: 978-3-442-15993-2
www.goldmann-verlag.de

Besuchen Sie den Goldmann Verlag im Netz

Inhaltsverzeichnis

Vorwort........................... 7

1
Der Hahn tropft................... 9

2
Verlierer wie wir.................. 29

3
Das Kettensägenmassaker.......... 47

4
Pizza Studente.................... 73

5
Zeit, die Reißleine zu ziehen..... 101

6
Paarberatung im Fliesenmarkt..... 123

7
Nestflucht........................ 147

8
Farbenspiele in der Badewanne.... 161

9
»Papa! Was machst du denn hier?«................. 181

10
Ein ganzes Leben in sechs Alben.................. 209

11
Der Triathlon 229

12
Tanz auf dem Tisch 249

13
Ein neues Projekt.............................. 273

Danke 285

Vorwort

Dieses Buch beruht auf vielen wahren Begebenheiten, eigenen Erlebnissen, Beobachtungen und Erzählungen anderer. Die handelnden Figuren sind erfunden. Sollte es Ähnlichkeiten mit echten Personen geben, gar jemand glauben, sich darin wiederzuerkennen, dann ist das keineswegs ein Zufall: Die auftretenden Charaktere sind in vielerlei Hinsicht typisch und kommen einem insofern womöglich vertraut vor.

1
Der Hahn tropft

»Das Wasser!«, schallte ihre Stimme von unten, der Vorwurf darin war unüberhörbar. »Komme schon«, murmelte ich auf dem Weg zum Bad. Meine Tochter Sophie stand am Fuß der Treppe, ein Handtuch über der Schulter. Fehlte nur noch, dass sie mit dem Fuß aufstampft, wie früher. Aber das machen Sechzehnjährige natürlich nicht. Jedenfalls stimmte irgendetwas mit der Dusche nicht. Wir hatten nur noch die Wahl zwischen ganz kalt oder brutal heiß.

Warum das so war? Ich hatte keine Ahnung. Ob es mit der extremen Hitze draußen zusammenhing? Es war nicht mal halb neun in der Früh, und selbst der Hund sah aus, als schien er zu schwitzen. Eigenartig, dachte ich, Hunde können gar nicht schwitzen. Dann fiel mir wieder ein, dass er vergangenen Sonntag neben dem Grill gestanden hatte und auch nicht weggelaufen war, als ihm das Fett aus den Bratwürsten über den Rand des Grills auf den Schädel tropfte. Immer noch klebten ihm die Kopfhaare in Strähnen zusammen. Was ihn nicht zu stören schien, im Gegenteil, wahrscheinlich mochte er die leichte Bratenfettnote, die selbst nach sechs Tagen wie eine Fahne hinter ihm herwehte. Man sollte den Hund vielleicht mal draußen unter den Rasensprenger stellen. Ging aber nicht, ich hatte nämlich ein Rasensprengverbot ausgesprochen. Wir müssen sparen, weil ich wohl wieder keine Gehaltserhöhung bekommen würde. Eine hohe Wasserrechnung liefe meinen Bemühungen da sehr zuwider.

Der Frühling war in diesem Jahr ausgefallen, der Sommer dauerte nun schon eine gefühlte Ewigkeit. Keine Frage, das musste der Klimawandel sein. Wahrscheinlich war der Durchlauferhitzer eines seiner ersten Opfer. Er kannte kein Mittelmaß mehr, keinerlei Dazwischen. Sollte das unser aller Schicksal sein? War der Durchlauferhitzer ein Beispiel dafür, dass auch Maschinen Gefühle entwickeln, sich am Ende der Natur unterwerfen müssen? In Gedanken entwarf ich einen Werbespot für einen Durchlauferhitzerhersteller, das Gerät trieb auf einer Eisscholle, die nicht kleiner wurde, weil der Heißwasserbehälter so gut isoliert war. Werbung ist mein Beruf.

»Das ist nicht schlecht!«, sagte ich laut.

»Papa, wovon sprichst du?« Sophie starrte mich an, während ich immer noch die Klinke der Badezimmertür in der Hand hielt. Erst jetzt schaute ich richtig hin. In ihrem Mundwinkel klebte noch ein wenig Marmelade. Das war wohl nicht der richtige Zeitpunkt, mit ihr über philosophische Fragen zu diskutieren. Sie wollte duschen. Und zwar lauwarm. Du liebe Zeit. Ist es nicht das Vorrecht der Jugend, sich in Extremen auszuprobieren? Lauwarm kann man doch später noch haben. In meinem Alter zum Beispiel. Wenn man nicht mehr so wild ist. »Warum duschst du nicht einfach mal eiskalt?«, sagte ich.

»Manchmal bist du echt komisch«, erwiderte sie, ließ mich stehen und ging in ihr Zimmer.

Natürlich wusste ich das mit der Dusche schon länger. Ich hatte gehofft, das Problem würde sich von alleine erledigen. Aber meine Tochter erwartete von mir, dass ich das jetzt richtete. So wie ich immer alles gerichtet hatte, wie früher zum Beispiel, als Maxi, ihr schwarzes Kaninchen, mit seinen Nagezähnen ihrer Lieblingspuppe den Zeh abgebissen hatte und sie zu mir gekommen war, um mich zu bitten: »Mach das wieder ganz.«

Die Kleine. Das heißt, Sophie war gar nicht mehr klein. Sechzehnjährige sind viel schwieriger zu beeindrucken als Kleinkinder. Sind sie noch kein Jahr alt, reicht es doch, den Lichtschalter an- und auszuknipsen, schon ist man so etwas wie Gott. Ein Mann mit magischen Kräften, Herr über Licht und Dunkelheit. Daran muss ich immer denken, wenn mir Markus von seinem Nachwuchs erzählt, von vollen Windeln und Schreibabys. Und dass er selbstverständlich Erziehungszeit genommen hat, als Noah zur Welt kam. Markus ist mein Kollege und war mit vierundvierzig spät gebärend. Jetzt tat er auf einmal so, als lägen Jahrzehnte zwischen uns. Was für ein Unsinn, ich bin Anfang fünfzig. Außerdem blieb Markus nur zwei Monate zu Hause, und er hatte dort auch nicht etwa den Laden alleine geschmissen, wie er uns heute in der Kantine glauben machen wollte,

wenn er seine neuerworbenen erzieherischen Fähigkeiten zum Besten gab. Sogar wenn die Webdesignerin aus dem ersten Stock vom Stillen erzählt, will er mitreden. Und natürlich hatten es junge Eltern nie so schwer wie heute, seit sein Noah auf der Welt war. Alles sei ja so teuer. Wenn ich dann mal einwende, das sei nur der Anfang, hört er mir gar nicht zu. Er glaubt ganz fest, ich als alter Vater könne das nicht beurteilen. Außerdem sei sein Noah einzigartig, er könne nämlich schon sprechen, er sagt Mama und Papa und Babamm, wenn er Luftballon meint. Wahrscheinlich steckte auch ein bisschen Kalkül dahinter. In meinem Job gilt man jenseits der dreißig schnell als weniger kreativ, weil irgendwie in Routinen verfangen. Also geben sich alle so jung wie möglich und zwängen sich in viel zu enge Hosen.

Nun, ich kann versichern, da kommt noch eine ganze Menge mehr auf Markus zu. Ich weiß das, denn ich habe zwei Kinder, Florian heißt der Junge und Sophie das Mädchen. Sophie ist in der Pubertät, Florian schon drüber. Die sagen nicht Babamm zu Luftballon, die kommen mit den binomischen Formeln, Futur II in Französisch und dem Frauenbild bei Heinrich von Kleist. Und es mag ja sein, dass so ein Beutel Windeln nicht billig ist. Aber hat eigentlich irgendjemand, der sich gerade darüber Gedanken macht, wie man einem Vierjährigen Radfahren beibringt, eine Vorstellung davon, was ein Auslandsaufenthalt für einen sechzehnjährigen Oberschüler in Amerika kostet? Ich weiß es, denn Sophie plant seit Wochen genau das. Oder ein Führerschein. Und das, obwohl ich mit Anfang fünfzig gerade in einer Phase stecke, in der die großen Gehaltssprünge ausbleiben.

Das mit ihrer Puppe und dem Kaninchen damals war der erste Fall, in dem ich Sophies Vertrauen enttäuschen musste. Natürlich konnte ich keinen neuen Zeh modellieren. Stattdessen zog ich der Puppe eine Socke an und behauptete, sie hätte kalte Füße. Funktionierte leider nicht wirklich. Meine Tochter fand die Puppe fortan gruselig, verstieß sie, und ich wusste, dass Sophie mir insgeheim Vorwürfe machte. Dabei war ich gegen das Kaninchen gewesen. Kaninchen sind längst nicht so kuschelig, wie man gemeinhin glaubt. Und in seinem letzten Lebensmonat hat Maxi Tierarztrechnungen für zweihundert Euro aufgehäuft. Das meiste ging für seine Zahnbehandlung drauf. Das hat Maxi auch nicht gerettet, aber welcher Vater will seiner Tochter schon erklären, dass das liebe kleine Kuscheltier mit den traurigen braunen Knopfaugen keine Operation mehr bekommt? Weil sich das nicht mehr lohnt.

Jedenfalls war das mit der Dusche im Winter nicht wirklich ein Problem gewesen. Ich hatte da eine Theorie entwickelt. Wahrscheinlich hat es damit zu tun, dass das Wasser aus dem gefrorenen Erdreich vorgekühlt ins Haus gekommen war. Da hatte es der Durchlauferhitzer ganz einfach nicht geschafft, das eisige Nass zum Kochen zu bringen. Jetzt macht er das im Handumdrehen, selbst wenn man ihn nur auf der kleinsten Stufe einschaltet. Er kann gar nicht anders. Ich löste zwei Schrauben, die den Gehäusedeckel an seinem Platz hielten. Drinnen sah ich ein mysteriöses Wirrwarr aus Röhren und Spulen. Ich hängte den Deckel wieder in seine Verankerung. »Was kann es Schöneres geben, als im Sommer kalt zu duschen«, murmelte ich vor mich hin.

»Mann, Papa!« Meine Tochter stand wieder in der Badezimmertür, verdrehte die Augen, während sie gleichzeitig mit einer Hand ein Bündel ihres Langhaars hielt und mit der anderen die Bürste darüber hinwegführte. »Wenn du das nicht hinkriegst, hol halt einen Klempner.«

Ich war nicht mehr ihr Held. Genauso gut hätte ich sagen können: »Lass uns einfach eine Socke über den Brausekopf ziehen.« Sie hielt ganz offensichtlich einen fremden Profi für zuverlässiger als mich. Ich musste irgendwie von dem Thema Dusche wegkommen. »Was hast du denn da für ein Armband am Handgelenk?«, fragte ich im Gegenzug und zeigte auf ein neongelbes Kunststoffbändchen an ihrem Unterarm, das allerdings nicht mehr ganz frisch war. »Weißt du doch, vom Hurricane.« Das war ein Festival, das sie besucht hatte, drei Tage lang, irgendwo am Rand der Lüneburger Heide. Unsere Tochter hatte ein halbes Jahr lang genervt und aufgezählt, wer dort alles hindurfte, offenbar die halbe Schule. Erst im Nachhinein hatte sich herausgestellt, dass es sich eigentlich nur um ihre beste Freundin handelte. Aber da war es schon zu spät, da hatte sie mir schon die Eintrittskarte abgeschwatzt, hundertachtzig Euro. Ich hatte auch nicht vergessen, dass sie dafür eigentlich den Schuppen streichen wollte. Wozu sie leider noch nicht gekommen war. »Hurricane war vor einem Monat«, sagte ich, statt sie an den Schuppen zu erinnern, »und du trägst das Band immer noch.« Ich erzählte ihr von Wolfgang Petry, einem Sänger, der früher ungefähr hundert solcher Bänder am Handgelenk getragen hatte. »Das ist Wahnsinn«, sang ich vor mich hin, der einzige Song von Wolfgang Petry, der mir einfiel. Meine Tochter blieb unbeeindruckt. Sie kannte Wolfgang Petry nicht, und meinen Einwand, dass häufiges Duschen gar nicht gut für prähistorische Armbänder von hohem zeitgeschichtlichem Wert wäre, fand sie kein bisschen lustig. »Mann, Papa«, sagte sie noch mal.

Ich schraubte den Deckel wieder fest. »An der Elektronik liegt es nicht«, behauptete ich. Was einigermaßen kühn war, denn meiner Theorie vom Einfluss der Jahreszeiten auf die Wasserversorgung fehlte bislang der Beweis. Aber irgendetwas musste jetzt passieren. Und wieso sollte ich das nicht hinkriegen? Ich halte mich durchaus für einen praktisch veranlagten Menschen. Schließlich hatte ich mal als Student in den Semesterferien auf dem Bau gearbeitet. Das war zwar schon ein paar Jahre her, aber meine Güte.

»Weißt du eigentlich, dass dein Vater an der Stadtautobahn mitgebaut hat?« Da bin ich stolz drauf, immer wenn ich unter der Autobahnbrücke durchfahre, erzähle ich, wie ich die Rohre der Leitungen unter der Fahrbahn angestrichen habe. Die sieht man zwar nicht mehr, aber ich weiß, dass sie da sind. »Ich stand auf dem Gerüst, ganz oben.« Meine Tochter schien mir gar nicht zuzuhören. »Habe ich dir mal erzählt, wie ich da runtergefallen bin?« Sie drehte sich einfach wieder um und ging in ihr Zimmer. Da hing ein neuer Sticker an ihrer Tür: »New York – Berlin.« Der dürfte von ihrem Bruder sein. Florian, inzwischen neunzehn, hatte vor zwei Jahren ein Austauschjahr in den USA verbracht. Und bald schon

würde sie dran sein. Du liebe Zeit, wenn ich daran denke, was das gekostet hatte, wurde mir ganz schwindelig. Außerdem, mein kleines Mädchen allein in Amerika? Das wollte ich eigentlich nicht. Durfte ich natürlich nur denken, nie sagen.

Klempner lasse ich grundsätzlich ungern bei uns rein. Es gibt diesen Sanierungsstau, weshalb unser Haus hier und da womöglich den Anschein erweckt, ein wenig marode zu sein. Einmal in der Woche reißt irgendwo im Haus ein Rollladengurt, worauf der Rollladen mit lautem Krachen auf dem Fensterbrett aufschlägt und für Verdunkelung sorgt, bis ich das Ding wieder geflickt habe. Die Fenster müssten auch dringend gestrichen werden. Und die Regenrinne ist undicht. Mit der Leiter komme ich aber nicht dran, habe ich schon probiert. Dafür ist das Haus abbezahlt. Auch darauf bin ich stolz. Mit fünfzig fängt man ja schon mal an, Bilanz zu ziehen, wie es so gelaufen ist bisher. Das Leben an sich. Man muss ja schon ein ziemlicher Optimist sein, wenn man mit fünfzig noch glaubt, jetzt wäre Halbzeit. Nein, keine Frage, die Kurve zeigt seit einiger Zeit nach unten. Die ganz großen Lebensentscheidungen, Frau, Haus, Kinder, ich habe sie längst alle getroffen. Natürlich kenne ich Leute, die glauben, sie könnten dann noch einmal von vorne anfangen. Mein eigener Vater zum Beispiel hat mit fünfzig eine neue Familie gegründet. Weshalb ich einen jüngeren Halbbruder habe, der vergleichsweise früh zum Halbwaisen wurde. Bastian steht altersmäßig genau zwischen mir und unseren Kindern. Vielleicht sehe ich mich deshalb manchmal als so eine Art Ersatzvater für ihn, was unsere Beziehung nicht leichter macht. Aber abgesehen davon – würde ich wirklich noch einmal von vorne anfangen wollen?

Warum auch, es läuft super. Außer dass ich seit geraumer Zeit beobachte, dass am Monatsende nichts übrig bleibt. Obwohl das Haus abbezahlt ist. Was mich ein wenig besorgt stimmt. Früher konnten wir uns eindeutig mehr leisten. Was würde als Nächstes kommen? Womöglich die Pleite, wenn es mir nicht gelänge, das Ruder herumzureißen?

Auch deswegen bin ich gegen den Klempner. Wenn ich einen Klempner ins Haus lasse, würde der wahrscheinlich behaupten, die Rohre müssen raus. Und überhaupt, wer erhitzt sein Wasser schon elektrisch? Mit einem Durchlauferhitzer. Der muss auch raus. Und dann würde er mir vorrechnen, wie viel ich spare, wenn wir alles neu machen. Wobei er mir nicht sagen würde, dass es dreißig Jahre dauert, bis ich das wieder drin hätte. Dreißig Jahre. Dann bin ich achtzig. Ja, in meinem Alter fängt man an, solche Berechnungen anzustellen. Wenn ich lese, das Berliner Pergamonmuseum wird 2024 fertig, denke ich ganz automatisch daran, wie alt ich dann sein werde. Verdammt, der Tag ist nicht mehr fern, da werde ich mich fragen, ob ich bei großen Bauvorhaben noch das Ende erlebe.

»Hast du dir mal angeguckt, was Möbius jetzt für ein Bad haben?« Siggi und Charlotte Möbius sind unsere Nachbarn. Und meine Frau stellt mir Siggi immer als leuchtendes Vorbild hin, weil er handwerklich so begabt ist. Angeblich. In Wirklichkeit ist er Freiberufler und den ganzen Tag zu Hause. Seine Frau hat einen guten Job in einer Bank. Das heißt, Siggi tut also nichts, außer

am Gartenzaun zu stehen und mir mit guten Ratschlägen auf die Nerven zu gehen.

»Siggi hat das alles selbst gefliest«, sagte meine Frau, »sieht super aus.«

»Dafür ist unser Bad vintage«, versuchte ich ein wenig Wind aus der Debatte zu nehmen.

Meine Frau steht auf Vintage. Was bedeutet, dass sie unser Haus mit altem Zeug dekoriert. Unser Küchenschrank zum Beispiel ist Jahrgang 1910 und zur Hälfte abgebeizt. Leider nur zur Hälfte. Daniela, so heißt meine Frau, hat eine Menge Vorzüge. Einer ihrer Nachteile ist, dass sie gern ein neues Projekt beginnt, bevor sie das alte zu Ende gebracht hat. Ich sage dazu nichts. Ich meine, es gibt schlimmere Hobbys, als bei eBay-Kleinanzeigen vergammelte Möbel zu ersteigern und sie dann auf noch älter zu trimmen. Neulich zum Beispiel, da fuhren wir nach Lindow im Brandenburgischen, weil Ronnie, er hieß wirklich so, eine Kommode zu verkaufen hatte. Für zwanzig Euro. So sah die Kommode dann auch aus. Die war nicht antik, die war von irgendeiner Resterampe und keine zwanzig Euro wert. Aber weder meine Frau noch ich trauten uns, das Ronnie auch zu sagen. Ronnie sah nämlich nicht so aus, als ob er es lässig nehmen würde, wenn jemand seine Kommode schlechtmachte. Außerdem hätten wir uns damit eingestanden, den ganzen Weg für nichts gefahren zu sein. Achtzig Kilometer, und das war nur die Tour hin.

»Was ist eigentlich aus Ronnies Kommode geworden?«, fragte ich, um mal ein bisschen von mir abzulenken.

»Ich weiß gar nicht, was du hast«, sagte Daniela, »war

doch ein toller Ausflug. Früher haben wir das öfter gemacht, heute sitzen wir am Wochenende zu Hause.«

Kam es mir nur so vor, oder nörgelten in letzter Zeit alle an mir rum? Der Ausflug bestand doch darin, dass wir im Nieselregen um einen See liefen, von dem man mir vorher versprochen hatte, das wäre in einer Stunde zu schaffen. Es wurden zwei, und ich saß anschließend in nassen Klamotten in einem Restaurant, in dem es penetrant nach Fisch roch. Die Maräne war allerdings lecker. Jedenfalls hatten wir schließlich fünfzig Euro für das Essen ausgegeben, zwanzig Euro für die Kommode und Sprit für hundertsechzig Kilometer verfahren. Auf dem Rückweg hatten wir dann noch eine Reifenpanne. »Gut, dass das jetzt passiert«, hatte meine Frau behauptet, »stell dir mal vor, wir wären auf dem Weg in den Urlaub liegengeblieben.« Ich weiß nicht, was dann anders gewesen wäre. Auf einer Bundesstraße vierzig Kilometer vor Berlin eine Panne zu haben ist jetzt auch nicht so toll. Ich musste die blöde Kommode noch mal ausladen, um an das Ersatzrad zu kommen. Wenigstens habe ich es dann geschafft, trotz Nieselregen relativ zügig das Rad zu wechseln, macht man ja auch nicht jeden Tag. Erst der Wagen, jetzt die Dusche, es sah ganz so aus, als ob mein Leben gerade auf Verschleiß fuhr. Und dann macht man mir zum Vorwurf, dass ich keine Lust habe, am Wochenende wegzufahren. Und überhaupt, dass ich nicht mehr derselbe wie früher sei. Stimmt, ich habe dazugelernt. Und ich weiß inzwischen, dass ich meine Ressourcen schonen muss.

»Vielleicht rufst du wirklich mal einen Klempner an«, schallte es von unten hoch.

»Lass mal, ich kümmere mich drum«, rief ich zurück.

In dem Moment guckte der Junge aus seiner Tür: »Müsst ihr euch wieder streiten? Überhaupt, ihr seid immer so passiv-aggressiv.«

»Wir streiten nicht«, erklärte ich ihm, »wir unterhalten uns über eine Etage hinweg.« Was meint er eigentlich mit »immer« und wieso »wieder«? Und was bedeutet »passiv-aggressiv«? Manchmal verstand ich ihn einfach nicht mehr. »Räum bitte dein Zimmer auf«, gab ich ihm noch mit, bevor er seine Tür schloss.

Außerdem war Samstag, da kommt sowieso kein Handwerker. Und wenn, ist der nur zum teuren Wochenendtarif zu kriegen. »Ich mach es selbst«, rief ich also und bemühte mich um Überzeugungskraft in der Stimme. Ich werde einmal wieder der Held sein. Ganz so wie früher. Meine Tochter kam aus ihrem Zimmer, bürstete sich immer noch die Haare. Lag da so etwas wie Skepsis in ihrem Blick? Oder sogar ein Hauch Spott? Neulich hatte sie mal gesagt, ich sei peinlich, das hatte mich schon sehr getroffen.

»Traust du das deinem Vater etwa nicht zu?«, fragte ich.

»Eigentlich nicht«, antwortete sie, »sonst hättest du es doch schon viel früher erledigen können. Außerdem muss ich zum Hockey.«

Ich spielte am Lichtschalter herum, an, aus, an, früher war alles wirklich viel einfacher gewesen. Diese grenzenlose Verehrung, die einem kleine Kinder entgegenbringen, das war schon ein tolles Gefühl, ging mir erneut durch den Kopf. Ich weiß noch genau, wie ich mal mit meinem Sohn im Zoo war. Er muss so acht gewesen sein. Irgendwann standen wir vor dem Flusspferdhaus und sahen diese Figur: ein Flusspferd aus Bronze. Die Statue stellte Knautschke dar, über Jahrzehnte der Star im Berliner Zoo. Knautschke war das einzige Flusspferd, das den Krieg überlebt hatte. Überhaupt waren die meisten Zootiere bei Kriegsende tot, weil sie entweder den Bomben zum Opfer gefallen oder von hungrigen Berlinern verspeist worden waren. Mehr als dreißig Jahre später allerdings spielte sich im Zoo eine Tragödie ab, von der man bis dahin annehmen durfte, dass sie sich eigentlich nur die alten Griechen nach dem Genuss von reichlich Retsina ausmalen konnten.

Aus Knautschke war inzwischen ein altes Nilpferd geworden, erhaben und weise, aber eben auch nicht mehr richtig fit. Und dann erwischte es ihn ganz arg. Er bekam einen Darmverschluss. Für einen Nilpferdbullen ist das fatal, weil er mit seinem Kot das Revier absteckt. Nante, sein Sohn, kriegte jedenfalls mit, dass der Alte nicht mehr Herr im Haus ist, war seinerseits scharf auf Bulette, die seine eigene Mutter war, und brach seinem Vater im Zweikampf den Kiefer. Anschließend musste Knautschke eingeschläfert werden und steht seitdem in Bronze vor dem Nilpferdhaus. Eine kleine Tafel erzählt seine Geschichte. Ich las sie also meinem Sohn vor, und wie reagierte der gute Junge? Er war fassungslos und meinte: »Das kann gar nicht sein. Väter sind doch viel stärker als ihre Söhne.« Da war er acht. Mit fünfzehn hat mich mein Sohn dann mal im Urlaub beim Rangeln im Schwimmbad derart unter Wasser gedrückt, dass ich dachte, ich würde ertrinken. Er hatte gar nicht bemerkt, dass ich in Not war. Zum Glück blieb damals mein Kiefer heil.

Daran musste ich jetzt also denken, während ich in den Badezimmerspiegel blickte und sah, wie grau meine Haare geworden waren. Ob ich eigentlich schon das richtige Alter hatte, damit mir die Krankenkasse eine Darmspiegelung spendierte?

»Ich hol mal das Werkzeug«, verkündete ich und ging in den Keller. Auf den Keller war ich ganz besonders stolz. Wir hatten hier eine richtige Werkbank, die allerdings vor allem meine Frau nutzte. Ihr Vater hatte einen Schraubstock darauf montiert. Er ist ein ziemlich begabter Handwerker, das muss ich schon zugeben. Und zwar in allem, was anfällt, Farbe, Holz, Wasser, Strom. Natürlich hätte ich ihn jetzt um Hilfe bitten können. Aber die Blöße wollte ich mir nicht geben. Ihr Vater hatte seit unserer Hochzeit, seit zwanzig Jahren also, die Angewohnheit, mich als eine Art Lehrling zu behandeln. Neben der Werkbank stand Ronnies Kommode und harrte der Aufbereitung.

Auf dem Weg nach oben stellte mich meine Frau. »Was hast du vor?«, erkundigte sie sich mit Blick auf den Werkzeugkoffer.

»Den Durchlauferhitzer reparieren.«

»Und das kannst du?« Jetzt fing sie auch noch an.

»Na ja«, sagte ich ein wenig verunsichert, »ich denke schon.«

»Vielleicht sollten wir Toni fragen.«

Du liebe Zeit, das hätte mir noch gefehlt. Toni ist ihr Ex, ein verkrachter Elektriker, der in seinem Leben nicht mehr hingekriegt hat, als vier Kinder mit zwei

Frauen zu zeugen, und der jetzt in einer Art Landkommune vor den Toren der Stadt lebt. Tonis besondere Qualitäten liegen darin, dass er tanzen kann wie ein junger Gott. Und dass er in seiner Jugend mit ziemlich vielen Mädchen zusammen gewesen war, die ich erfolglos angehimmelt hatte. Toni kommt mir nicht ins Haus, da würde ich ja lieber Siggi fragen. »Erinnerst du dich noch, wie wir Toni angerufen haben, als unser einziger Rollladenmotor nicht mehr funktionierte?« Das war ein gutes Argument. Toni hatte einen halben Tag erfolglos daran herumgeschraubt, anschließend fünfzig Euro genommen, die meine Frau ihm bereitwillig gab, weil er sich ja so viel Zeit für uns genommen hatte. Aber der Motor lief dann trotzdem nicht. »Lass mich mal machen«, sagte ich also und ging ins Bad.

Rasch war klar, dass das kleine Stellrad auf dem Deckel des Durchlauferhitzers zwei Positionen hat. Eine, bei der das Wasser nicht richtig warm wird. Und eine weitere, bei der das Wasser so heiß wird, dass alle schreiend aus der Dusche springen und aussehen wie gesottene Hummer. Damit war die Aufgabe klar umrissen: Stufe eins muss heißer werden oder Stufe zwei kälter. Ich legte den Schalter von der Brause- in die Badewannenposition und drehte den Kaltwasserhahn über der Wanne auf. Ein Rinnsal floss aus dem Rohr. So dünn, wie es war, hätte es jeden Urologen alarmiert. Vollkommen klar: Das war der wunde Punkt.

Der wunde Punkt, eigentlich nur so eine Redensart, die ich vor mich hin gebrabbelt hatte. Jetzt brachte sie mich ein wenig aus dem Konzept. Wann war ich

eigentlich das letzte Mal bei der Vorsorge gewesen? Das musste das Alter sein, dass mich eine Wasserleitung derart beschäftigte. Natürlich lag der Gedanke nahe, dass die Leitung völlig verkalkt war, sie war so alt wie das Haus, also etwas über fünfzig Jahre. Wie ich also. Ich dachte an meine Herzkranzgefäße, ob die auch schon verkalkt sind? Ich versuchte, die Armatur abzuschrauben, aber es ging nicht. Vor meinem geistigen Auge sah ich sie abreißen, ein Schwall Wasser, den niemand je stoppen könnte, würde sich ins Bad ergießen. Nervös geworden legte ich mir meine Hand aufs Herz. Lief da irgendetwas unrund? Eigentlich nicht. Eigentlich hatte ich auch gar keinen Grund zur Sorge. Immerhin fahre ich beinahe täglich mit dem Fahrrad zur Arbeit, vierzehn Kilometer hin, vierzehn Kilometer zurück, und glaube fest daran, dass sich meine Herzkranzgefäße in Topzustand befinden. Ich halte mich sogar für ziemlich sportlich. Zu irgendetwas muss die Schinderei ja gut sein.

Die Armatur dagegen hatte ich eindeutig vernachlässigt. Ich ließ die Finger von ihr, viel zu riskant, es musste einen anderen Weg geben. Mein Blick fiel auf drei Hähne an der Wand neben dem Waschbecken, einer ungefähr in Brusthöhe, zwei weitere ganz unten, kurz oberhalb der Sockelleiste. Vermutlich ließ sich mit einem von denen der Wasserzulauf regulieren.

Ich drehte an Hahn Nummer eins, dem in Brusthöhe. Er ließ sich überraschend leicht bewegen, fiel plötzlich sogar ab. Mit einem lauten »Klong« schlug er auf einer Bodenfliese auf. Die überstand das zum Glück schadlos. Ich steckte den Hahn wieder auf den Stumpf, der jetzt aus der Wand guckte, drehte weiter. Es geschah nur nichts. Ich bewegte ihn hektisch in alle Richtungen, das Rinnsal aus dem Hahn über der Wanne wurde weder dünner noch kräftiger.

»Bist du sicher, dass du das schaffst?«, fragte meine Frau von der Tür her.

»Klar«, sagte ich, während ich versuchte, ein Silberfischchen zu erwischen, das aber in einer Ritze entkam. Unser Bad war wirklich in die Jahre gekommen. »Ich verschaffe mir erst einmal einen Überblick. Und ich weiß jetzt, dass es ein Problem mit der Wassermenge gibt, die muss neu eingestellt werden.« Mutiger geworden ging ich in die Hocke, wandte mich Hahn Nummer zwei zu, dem über der Sockelleiste. Doch der saß fest, ließ sich mit der bloßen Hand kein Stück bewegen. Das musste der richtige sein. Entschlossen griff ich zur Rohrzange.

»Und du weißt, was du da tust?« Meine Frau stand in der Badezimmertür und beobachtete mich. »Logisch, schau mal, bei dem Hahn passiert nichts, und der hier sitzt fest. Also muss das der Übeltäter sein, der verhindert, dass mehr Wasser kommt.« Mit der Zange ließ der Hahn sich drehen. »Kommt was«, rief ich einigermaßen euphorisch. Tatsächlich sprudelte Wasser aus einer von mir bislang unbemerkten Öffnung unter dem Hahn und ergoss sich über den Badezimmerfußboden. Der Strahl war schmal, aber beharrlich. Ich versuchte, das Ventil wieder zu schließen. Was mir auch gelang, wenigstens beinahe. Mit dem Finger stellte ich fest, dass es immer noch aus der Öffnung tröpfelte. Das heißt, das Tröpfeln war gerade dabei, sich zu verstetigen. Vielleicht würde

alles wieder gut werden, wenn ich für einen Moment die Augen schloss? Mir wurde heiß.

»Tropft doch immer noch«, stellte meine Frau fest. Wann hatte ich eigentlich das letzte Mal »Ich liebe dich!« zu ihr gesagt? Weiß ich gar nicht, bin ich eben nicht so der Typ für. Dabei mochte ich sie wirklich gern. Eigentlich wie am Anfang, vor rund fünfundzwanzig Jahren, als wir uns kennenlernten. Sie ist auch gar nicht viel älter geworden, hat immer noch fast schwarze Haare, fast schwarze Augen und diese strahlenden Zähne. Ich mag ihr Lächeln. Ihre Art ist besonnen, in kritischen Situationen kann sie allerdings auch etwas Sarkastisches kriegen. Jetzt, aktuell in diesem Moment, ging sie mir auf die Nerven. »Sehe ich«, sagte ich ungewollt schrill. Jetzt hieß es aufpassen. »Wahrscheinlich eine poröse Dichtung.« Ich hatte meine Stimme wieder im Griff, was gut war, denn inzwischen waren auch die Köpfe von unserer Tochter und unserem Sohn in der Badezimmertür aufgetaucht.

»Was macht Papa da?«, fragte Florian in den Raum hinein.

»Er versenkt das Haus«, sagte meine Frau.

Das meine ich mit Sarkasmus. Schon erreichte das Wasser die Oberkante der Schwelle zwischen Badezimmer und Flur.

Den Rest des Wochenendes verbrachte ich damit, das Ventil abzudichten und die Sauerei zu beseitigen. Seit Montag stand ich früher auf, um die Dusche schon mal aufzudrehen. Immerhin war ich nun der Einzige, der diese ganz bestimmte Hahnposition kannte, bei der unsere Tochter die Wassertemperatur akzeptabel fand.

Seit Dienstag wusste ich, dass das Ventil trotz meiner Bemühungen noch immer nicht dicht war und weiter tropfte. Seit Mittwoch versuchte ich auszurechnen, was mich teurer käme: der Klempner oder die nächste Wasserrechnung. Neben all dem verfolgt mich ein weiterer Gedanke: Läuft mein Leben eigentlich rund, oder hat es da einen Punkt gegeben, an dem ich falsch abgebogen bin? Das musste die Midlife-Crisis sein. Falls es dafür nicht schon zu spät war.

2
Verlierer wie wir

Das sah nicht gut aus. Tobi würde gleich die »Acht« versenken. Tobi trifft immer, wenn es um etwas geht. Nicht dass wir Geld einsetzen – wir spielen lediglich um die Ehre. Bescheuerter Ausdruck. Als ob ich hier meine Ehre verlieren könnte. Also schön, es geht ums Gewinnen, denn wer will schon der Verlierer sein. Tobi rieb seine Queuespitze mit Kreide ein. Ich hatte nicht auf die Uhr geguckt, aber er tat das bestimmt schon seit einer Minute. Von uns lagen noch drei Kugeln auf dem grünen Filz, das war schon ziemlich blamabel. Und er musste nur noch die Acht ins Loch bringen, dann wäre unsere Niederlage besiegelt. Die Distanz war zwar groß, aber schwierig war der Stoß eigentlich nicht. Natürlich könnte man versuchen, Tobi irgendwie nervös zu machen, ich fing an, mit den Fingern auf die Bande zu klopfen. »Den kann er«, behauptete Micha plötzlich vom Tischrand gegenüber. »Wart's ab«, sagte ich und warf ihm einen Blick zu, den ich für böse hielt. Eigent-

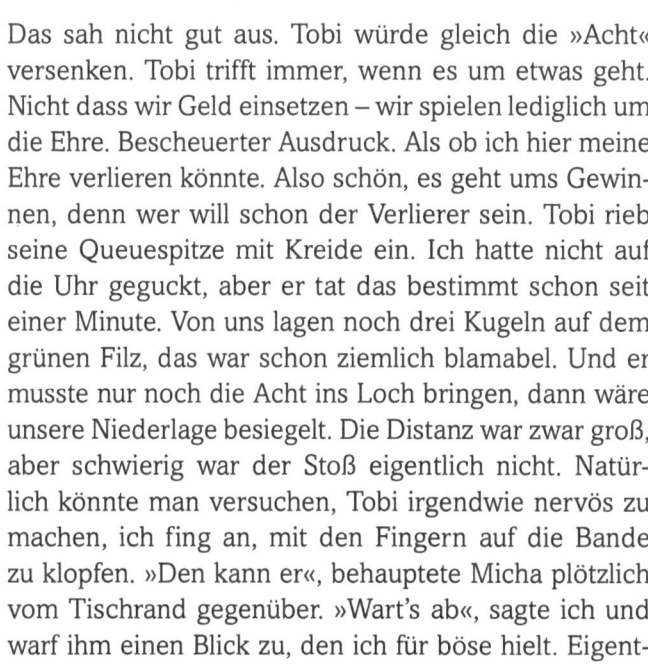

lich wollte ich ruhig bleiben, gar nichts sagen. Aber Micha war mein Spielpartner. Warum hielt er nicht einfach die Klappe? Frank, Tobis Partner, ging schon mal rüber zur Zählscheibe. »3 : 1«, stand auf der Anzeige, 3 : 1 für die anderen. Wenn es 4 : 1 stand, würden wir das kaum mehr aufholen können.

Tobi, Micha, Frank und ich, alle um die fünfzig, kennen uns seit der Schule. Seit rund fünf Jahren treffen wir uns regelmäßig zum Poolbillard. Wir spielen immer in der gleichen Konstellation: ich mit Micha und Frank mit Tobias. Was auf den ersten Blick seltsam wirkt. Schließlich kenne ich Frank seit der ersten Klasse und damit mit Abstand am längsten. Ich weiß ziemlich viel aus seiner Vergangenheit über ihn. Zum Beispiel, dass er bei der Einschulung Hosenträger mit Verkehrszeichen drauf getragen hatte, auf die ich damals sehr neidisch war. Und dass er früher unfassbare Schweißfüße hatte. Nun ja, das war vierzig Jahre her, und er belegte im Schullandheim das Bett unter mir. Wie ich so im Bett lag, drang dieser säuerliche Gestank in meine Nase. Kann der nicht seine Füße zudecken, dachte ich. Aber es waren gar nicht seine Füße. Als ich nämlich kurz darauf gemütlich meine Hände unter das Kissen schob, hatte ich plötzlich etwas Feuchtes, Sandiges zwischen den Fingern. Franks Socken, er hatte sie mir unter das Kopfkissen gestopft. Nicht aus böser Absicht, sondern weil er nicht wusste, wohin damit. Frank tut eigentlich nie etwas aus böser Absicht. Wahrscheinlich ist er deshalb auch mein bester Freund in dieser Runde. Der wahre Grund, weshalb wir nicht miteinander spielen, ist, dass wir miteinander verwandt sind. Ich habe nämlich vor zwanzig Jahren seine kleine Schwester geheiratet. Was er mir manchmal unter die Nase reibt. Von wegen, ohne ihn hätte ich nie jemanden gefunden. Das ist natürlich grob übertrieben. Aber er war es, der seine kleine Schwester früher zu den Partys mitschleppte, am Anfang notgedrungen, später stand sie mehr im Mittelpunkt als er. So habe ich sie halt kennengelernt. Und in einem gemeinsamen Kurzurlaub wurden wir ein Paar, selbst daran war Frank beteiligt.

Jedenfalls haben Frank und ich irgendwann beschlossen, dass es blöd wäre, wenn wir zusammen spielen. Das ist ja quasi wie Inzucht. Selbst wenn wir regelmäßig gegeneinander antreten, es macht mir nichts aus, gegen ihn zu verlieren. Frank ist mir am ähnlichsten. Er ist verheiratet, hat zwei Söhne, einer knapp über zwanzig, der andere knapp drunter. Und einen Job, den er schon seit mindestens zwanzig Jahren macht. Frank arbeitet in einem internationalen Bankhaus, Wertpapierabteilung. Lustigerweise gab es schon in unserer Jugend deutliche Anzeichen dafür. Seine Eltern hatten einen Schuppen im Garten, den wir als Basis nutzten, wenn wir mal wieder mit dem Raumschiff Enterprise unterwegs waren. Einer von uns klebte sich sogar spitze Ohren an, damit er aussah wie Mr Spock. Doch eines Tages erklärte Frank, der Schuppen sei jetzt keine Raumstation mehr, sondern eine Bank.

Er hatte sich einen Haufen Geldscheine gebastelt, indem er sie auf Butterbrotpapier durchpauste. Die gab er an die anderen Kinder der Nachbarschaft aus, und wir mussten alle ein Konto bei ihm eröffnen. Kurzum, das neue Spiel hatte längst nicht den Unterhaltungswert

einer Raumstation, und seine Idee hätte ihn leicht ins soziale Abseits treiben können. Weil er das neue Spiel aber mit einer derartigen Leidenschaft betrieb, folgten wir ihm alle. Ich hinterlegte sogar ein paar Matchbox-Autos bei ihm als Pfand für die Geldscheine, die er an mich ausgab. Hatte ich die eigentlich jemals zurückbekommen? Oder musste ich dafür aus »Hör zu«-Seiten gebastelte Wertpapiere bei ihm kaufen? Ich weiß es nicht mehr, ich weiß nur, dass er mit Ernst bei der Sache war, und ich schätze mal, diese Leidenschaft hilft ihm heute noch. In seiner Branche geht es nämlich ziemlich ruppig zu, jedenfalls stand sein Job immer wieder auf der Kippe. Das kenne ich, meine Firma wurde in der Zeit auch ein paarmal übernommen, und nicht immer ist das so gelaufen, dass man von einer freundlichen Übernahme sprechen konnte. Aber die Kreativen haben etwas Verträgliches im Vergleich zu diesen Finanzhaifischbecken.

Frank jedenfalls, der muss gut sein, in dem, was er macht. Wenn man ihm glauben darf, und es gibt keinen Grund, das nicht zu tun, waren von den älteren Kollegen, die er von früher kannte, eigentlich alle schon weg – und wer sich der sechzig näherte, war sogar bereits in den Vorruhestand verabschiedet worden. Frank sieht im Prinzip aus wie früher. Groß und vergleichsweise schlank hält er sich sehr aufrecht, sein immer noch dunkelblondes Haar ist voll. Vor allem das macht mich immer ein kleines bisschen neidisch. Ich bin nämlich ziemlich grau inzwischen, und meine Friseurin hatte mir neulich nicht widersprochen, als ich so vor mich hin plapperte: »Wird langsam dünner.« Ich meine, eigentlich ist noch alles okay, und ich hatte erwartet, sie würde so etwas sagen wie: »Hey, ich sehe keine einzige kahle Stelle.« Sagte sie aber nicht. Seit geraumer Zeit habe ich es mir zur Angewohnheit gemacht nachzuzählen, wie viele Haare morgens im Waschbecken liegen, wenn ich sie mir vorher gekämmt habe. Ob dreißig Haare noch normal sind? »Das Grau sieht toll bei dir aus, das darfst du auf keinen Fall färben«, hatte die Friseurin dann plötzlich gesagt. Immerhin. Aber ich kenne Männer, bei denen ich mir ganz sicher bin, dass sie färben. Das wirkt schon jünger.

Frank färbt nicht, da bin ich auch sicher. Und ich glaube nicht, dass er seine ausgefallenen Haare nachzählt. Er ist so etwas wie ein Abteilungsleiter in einer Abteilung, die nur aus ihm selbst besteht. Aber in all den Jahren scheint er sich nie wirklich Sorgen gemacht zu haben. Außerdem ist er für einen Banker, der schon als Kind lieber mit selbst gemalten Geldscheinen hantierte, handwerklich erstaunlich begabt. Man stelle sich nur die Sauerei vor, die wir gerade in unserem Badezimmer haben. »Frank, du bist schon cool«, sagte ich plötzlich, und das schien ihn zu überraschen, kam wohl ein bisschen unvermittelt. Er schaute mich jedenfalls an, die Hand an der Zählscheibe, und zog die Augenbrauen hoch. Das macht er bei allen möglichen Gelegenheiten. Jetzt sollte es wohl bedeuten, was ist denn mit dir los? Emotionen sind nicht so sein Ding.

Dafür bewundere ich ihn für seine Ruhe. Ich neige nämlich zur Nervosität. Und wenn ich nervös werde, muss ich auf die Toilette. Das war schon immer so. Schon als ich noch Kind war. Beim Versteckspielen in

Nachbars Garten zum Beispiel. Ich war auf einen Baum geklettert und überzeugt, mein Versteck wäre super, keiner würde mich finden. Prompt musste ich aufs Klo und hangelte mich zurück auf den Boden, Versteckspiel hin oder her. Und ebenso prompt stellte mich Nachbars Collie, das blöde Vieh. Vor dem hatte ich sowieso Angst, weil der regelmäßig ausrastete. Jedenfalls schoss er plötzlich auf mich zu, und ich konnte gerade noch einen der unteren Äste ergreifen und mich hochziehen. Da hing ich nun, wie eine reife Kirsche. Der Collie – der nicht Lassie hieß, sondern Harras – benahm sich so, wie man es von einem Harras erwarten würde. Er zog die Lefzen zurück, entblößte seine gelben Reißzähne und schnappte nach mir. Die hintere Tasche meiner Jeans riss ein. Eine echte Levi's, das war damals noch etwas Besonderes. Ich hätte also allen Grund gehabt, sauer zu sein. Stattdessen meckerte unser Nachbar, warum ich nicht einfach stehen geblieben wäre, dann hätte der Hund gar nichts gemacht. Und dann erklärte mir der Alte allen Ernstes, aus mir würde nie etwas werden, wenn es mir nicht gelänge, meine Nerven besser in den Griff zu kriegen. Fortan fürchtete ich mich vor Harras und unserem Nachbarn. Anders als Frank, der ja auch in der Nähe wohnte. Der hatte weder vor Harras Angst noch vor unserem Nachbarn.

Klack. Tobi hatte den Stoß ausgeführt. Alle schauten der Kugel hinterher. Das heißt, ich nicht, ich beobachtete Tobi. Er hatte dieses Grinsen aufgelegt. Nicht spöttisch, nicht böse, nicht geringschätzig – selbstsicher. Das trifft es. Tobi platzt schier vor Selbstsicherheit. Das ist schon immer so gewesen. Als Jugendlicher besaß er als Erster in unserer Siedlung ein Mofa. Und so blieb es. Danach hatte er ein Motorrad, und seitdem fuhr er immer die spektakulärsten Autos. Tobi ist ein Gewinnertyp.

Die schwarze Kugel traf auf die Bande – ich konnte gerade noch die Finger wegziehen – und wurde langsamer. Aber wie von der Schnur gezogen rollte sie auf ihr Loch zu. »Die verhungert«, sagte ich noch, da fiel sie auch schon rein. »4 : 1«, sagte Frank und drehte an der Stellschraube der Anzeigentafel. Tobi schaute in die Runde, hob die Hand, damit ihn alle abklatschen konnten.

»Ist aber trotzdem spannend heute«, meldete sich mein Partner Micha. Keine Ahnung, wie er darauf kam. Wir lagen 4 : 1 hinten, was sollte daran spannend sein? Aber Micha ist eben ein nicht immer leicht einzuschätzender Typ, mal behäbig, mal leicht in Wallung zu bringen. Damals in unserer Klasse war er mir gar nicht so aufgefallen. Außer im Sportunterricht, beim Fußball war Micha eine Kanone gewesen. Aber sonst? Heute arbeitet Micha im Schulamt in leitender Funktion. Eigentlich war er mal Lehrer, doch darüber spricht er nie. Micha erzählt auch nicht viel von zu Hause. Ich weiß, dass er geschieden ist und seine Kinder aus erster Ehe jedes zweite Wochenende hat. Seine Scheidung ist schon ewig lange her, er ist inzwischen neu verheiratet, ich bin nicht mal ganz sicher, wie seine neue Frau heißt, ich glaube Simone.

Ist ein bisschen blöd gelaufen damals, als Paar wurden sie von den anderen Paaren im erweiterten Bekanntenkreis nicht mehr eingeladen, und seine neue Frau ist

35

nie in diesem Kreis angekommen. Ich glaube, die Frauen wollten sie auch gar nicht kennenlernen, weil sie zu Michas Ex hielten. Bei Tobi war das etwas anderes, der galt als belächelter Exot. Es kann aber auch damit zusammenhängen, dass Micha weggezogen ist. Sein Haus stand nicht weit von unserem, wir wohnen ohnehin alle im gleichen Dreh. Dann kam das Gerücht auf, man würde bei ungünstigem Wind den neuen Berliner Flughafen hören, wenn er denn einmal fertig wird. Micha rechnete fest damit, der Wert seines Hauses würde nach der Eröffnung ins Bodenlose fallen. Das ist jetzt zehn Jahre her, der Flughafen weit entfernt davon, eröffnet zu werden, und sein Haus wäre heute ganz sicher viel mehr wert. Aber wir haben Micha seitdem nie darauf angesprochen, das wäre nicht fair. Micha neigt schon eher dazu, sich Sorgen zu machen. Nicht wegen seines Jobs, er ist ja Beamter, aber wenn es um seine Gesundheit geht. Heute zum Beispiel fummelte er ständig an seinem Ohr herum.

»Was ist denn mit deinem Ohr los?«, fragte ich in der Hoffnung, es würde helfen, wenn er darüber reden konnte. »Ein Knubbel«, antwortete er.

»Es gab mal einen Trainer beim FC Barcelona, der starb an Ohrspeicheldrüsenkrebs«, mischte sich Tobi ein, während er mal wieder seinen Queue mit Kreide abschmirgelte. Er ist der Einzige von uns, der mit seinem eigenen Queue spielt und sich keinen am Tresen leiht. Er transportiert ihn immer in einem kleinen Lederkoffer und macht ein großes Theater darum, wenn er ihn auspackt. Tobi malt gern schwarz, nicht weil er ein Pessimist ist, nein, ich glaube, er weidet sich am Entsetzen anderer. Micha guckte tatsächlich schockiert und rieb ein bisschen heftiger an seinem Ohr herum. Toll, jetzt konnte er sich noch weniger konzentrieren, und unsere nächste Niederlage war gesichert.

Manchmal, nach so einem Spieleabend, fragt mich meine Frau: »Und wie geht es den anderen, was macht Micha? Und wie geht es Franks Ältestem, studiert er jetzt in Magdeburg?« Was soll ich sagen, ich weiß es nicht. Weil wir wieder nicht darüber gesprochen haben. Weil wir eigentlich immer nur über Urlaub, ein neues Auto oder Fußball reden. Das heißt, Micha erzählt auch ganz gerne mal von seinem Rücken. Heute würde ich wenigstens erzählen können, Micha hat was im Ohr.

»Noch ein Spiel?« Micha schaute in die Runde.

»Gern!« Tobi lächelte immer noch, während er an seinem Smartphone fummelte. Er wollte uns unbedingt etwas zeigen. »Mein Schätzchen«, sagte er und hielt das Handy hoch.

»Du meinst Joana«, sagte ich. Wie abgeschmackt, wer sagt denn heutzutage noch Schätzchen?

»Joana, wieso Joana?« Tobi schien tatsächlich verwirrt zu sein. Mist, hieß sie gar nicht Joana? Wahrscheinlich hatte ich beim letzten Mal nicht richtig zugehört, und Tobi würde mir das gleich übel nehmen. Aber nein. »Das mit Joana ist doch längst vorbei«, sagte er. Vorbei, unglaublich, ich war felsenfest überzeugt, er hatte Joana erst frisch kennengelernt. Und nun hatte er ganz offensichtlich schon wieder eine Neue.

Mir war nicht ganz klar, wie er das macht. Tobi hat mehr als nur einen Bauchansatz. Außerdem hat er eine Glatze, eine spiegelglatte sogar. Trotzdem hält er sich

für unwiderstehlich. Und das Seltsame ist, weder sein blanker Schädel noch der Bauch scheinen ihn irgendwie zu irritieren. Er hält sich immer kerzengerade. Und wie er vorhin die Kellnerin angemacht hatte ... »Bist du neu hier, ich bin übrigens der Tobi.« Und immer so weiter. Unfassbar peinlich. Eigentlich hätte die Bedienung ihm für seine Machotour eine klatschen müssen. Aber nein, sie stieg sogar darauf ein und lächelte ihn an.

Als ich mein alkoholfreies Weizenbier bestellte, hat sie mich nicht einmal beachtet, ich musste meine Bestellung ein paarmal wiederholen. Und Tobi: »Ein Wasser bitte, mit Eis, aber ohne Zitronenscheibe.« Darauf muss man erst einmal kommen, aus einer Wasserbestellung einen derartigen Film zu machen. Sie brachte ihm also das Wasser, und Tobi? »Toll, dass du dir das gemerkt hast, die meisten kriegen das nicht auf die Reihe.« Wahrscheinlich war die Zitrone sowieso gerade aus. Und dann lächelte er. Ich muss zugeben, das reißt viel raus. Wenn Tobi lächelt, sieht er aus wie Bruce Willis, so ein kleines bisschen wölfisch.

Joana zum Beispiel hatte er im Supermarkt kennengelernt. Jedenfalls hat er uns das erzählt. Tobi achtet nämlich immer darauf, was andere so im Einkaufswagen haben. Er liest darin wie in einem offenen Buch und registriert genau, ob da jemand für einen Singlehaushalt einkauft oder für eine Familie. Ist es eine Singlefrau, die er interessant findet, spricht er sie an. In fünfzig Prozent aller Fälle spränge dabei eine Einladung zum Kaffee heraus, behauptet Tobi. Und bei Joana reichte es eben für ein paar Wochen Beziehung. Ich würde ihn zu gerne mal fragen, ob das nicht wahnsinnig anstrengend ist, sich immer wieder auf einen neuen Menschen einstellen zu müssen. Ich traue mich aber nicht. Wahrscheinlich hält uns Tobi für Langweiler.

»Ach nee, lasst mal gut sein, ich muss morgen fit sein«, sagte Frank. »Ich habe doch mein SMG.«

Wir guckten ihn an. »Was ist das?«, fragte ich. »Irgendetwas Unanständiges? Oder musst du zum Arzt?« Die anderen lachten.

»Strukturiertes Mitarbeitergespräch. Gibt es das bei euch nicht?« Jedenfalls erklärte Frank dann, dass er solche Gespräche hin und wieder mit seinen Vorgesetzten führe. Man würde sich darüber unterhalten, wo Frank hinwill, mit seiner Abteilung. Kurz, es geht um seine berufliche Zukunft. Donnerwetter, ich konnte mich gar nicht erinnern, wann ich das letzte Mal in meiner Firma so ein Gespräch hatte. War jedenfalls schon eine Weile her. Ich erinnerte mich, dass ich einmal nach einer Gehaltserhöhung gefragt hatte. Gott war das schrecklich. Erst einmal, weil es unheimlich schwierig gewesen war, überhaupt einen Termin bei Georg zu bekommen. Und dann war es auch nicht so gelaufen, wie ich mir das vorgestellt hatte. Ich weiß seitdem nur eines: Es ist nicht gut, seinen Vorgesetzten zu duzen, nur weil man früher mal auf Augenhöhe zusammengearbeitet hatte.

Das mit der Augenhöhe stimmt ja schon längst nicht mehr. Wir haben zwar beide ungefähr gleichzeitig in der Agentur angefangen, aber der Laden ist inzwischen viel größer geworden und Georg einer von vier Agenturchefs. Ich dagegen bin so eine Art Senior Texter, das heißt, Georg nennt mich so, in meinem Vertrag steht nichts davon. »Das ändern wir bei Gelegenheit«, pflegt

er zu sagen, wenn ich ihn darauf anspreche. Und wenn ich nachhake, fragt er mich gern, ob mir denn ein blöder Titel wirklich so wichtig sei. Sein Büro ist natürlich erheblich größer als meines, und man muss auch erst einmal durch ein Vorzimmer. Er hat einen Flatscreen an der Wand, zu dem er nie hinguckt, und einen Firmenparkplatz, auf dem sein Dienstwagen steht. Ich habe nicht einmal eine Firmenmonatskarte für die Öffentlichen.

Jedenfalls war ich denkbar schlecht vorbereitet gewesen. Georg saß lässig in seinem Stuhl und fragte, was ich für ein Problem hätte. »Mein Geld reicht nicht«, sagte ich, rechnete ihm vor, was wir allein für Schulbücher aufwenden müssten. Außerdem, erklärte ich, wolle meine Tochter mit dem Deutschkurs nach Rom fahren. »Mit dem Deutschkurs?«, unterbrach er mich, »warum fahren die nicht nach Weimar, ist doch viel näher und macht auch mehr Sinn.« Ich hätte ihm gerne gesagt, dass »Sinn machen« eine etwas dümmliche Formulierung sei, die eigentlich aus dem Englischen käme, verkniff mir das aber zum Glück.

»Hör mal, ich würde dir gern mehr Geld zahlen«, sagte Georg, machte dann eine Pause, in der er mich auf eine Art und Weise musterte, die mich nervös machte, und fuhr endlich fort, »aber wie soll ich das gegenüber den anderen rechtfertigen?«

Nun, dazu fiel mir eine ganze Menge ein, leider erst hinterher. Stattdessen sagte ich: »Die müssen das ja nicht erfahren.« Ganz schlechte Antwort. Jedenfalls behauptete Georg, dass das leider nicht klappen würde mit der Gehaltserhöhung, dass das auch ein bisschen ungerecht wäre und schlecht fürs Team Building. »Nein, tut mir leid, wenn du mehr willst, musst du dir einen anderen Job suchen. Oder dich selbstständig machen.« Er fragte mich dann, ob ich noch Kontakt zu Marius hätte, der gerade mit einem Werbespot einen lukrativen Kunden geworben hatte. Leider nicht für uns, Marius war schon lange weg. »Verdammtes Pech«, sagte er. Und dass er mir keine Steine in den Weg legen würde, sollte ich auch meinen eigenen Weg gehen wollen.

Na danke. Ich meine, ich bin Anfang fünfzig, da wechselt man nicht einfach so. Jedenfalls verschlug es mir für einen Moment die Sprache, was Georg natürlich bemerkte. So ist er, mein Chef, er koffert einen an und guckt dann, wie man reagiert. Gar nicht reagieren ist dann meistens die schlechteste Option. Also sagte ich: »Und was kommt als Nächstes? Ob ich vielleicht auch mit weniger zufrieden wäre?«

Georg guckte, als ob er ernsthaft darüber nachdenken würde, sagte dann aber: »Pass auf, wir schauen einfach, was nächstes Jahr geht.« Das ist jetzt zwei Jahre her, wir haben seitdem kein Mitarbeitergespräch mehr gehabt, erst recht kein strukturiertes. Dabei müsste ich längst Kreativdirektor sein.

»Und worum geht es da morgen, was wirst du sagen?«, fragte ich, neugierig geworden.

»Dass ich die Leitung für das neue Projekt übernehmen will«, sagte Frank, »ich müsste dann die Woche über noch häufiger nach Frankfurt, würde aber auch mehr verdienen.«

Logisch. Klingt nach einer guten Strategie. Ich ärgerte mich gleich noch mal über das vergeigte Gespräch in

meiner Firma. Stattdessen erzählte ich ihnen von meiner Idee für einen Werbespot für Durchlauferhitzer und wie das Ding auf einer Eisscholle treiben würde.

»Durchlauferhitzer?« Frank zog wieder eine Augenbraue hoch. »Werden die Dinger überhaupt noch gebaut? Das ist ja wie Werbung für Diesel-PKW.« Weiter kam er nicht. Denn Micha unterbrach ihn und fragte: »Und was sagt Connie zu deinen Frankfurt-Plänen?« Connie ist Franks Frau. »Weiß ich nicht, ich habe es ihr noch nicht erzählt.« Das fand ich nun wiederum merkwürdig. Jedenfalls entstand eine Pause, die irgendwie nicht endete. »Habe ich schon erzählt, dass ich unsere Dusche reparieren werde, die alten Leitungen sind wirklich marode«, sagte ich in die Stille hinein. Eigentlich wollte ich noch anfügen, wie viel Geld ich dadurch sparen würde, aber keiner interessierte sich für meine maroden Leitungen. Stattdessen tippte Micha auf seinem Smartphone herum, um unseren nächsten Termin zu planen, und Tobi fing an, seinen Queue auseinanderzuschrauben, um ihn in seinem Koffer zu verstauen. Unser Gespräch war beendet.

Am Tresen erzählte dann Tobi noch mal der Bedienung, wie toll er das gefunden hätte, das mit der Zitronenscheibe, wie sie sich das gemerkt hatte. Du liebe Zeit. Er fing wirklich an, mir auf die Nerven zu gehen. »Grüß Joana von mir«, sagte ich im Weggehen. Dieses eine Mal war er wirklich überrascht. »Wieso Joana?«, fragte er.

Zu Hause saß meine Frau noch in der Küche. Überraschenderweise fragte sie nicht wie sonst allgemein nach den Neuigkeiten aus dem Leben meiner Freunde. Nein, heute interessierte sie sich besonders für ihren Bruder. »Und?«, fragte sie. »Was erzählt Frank so?«

»Nichts, wie immer. Ach so, doch, morgen hat er ein strukturiertes Mitarbeitergespräch. Er will wohl die Leitung für irgendein neues Projekt übernehmen und wird dann öfter mal für ein paar Tage weg sein.« Ich guckte in den Kühlschrank. Mein Lieblingsjoghurt war weg. Wahrscheinlich mein Sohn. »Nee«, sagte ich, »den hatte ich mir extra aufgehoben. Muss ich denn da wirklich ein Schild ranmachen?« Einigermaßen enttäuscht machte ich mich daran, mir ein Käsebrot zu schmieren. Als ich fertig war und ein Stück abbiss, fiel mir auf, dass meine Frau irgendwie ernst aussah, um nicht zu sagen unwirsch. Und dass sie auch schon länger nichts mehr gesagt hatte. »Alles okay?«, fragte ich mit vollem Mund.

»Ich hab Connie getroffen, zufällig, beim Feinkost-Franzosen. Hat Frank wirklich nichts erzählt?« Es war ganz deutlich, sie geriet langsam in Rage. »Meine Güte, redet ihr denn überhaupt nicht miteinander?«

Ich wollte ihr gerade erklären, dass man sich beim Billard auch ein wenig konzentrieren müsse – und überhaupt, was bitte tat sie beim Feinkost-Franzosen, wir wollten doch sparen? Da kam Sophie rein. »Im Badezimmer tropft's«, sagte sie, »hast du eigentlich einen Klempner angerufen?« Ich registrierte überrascht, wie Daniela unsere Tochter wieder aus der Küche schickte. Wir hätten etwas zu bereden.

»Hat das nicht bis morgen Zeit? Und überhaupt, was ist denn hier los?«

»Connie war völlig aufgelöst«, berichtete Daniela, »weil Frank eine Neue hat.«

Ich starrte sie an. »Frank«, sagte ich, »kann nicht sein, der interessiert sich für Motorräder, aber nicht für Frauen, die beiden werden ewig zusammenbleiben«, behauptete ich.

Meine Frau hielt mir dann einen Vortrag, der in der These gipfelte, dass Männer unsensible Wesen wären, unfähig, über die wirklich wichtigen Dinge im Leben zu reden. Jedenfalls habe Frank vor acht Wochen eine alte Jugendliebe getroffen, na, und da sei irgendetwas mit ihm durchgegangen. »Total schwanzgesteuert halt«, fügte sie noch hinzu. Ich stellte mir Frank vor, mit seinen Schweißfüßen. »Du musst dich irren«, sagte ich, »Frank ist nie im Leben schwanzgesteuert.« Außerdem hatten die beiden doch schon ihren Urlaub geplant. Und dann das gemeinsame Haus. Und die Kinder?

»Vergiss es«, sagte sie, »der Urlaub ist auch schon storniert.« Außerdem habe Connie eine Flasche Château Lafitte aus Franks Weinschrank genommen und aus dem Fenster geworfen.

Oh je, dachte ich, das ist ernst, das wird ihr Frank nie verzeihen. Denn wenn es eines gab, wo Frank garantiert keinen Spaß verstand, dann war das sein Weinschrank.

»Wann machst du denn nun das mit der Dusche?«, schallte Sophies Stimme von draußen rein.

»Wisst ihr was«, sagte ich, »ich habe jetzt einfach keine Kapazitäten mehr frei, um heute noch die Welt zu retten.«

»Schön, dann kümmere ich mich darum«, sagte meine Frau. Immer muss sie das letzte Wort haben.

Ich stand auf, um die Küche zu verlassen. »Ich geh jetzt ins Bad«, sagte ich aus Trotz. War jetzt kein Riesenstatement, aber ich wollte doch mal sehen, ob es mir nicht auf diese Weise gelingen würde, das letzte Wort zu haben.

»Mach die Zahnpastatube zu«, schallte es mir hinterher.

3
Das Kettensägenmassaker

Typisch, haben alle nichts zu tun. Ich meine, es war gerade mal fünf Uhr, und schon hing die versammelte Nachbarschaft vor unserem Gartentor ab. Jonas, der Neue, der mit Frau und Familie in das Haus von Frau Ganske gezogen war, na schön, der war Lehrer. Logisch, dass der um fünf zu Hause war. Vielleicht hatte er auch eine Personalversammlung, in Sophies Schule fällt auch dauernd Unterricht aus, weil die Lehrer meinen, was besprechen zu müssen. Können die das nicht in den Ferien machen? Bevor ich mich weiter aufregen konnte, zwang ich mich, ruhig zu atmen.

Mein Tag war bisher nicht so toll gewesen. Georg, mein Chef, war plötzlich in den Fahrstuhl auf dem Weg nach unten gestiegen. Während ich hektisch über ein geeignetes Smalltalkthema nachdachte, mit dem ich die sich ausbreitende peinliche Stille beenden konnte, mir aber partout nichts einfiel und ich gerade »Wetter« sagen wollte, unterbrach er unser Schweigen: »Schon

Feierabend?« Ich konnte ihm ja schlecht erklären, dass ich früher nach Hause müsste, weil ich mit meiner Frau unbedingt das Thema Dusche diskutieren wollte. Was in meinem eigenen Interesse war. Wenn ich ihr das nämlich allein überließe, würde es noch teurer. Frauen sind doch Handwerkern hilflos ausgeliefert. Weil so ein Kerl im Blaumann erzählen kann, was er will. Das behielt ich natürlich für mich. So etwas durfte ich vielleicht denken, aber nicht sagen, wenn ich nicht wollte, dass man mich für meinen eigenen Vater hielt, der noch »Der Kommissar« im Fernsehen gesehen hatte, wo Frauen nicht »Frau Rehbein«, sondern »Rehbeinchen« hießen und immer für den Kaffee zuständig waren. So etwas konnte man sich vielleicht erlauben, wenn man Mario Barth hieß. »Meine Tochter ist krank«, sagte ich also, »da bin ich gefordert.« Kinder gehen immer, und Gleichberechtigung in Erziehungsfragen war als Argument für einen verfrühten Feierabend gerade noch so okay. Georg hatte die Unterlippe vorgeschoben und gesagt: »Na dann beeil dich mal.« So viel war klar, diese Woche sollte ich keine Gehaltsverhandlungen mehr beginnen.

Siggi holte mich zurück in die Gegenwart. Ich hatte das Gartentor beinahe erreicht und schaute ihm auf den kahl werdenden Hinterkopf. Was will der denn wieder? Siggi stand ja sowieso immer am Zaun rum. Na ja, er macht als Freiberufler Homeoffice, behauptet er wenigstens. Irgendwas am Computer. Als ich ihn mal um Hilfe fragte, hat er allerdings gepasst. Tatsächlich war es seine Frau, die ganz gut verdiente, und er derjenige, der das Geld ausgab. Wahrscheinlich hatte er wieder irgendetwas Tolles gebaut, vielleicht sogar den

Brunnen gegraben, von dem er schon so lange redet. Und gleich würde er es mir unter die Nase reiben. Siggi hatte bereits eine Zisterne im Garten verbuddelt, in der er das Regenwasser auffängt. Eine seiner Lieblingsbeschäftigungen ist es, mir vorzurechnen, wie viel er damit sparen würde. Siggi ist auch der Einzige, der ständig seinen Rasen wässert, womit er gern demonstriert, dass er es sich leisten kann.

»Tag, die Herren, macht bitte mal Platz für die arbeitende Bevölkerung«, sagte ich zur Begrüßung. Niemand reagierte, stattdessen schauten Jonas und Siggi nach oben. Ich folgte ihren Blicken und sah Nachbars gammeligen Pflaumenbaum. Das Ding ging mir schon seit Jahren auf die Nerven, weil er uns im Sommer regelmäßig mit seinen Früchten bombardierte, deren süßlicher Dunst sich dann schwer über unser Grundstück legte. Der Baum sah aus wie in der Mitte durchgebrochen, tatsächlich hatte er sich gespalten. Eine Hälfte hing jetzt noch notdürftig von anderen Ästen gehalten schräg über unserer Hecke und lehnte sich bereits auf das Schuppendach.

»Wie ist das denn passiert?«, wollte ich wissen. »Kann mich an gar keinen Sturm erinnern.«

»Wahrscheinlich Materialermüdung«, gab Jonas zum Besten, »jedenfalls ist Frau Bergmann nicht da.« Ihr gehörte der Baum, der gerade im Begriff war, meinen Fahrradschuppen zu zermalmen.

»Wir müssen etwas tun«, sagte Siggi.

»Die Feuerwehr rufen«, schlug Jonas vor.

Feuerwehr. Schnapsidee. »Kommt gar nicht in Frage, nachher sagt Frau Bergmann, war nicht nötig. Und wer

zahlt das dann? Ich wahrscheinlich!« Ich war entschlossen, diese blöde Diskussion zu beenden, und würde denen jetzt mal zeigen, wie man so etwas löst. »Männer«, sagte ich, »wir schaffen das doch wohl alleine. Ich hol mal meine Säge.«

Von mir selbst begeistert ging ich Richtung Keller. Meine Frau war offensichtlich noch nicht da. Ist vielleicht auch besser so, dachte ich. Sie mag meine Säge nicht. Die Säge, ich freute mich richtig darauf, sie endlich zum Einsatz zu bringen. Kam ich zu selten zu. Daniela war auch gegen die Anschaffung gewesen, weil unser Garten eigentlich viel zu klein ist und kaum Gelegenheit bietet, irgendetwas zu zersägen. Leider hatte ich mich bei der Anschaffung deshalb auch nicht vollständig durchsetzen können. Denn natürlich wünschte ich mir eine richtige Kettensäge, benzingetrieben. Wann ist ein Mann ein Mann? Vielleicht, wenn er eine Bierflasche mit den Zähnen aufmachen kann? Unsinn, das war früher mal, als die Krankenkasse noch für Zahnersatz aufkam. Die Geschlechterfrage wird doch heute ganz anders diskutiert. Es gibt nur sehr, sehr wenige Dinge, die meine Frau in Haus und Garten nicht genauso gut wie ich erledigen kann, vieles sogar besser. Sie hat unsere Terrasse gepflastert, während ich noch Pläne machte, sie hat die Tapete von den Wänden gekratzt und die Türen abgebeizt. Es gibt nur ein Gerät, von dem sie die Finger lässt, mit dem man sie wirklich beeindrucken kann. Und das ist die Kettensäge.

Leider sieht die Säge, die ich mir dann zugelegt habe, ein wenig schmalbrüstig aus. Sie wird elektrisch betrieben und hat einen langen Stiel zum Ausfahren. Das ist sehr praktisch, weil man auch an höher gelegene Äste kommt, ändert aber nichts daran, dass das Exemplar, mit dem ich jetzt über den Rasen schritt, verglichen mit der Athletik einer Motorsäge, eher aussieht wie ein leptosomes Modell. Egal, sie wurde von einer Kette angetrieben, und damit ist es eine Kettensäge. Ein bösartiges kleines Ding.

»Hast du keinen Helm? Und eine Schutzbrille brauchst du auch!« Jonas war ganz klar der Bedenkenträger. Fühlt sich immer für alles verantwortlich. Lehrer eben. Mir lag auf der Zunge, ihm zu sagen, dass er hier nicht die Pausenaufsicht hat, verkniff es mir aber, schob stattdessen meine Ray-Ban zurecht und sagte: »Schutzbrille brauch ich nicht.« Dann goss ich Öl in den Schmierbehälter für die Kette. War zwar nicht das Gleiche, wie Benzin in eine Motorsäge zu füllen, sah aber auch gut aus. Professionell eben. Zu gern hätte ich jetzt eine Reißleine gezogen, um das Ding zu starten.

Siggi glotzte mich an, mit diesem Auftritt hatte er wohl nicht gerechnet. Dann drehte er sich um und verschwand in Richtung seines Hauses. »Komm gleich wieder«, sagte er im Gehen. Ich lächelte.

»Pass bloß auf«, Jonas klang besorgt.

»Wird schon«, antwortete ich, »vielleicht kannst du mein Kabel halten.« Ich hatte mal mit ansehen müssen, wie Herr Bergmann von nebenan sich mit seiner Heckenschere das eigene Kabel durchtrennt, damit einen Riesenknall ausgelöst und meine noch sehr kleine Sophie so sehr erschreckt hatte, dass sie auf die Terrasse stürzte und sich einen ihrer frischen Milchzähne zurück in den Kiefer rammte. Was zum Glück ohne

Folgen blieb. Die Nachbarn reden heute noch davon, wie er das denn hingekriegt hatte, sich das eigene Kabel durchzuschneiden. Dass ich derjenige gewesen war, der dieses Kabel gehalten hatte, musste ja keiner wissen. Ich hatte diese Tatsache tief in mir begraben. Jedenfalls wollte ich unbedingt vermeiden, mich ebenfalls zum Talk of the Town zu machen. Unser Ortsteil ist nämlich ziemlich überschaubar, und es ist immer wieder erstaunlich, wie schnell man da zum Gesprächsthema an der Käsetheke im nächsten Supermarkt wird. Ich musste an meinen Freund Frank denken, der auf dem besten Weg war, dass ihm genau das gelang, wenn er sich von Connie trennen würde.

»Willst du wirklich keine Schutzkleidung anlegen?«, gab Jonas noch einmal zu bedenken. Schutzkleidung, lächerlicher Gedanke. Für einen kurzen Moment überlegte ich, meinen Oberkörper freizulegen. Es gibt da so eine Szene in D. H. Lawrences Skandalroman »Lady Chatterleys Liebhaber«, in der ein Waldarbeiter mit nacktem Oberkörper Holz hackt, während ihm Lady Chatterley dabei aus einem Gebüsch zusieht und schier die Besinnung verliert. Ich verwarf den Gedanken aber wieder, weil weit und breit keine Lady zu erwarten war und mir außer Jonas im Moment niemand zusah. Es hatte nun wirklich keinen Sinn zu versuchen, ihn auf diese Weise zu beeindrucken. Außerdem würde ich möglicherweise nicht ganz so imposant aussehen wie besagter Waldarbeiter. Also kletterte ich auf die Leiter, ich musste ziemlich weit nach oben, drückte den Sicherungsknopf und startete auf der zweithöchsten Stufe stehend mein Gerät, das prompt anfing zu brummen.

Es ließ sich zwar nicht mit dem Kreischen einer echten Kettensäge vergleichen, aber immerhin.

Das Sägeblatt drang mühelos in den Ast von der Dicke eines trainierten Oberschenkels. Herrlich, wie ein heißer Draht in der Frühstücksbutter. Ich sägte mich in Rage. Kleine Rindenstücke flogen mir um die Ohren, die Hebelwirkung der ausgefahrenen Säge war ungeheuer. Ich hatte Schwierigkeiten, sie in der Hochstrecke zu halten. Der Tragriemen drückte, Schweiß brannte mir im Auge, ich sägte verbissen weiter. Bis das Verlangen, mir das Auge zu reiben, einfach übermächtig wurde. Ich ließ deshalb den auf maximale Länge ausgefahrenen Sägearm mit einer Hand los. Sofort spürte ich das Übergewicht, mit der anderen Hand allein war der Sägearm nicht mehr zu halten. Jonas sprang zur Seite. »Hab ihn!«, brüllte ich und schaffte es gerade noch, den überlangen Stiel auf einem Aststumpf abzulegen. Ich rieb mir mit dem behandschuhten Zeigefinger das Auge, drückte mir dabei ein Stück Rinde in die Pupille.

Von unten hörte ich in dem Moment Siggi quengeln: »Lass mich mal ran.« Er war offenbar zurück.

»Den einen noch«, sagte ich, brachte die Säge wieder zur Hochstrecke und legte sie an einen Ast, der fast über mir hing. Leider sah ich ihn nicht besonders gut. Weil ich das eine Auge nicht mehr aufkriegte, fehlte mir das Raumempfinden. Aber ich spürte, wie die Säge das Holz durchtrennte. Von der Last befreit kriegte sie wieder Übergewicht und pendelte nach vorn. Ich konnte das Ding gerade noch halten, wurde aber von dem herabfallenden Ast an der Schulter getroffen. Erstaunt registrierte ich den Schmerz. Nur mit Mühe konnte ich

die Balance halten. Es heißt ja, die Lebenserwartung von Männern sei gegenüber der von Frauen vor allem deshalb sieben Jahre kürzer, weil sie eher bereit sind, idiotische Risiken einzugehen. Während ich immer noch schwankte, stellte ich Vermutungen an, ob ich mir gerade irgendetwas gebrochen hatte. Oder auf dem besten Wege war, meine Lebenserwartung zu verkürzen, weil ich gleich in die laufende Säge stürzen würde. Verdammt, so groß war der Ast doch gar nicht gewesen. Verblüffend, was so ein Stück Holz wiegen kann.

»Das reicht«, sagte Jonas, »komm runter.«

»Ja«, hörte ich Siggi, »jetzt bin ich dran.«

Ich ließ die Säge sinken, schaute noch einmal nach oben auf mein Werk und war zufrieden. Dem Baum hatte ich es aber so was von gezeigt. Jedenfalls fehlten die meisten Äste, die über unserem Grundstück gehangen hatten. Und auch das Monstrum, das auf dem Schuppendach gelegen hatte, war zur Seite gerutscht, ohne weiteren Schaden anzurichten. Tiefe Befriedigung, wie ich sie am Schreibtisch selten erlebte, durchströmte mich. Vielleicht hätte ich Zimmermann werden sollen? Meine Schulter schmerzte, aber ich konnte sie bewegen. Wird also nicht so schlimm sein, dachte ich und schaute nach unten. Und da sah ich ihn. Ein Mann in Grün, auf dem Kopf einen Helm mit Vollvisier, in der Hand eine Stihl. Oder war es eine Husqvarna?

»Was jetzt kommt, ist nichts für dieses Spielzeug da«, sagte der Maskierte. Ich erkannte Siggis Stimme. Mit einem entschlossenen Ruck startete er seine Maschine und machte sich daran, die herumhängenden Äste zu Kleinholz zu verarbeiten. Begleitet von einem aggressiven Dröhnen, irgendetwas zwischen Gurgeln und Brüllen, fraßen sich die Sägezähne durch das Holz. Siggi war nicht mehr zu bremsen, während er sich selbst über kleinere Äste hermachte. Schließlich schob er sein Visier hoch und blickte suchend in die Runde. »Was meint ihr, sollen wir uns nicht vielleicht gleich den ganzen Stamm vornehmen? Das Ding ist doch marode.«

»Auf keinen Fall«, mischte sich Jonas wieder ein, »du kannst doch nicht den ganzen Baum umhauen, ohne Frau Bergmann zu fragen.« Siggi sah ein wenig traurig aus. Am liebsten hätte er auch noch die Kiefer daneben gefällt. Und dieses eine Mal verstand ich ihn sogar. »Tolles Ding«, sagte ich mit Blick auf seine Säge. »Nicht wahr, ich feile die Zähne sogar selbst«, beinahe zärtlich strich er über die Maschine, »das habe ich in einem Sägekurs gelernt. Da kannst du nämlich viel falsch machen.« Sägekurs! Würde ich auch gerne mal machen. Siggi fing an, von Tiefenbegrenzern zu schwadronieren, von Schärfgittern und Rundfeilen.

In dem Moment kamen gleichzeitig meine und Siggis Frau Charlotte. »Was ist denn hier los?«, fragten sie im Chor.

Wir erzählten ihnen von unserem Einsatz. »Schau mal«, sagte ich, »Siggi hat eine richtige Kettensäge.«

»Na, die braucht man ja unbedingt in so einem Garten.«

Ich fand meine Frau wieder eine Spur zu sarkastisch. Immerhin gab sie Unsummen für verschiedene Rosen-, Bonsai- und was weiß ich für Spezialscheren aus. Und keine von denen hätte ihr in dieser Situation geholfen.

»Außerdem habe ich mich verletzt«, sagte ich und rieb mir die immer noch schmerzende Schulter. Wir hatten wirklich ein bisschen mehr Anerkennung verdient. Plötzlich spürte ich das dringende Bedürfnis, mich zu duschen, um endlich dieses Gemisch aus Sägespänen, Schweiß und Rindenstücken loszuwerden. Ich stieg von der Leiter und ging ins Haus.

Aus der Brause kam ein dünner Strahl mit der erlahmten Kraft einer verkalkten Gießkanne. So viel war klar, von alleine würde sich dieses Problem nicht lösen. Trotzdem musste das jetzt warten. Genauso wie der Brennholzhaufen im Garten. »Ich bin vollkommen fertig«, sagte ich zu meiner Frau, als ich wieder auf der Terrasse stand. »Ich kann jetzt wirklich nicht mit dir über Handwerker reden. Lass uns das auf morgen verschieben. Ich habe auch Frank versprochen, dass wir uns heute noch sehen.« Zu spät fiel mir ein, dass morgen ja nicht gehen würde, weil meine Frau da ihren Ladies-Abend hatte. »Lass uns doch erst mal sehen, was der Klempner überhaupt sagt. Aber Frank braucht jetzt meine Hilfe.« Bevor meine Frau einwenden konnte, dass es vielleicht Connie war, die unserer Hilfe bedurfte, verschwand ich auch schon aus der Haustür und nahm das Rad. Ich wollte unbedingt im Training bleiben.

Frank redete nun schon seit zwanzig Minuten. Im Moment war er verbal kurz vor dem Bahnhof von Magdeburg angekommen – oder war es Essen –, egal, irgendeine Stadt, deren traditionsreichen Fußballverein nur noch deren Einwohner kannten. Es ging um eine Pokalbegegnung, die schon ein bisschen länger her sein musste, denn über die der letzten drei Jahre hatte Frank uns in seinem Monolog schon hinreichend aufgeklärt.

»Noch ein Bier?«, unterbrach Micha Franks Redefluss.

»Nee«, entgegnete Frank, »ich mach gerade Diät.«

Ich nahm den Finger wieder runter, mit dem ich der Kellnerin ein Signal hatte geben wollen, die gerade durch den Kies des Biergartens an uns vorbeiknirschte. Sie trug ein Dirndl, was ich ein wenig seltsam fand für einen Berliner Vorort. Franks letzter Satz hatte endlich meine Aufmerksamkeitsschwelle überwunden. Seit wann machte Frank Diät?

Der fing wieder vom Magdeburger Bahnhof an. »Wir trugen ja unsere Pauli-Shirts, das Banner hatten wir auch noch, und da standen sie, die anderen, zwischen uns und dem Bahnhof. Und glotzten. Und wir waren nur zu dritt. Meine Güte, sage ich euch, da geht dir die Muffe.« Wenn Frank von seinen Heldentaten mit Sankt Pauli erzählte, verfiel er immer in Hamburger Slang – oder das, was er dafür hielt. Frank war zwar in meiner Nachbarschaft aufgewachsen, aber weil er nach der Schule einige Jahre in Hamburg studiert und gearbeitet hatte, sind ihm ein paar Eigenheiten von dort geblieben. Er sagt zum Beispiel immer »Moin, moin« zur Begrüßung. Aus Trotz antworte ich dann stets mit »Servus«.

»Ich weiß genau, was du meinst«, unterbrach ihn Micha ein weiteres Mal. »Ich saß mal in der S-Bahn, hatte den lila-weißen TeBe-Schal um«, Micha hegte nostalgische Gefühle für den Fußballklub Tennis Borussia, der in irgendeiner unterklassigen Liga kickte, »und der ganze Waggon war voller Dynamo-Fans. Dynamo-Fans,

das sind die schlimmsten. Jedenfalls fingen alle an zu brüllen: Lila-weiße, Westberliner Scheiße.«

An den Nebentischen drehte man sich zu uns um. Hoffentlich sieht mich keiner, dachte ich, der Biergarten liegt mitten in unserem Viertel, und ich hatte hier schon ziemlich oft Leute getroffen, die mich kannten. Eltern aus der Schule meiner Tochter zum Beispiel. Oder sogar einen ihrer Lehrer. Herrn Kerstholt etwa, das wäre mir gar nicht recht. Das war so ein penibler Typ, der mit seinem Pullunder ein wenig aus der Zeit gefallen schien und eine Vorliebe für extrem teure Klassenfahrten hatte, die ich nicht mit größter Selbstverständlichkeit bezahlen wollte. »Sie können ja einen Antrag auf Ermäßigung stellen und das mit Ihrer sozialen Notlage begründen«, hat er mal auf einem Elternabend zu mir gesagt, nachdem ich Bedenken geäußert hatte. Er sagte wirklich »soziale Notlage«, vor allen anderen. Die haben mich angeguckt, als ob ich schlecht rieche. Vor allem dieser Optiker-Vater, der ganz genau wusste, dass ich meine Brille vom Discounter hatte.

»Westberliner Scheiße«, wiederholte Micha unnötigerweise und noch ein bisschen lauter, »muss man sich mal vorstellen.« Dazu klatschte er sich auf die Schenkel und lachte laut. Ich schaute mich suchend um, erkannte niemanden. Außerdem rauschte gerade in diesem Moment eine S-Bahn direkt auf der anderen Seite der Hecke vorbei, die den Biergarten von den Gleisen trennte. Michas Klatschen verwehte in ihrem Sog.

Frank hatte inzwischen sein Smartphone aus der Tasche gezogen und suchte ein Bild, das ihn im Pauli-Shirt zeigte. Sankt Pauli ist sein Herzensverein, dem er seit zwanzig Jahren die Treue hält, egal, wie oft die Truppe verliert. »Ein echter Fußballfan muss leiden können«, pflegt er immer zu sagen. Und die Fans erfolgsverwöhnter Mannschaften betrachtet er eher mit Geringschätzung. Darin, dass sie durch tiefe Täler gegangen sind, würden sich Männer von Jungs unterscheiden, lautet eine seiner Theorien. Wobei ich mich jetzt an kein besonders tiefes Tal erinnern kann, das er persönlich hatte durchmessen müssen. Frank hatte wenigstens bisher in seiner Firma jede Krise überstanden, war im Besitz einer Vielfliegerkarte, kultivierte seinen Weingeschmack, sein Haus war zwar noch mit einer Hypothek belastet, aber deutlich größer als unseres. Den einzigen Anflug von Anarchie, den er sich meines Wissens regelmäßig leistete, war die Mitgliedschaft im Fußballklub von Sankt Pauli. Wochenende für Wochenende zog er sich deren braunes Trikot über und schaute seinem Verein irgendwo in der Republik beim Verlieren zu. Nur um uns beim nächsten Treffen darüber aufzuklären, dass es wieder einmal verdammt knapp gewesen wäre und eigentlich auch nur die Schuld des Schiedsrichters.

Jetzt fiel es mir auf. Wie ich ihn da so auf dem Handyfoto sah, in diesem braunen Trikot, das sich ein wenig über seinem Bauch spannte. »Du hast abgenommen«, stellte ich fest.

Frank nickte. »Vier Kilo.«

»Und was ist das für eine seltsame Hose, die du da trägst?«, fragte ich mit einem Blick unter den Tisch. Als ich in den Biergarten gekommen war, hatte Frank schon gesessen. Deshalb war mir wohl sein strammes Beinkleid bisher entgangen.

»Eine Radlerhose«, erklärte er nun.

Ich finde ja Männer um die fünfzig in knallengen, glänzenden Radlerhosen immer ein bisschen peinlich. Mein Chef war auch so einer. Im Urlaub quälte er sich mit anderen irgendwelche Berge hoch, und gern stellte er sein Highend-Bike im Büro aus, wo er es lässig gegen sein Sideboard lehnte. Ich stelle mir dann immer vor, dass er sich die Waden rasiert und im Supermarkt den Fahrradhelm aufbehält.

»Ich habe mit dem Training begonnen, ich will nämlich am Hamburger Triathlon teilnehmen«, unterbrach Frank meine Gedanken. Der Triumph in seiner Stimme war deutlich zu hören.

Triathlon, muss man da nicht extrem fit sein? »Und das traust du dir zu?«, fragte ich.

»Ja, ich werde mein Leben ändern, jedenfalls ein wenig.«

»Ein wenig?«, entfuhr es mir lauter als beabsichtigt. »Du trägst diese schrillen Radlerhosen im Nineties-Look, trinkst kein Bier mehr und willst am Marathon teilnehmen!«

»Triathlon«, entgegnete Frank knapp.

Micha musterte mich missbilligend. »Finde ich gut«, gab er zum Besten, »*the real thing*«, und fuchtelte mit abgespreizten Fingern vor meiner Nase rum, als ob er ein Ghettokid wäre.

Mir würde gleich der Kragen platzen. Ich meine, es kommt nicht so oft vor, dass wir uns treffen, ohne Billard zu spielen. Tobi hatte auch spontan abgesagt, er habe keine Zeit, weil er sich um die Liebe seines Lebens kümmern müsse, wie er mir am Telefon erklärt hatte. Und dann hatte er aufgelegt, nachdem ich nach Joana gefragt hatte. Verdammt, ich musste mir endlich merken, dass die nicht mehr aktuell war. Bei den anderen beiden hatte ich darauf bestanden, dass sie kommen würden. Schließlich gab es Redebedarf. »Frank«, fing ich also an, »lass uns doch mal aufhören, über Fußball zu reden. Es gibt wirklich Wichtigeres. Ich weiß das mit Connie!«

»Genau«, meldete sich Micha zu Wort, irgendwie hatte er den letzten Satz nicht mitgekriegt. »Wer will mit zu Neil Young? Da müsste man sich jetzt echt um Karten kümmern.« Micha hielt sich für einen der letzten Rocker. Was irgendwie weder zu seinen vielen Wehwehchen passte noch zu seiner Karriere beim Schulamt. Ich war kurz davor, ihn zu fragen, was der Knubbel in seinem Ohr machte. Aber das hätte uns nun wirklich zu weit weggeführt.

Auch Frank schaute ihn ein wenig gequält an. Oder sah er einfach nur schlecht aus? Ja, er hatte Ringe unter den Augen.

»Connie und ich haben uns getrennt«, stieß Frank endlich mit zusammengepressten Lippen hervor. Bitte, dachte ich, lass ihn jetzt nicht anfangen zu heulen. Ich hatte Frank noch nie heulen sehen, nicht einmal als Sankt Pauli aus der zweiten Liga abstieg, und das war ihm wirklich nahegegangen. Jedenfalls hätte ich bestimmt nicht gewusst, wie ich darauf reagieren soll. Vielleicht ihn in den Arm nehmen? Frank hatte sich schon wieder im Griff: »Sie ist zu ihrer Mutter gezogen. Aber nur bis Freitag, bis dahin muss ich raus sein.«

»Das gibt's nicht«, stöhnte Micha, »nicht du und Connie. Wie soll denn das gehen?«

»Weiß ich auch nicht«, meinte Frank, »ich weiß nur eines, es gibt kein Zurück mehr. Ich bin echt verknallt. Leider in jemand anderes.«

Jetzt war es an mir, den Erstaunten zu geben und »Das gibt's nicht« zu sagen. Frank und Liebe, das waren zwei Begriffe, die ich im Kopf nicht so schnell zusammenkriegte. Ehrlich gesagt hatte ich ihn eher für asexuell gehalten. Nein, stimmt nicht, für jemanden, der sich für Sex nicht interessierte. Oder wenigstens nicht mehr. Frank war lustig, immer gut gelaunt, ziemlich jung geblieben, wie gesagt: aufrecht und volles Haar, aber er und Connie hatten in den letzten Jahren dann doch ein klein wenig Speck angesetzt. Und er tanzte zunehmend wie ein Bär, immer auf der Stelle. Es war, als ob die beiden sich für Körper nicht mehr interessieren würden. Für ihren eigenen nicht und für den des jeweils anderen auch nicht.

Außerdem fiel mir das Angrillen im April wieder ein, das traditionell bei Frank und Connie im Garten stattgefunden hatte. Ein Termin, den Frank sehr wichtig nimmt, aber im Rückblick meine ich mich zu erinnern, dass die Stimmung da schon ein wenig merkwürdig gewesen war, auch wenn ich das Ende nicht mehr mitkriegte. Es hatte da eine Szene gegeben. Frank liebte Grillfleisch. Und was hatte er getan? Eine Art Wok aufgebaut und eine Überraschung angekündigt. Die gab es dann auch. Frank hatte diesmal keine Hotdogs serviert und keine Nackensteaks im Brötchen, er bereitete eine Paella zu. Man sah ganz deutlich, wie da aus dem reislastigen Gemisch ein paar Tintenfischarme rausguckten. Muscheln waren auch drin.

Connie hasst Fisch, und das weiß er auch. Erst hat sie ihn vor der versammelten Nachbarschaft in einer Weise angefahren, dass ich meiner Frau zuflüsterte: »Wenn du mal so mit mir redest, dann trennen wir uns.« Laut habe ich das damals natürlich nicht gesagt. Zum Glück. Wahrscheinlich hätten wir uns gestritten. »Wenn du mal auf die Idee kommen solltest, mir eine Rinderzunge vorzusetzen, dann trenne ich mich auch«, konterte sie. Sie weiß, dass ich gerne einmal eine machen würde. Die hatte es früher bei meiner Oma gegeben und seitdem nie mehr. Was schade ist, ich habe sie ganz lecker in Erinnerung. Sie fand allein den Gedanken daran unendlich eklig.

Vielleicht wäre es aber gut gewesen, wenn wir viel früher mal gefragt hätten, ob eigentlich alles in Ordnung ist bei Frank und Connie. Aber es kam noch schlimmer, Connie bekam einen regelrechten Weinkrampf, und ich habe mich vor lauter Fremdschämen betrunken. Nun, damit hatte ich wenigstens für eine gewisse Ablenkung gesorgt. Denn es wurde so schlimm, dass Micha, der mal wieder alleine gekommen war, weil seine neue Frau uns immer noch boykottiert – oder war es umgekehrt? –, mich nach Hause fahren musste. Und zwar noch bevor die Party vorbei war. Obwohl wir eigentlich nur einmal ums Eck wohnen. Und weil ich in dieser einzigen Kurve aus dem geöffneten Wagenfenster kotzte, sprachen hinterher alle über mich und nicht mehr über die Eheprobleme von Connie und Frank.

»Mit Karen geht das jetzt seit acht Wochen, Connie weiß es aber erst seit drei.«

»Du hast es ihr drei Wochen lang verheimlicht?«

»Ja, aber dann habe ich alle Schuld auf mich genommen. Obwohl ja immer zwei dazu gehören, wenn so eine Beziehung scheitert.«

Inzwischen hatte sich Micha von seiner vorübergehenden Schockstarre erholt. »Ich finde das ganz schön mutig von dir, dass du so schnell reinen Tisch gemacht hast«, sagte er jetzt.

»Na ja, um ehrlich zu sein, blieb mir gar nichts anderes übrig.« Frank war ziemlich leise geworden, ich verstand ihn kaum.

»Wieso nichts anderes übrig?«, fragte Micha, der ein wenig näher an ihm dran saß. »Und wer ist Karen?«

Wortlos tippte Frank wieder auf seinem Handy herum, zeigte uns schließlich ein Bild und sagte zu mir: »Du kennst sie.«

Ich brauchte einen Augenblick, war mir nicht sicher. »Karen Schneider?«, fragte ich vorsichtig.

Frank nickte. »Sie heißt jetzt anders«, sagte er, »aber ja, es ist Karen.«

Du liebe Zeit, Karen. Sie war eine Klasse unter uns gewesen. Oder zwei. Frank war damals kurz mit ihr zusammen gewesen. Bis zum Abitur, soweit ich mich erinnerte. An der Uni lernte er ja Connie kennen. Und jetzt hatte er Karen wiedergetroffen. Durch Zufall. Jedenfalls beinahe. Wie er uns erzählt hat, habe sie ihn bei Facebook gefunden und eine Nachricht geschickt. Ob sie sich nicht mal treffen wollten. Was sie dann ja auch getan hatten.

»Ihr wart damals schon mal zusammen und habt euch getrennt«, sagte ich, »dann weißt du doch, dass sie nicht die Richtige ist!«

Micha unterbrach mich wieder. »Warum blieb dir nichts anderes übrig?«, hakte er erneut nach.

»Weil wir gewissermaßen in flagranti erwischt wurden«, murmelte Frank und wackelte mit dem Oberkörper hin und her, als müsste er jedes Wort mühsam aus sich rausschütteln, »eine ziemlich blöde Geschichte.«

Es sei ja nicht so gewesen, dass sie sofort miteinander im Bett gelandet wären. Erst so nach dem dritten Treffen ungefähr. Frank ging noch mit zu ihr, sie tranken Tee, sie guckten sich alte Bilder an, sie lachten miteinander, und da sei es eben passiert. Und wer weiß, vielleicht wäre alles ganz anders gekommen, wenn nicht plötzlich dieser Typ im Zimmer gestanden hätte.

»Was für ein Typ?«, wollte ich wissen. »Und wie ist der überhaupt reingekommen?«

Frank hatte keine Ahnung, wieso der einen Schlüssel hatte. Es handelte sich wohl um einen Kumpel von Karens Ex, der irgendetwas holen sollte. Die beiden waren wohl ziemlich dicke, jedenfalls stand der Typ plötzlich im Zimmer. »Ihr hättet mal sehen sollen, wie der geguckt hat«, Frank leistete sich seinen ersten Lacher heute, hatte sich aber sofort wieder im Griff und erzählte weiter: »Die haben so eine Schiebetür aus Glas im Schlafzimmer, wie ich da eine Silhouette hinter der Scheibe sehe, sage ich noch: Ist da wer? Und knirsch, geht die Tür auf. Mann war das peinlich. Hätte mich am liebsten unter der Decke verkrochen.«

Ich stellte mir vor, wie der große Frank versucht, sich unter einer Bettdecke zu verkriechen, unter der noch jemand liegt. Dann sagte ich etwas Dummes: »Hast du immer noch diese Schweißfüße?«

Schweigend guckte Frank mich an. Der Professor fiel mir wieder ein, der an der Uni mal zu mir gesagt hatte: »Sie müssen erst denken und dann reden.« Ich hatte den Kerl nicht gemocht.

»Verstehe«, sagte Micha und kratzte sich an seinem schütteren Schopf. »Du musstest damit rechnen, der Typ würde das dem Ex erzählen. Und der, kennt der Connie?«

»Eigentlich nicht, aber dummerweise habe ich noch gesagt: Wer ist der Zwerg?«

»Oha«, brachte ich hervor.

»Der war halt richtig klein und hat sich dann auch ein bisschen aufgeregt. Jedenfalls würde er alles dem Ex erzählen. Und der ist zurzeit ziemlich rachsüchtig drauf. Wahrscheinlich hätte er bald rausgekriegt, wer da unter der Decke seines ehemaligen Ehebettes steckte. Und es weitererzählt. Ist ja auch egal, ich hätte es sowieso nicht mehr lange für mich behalten können.«

Natürlich sei Connie ziemlich sauer gewesen. Weshalb sie ja dann auch den teuren Roten aus seinem Weinschrank genommen und aus dem Fenster geworfen hätte.

Ich beobachtete eine Wespe, die in meinem Bierglas Selbstmord begangen hatte. Ich nahm das Glas und stellte es weit weg von mir an den Rand des Tisches. Durcheinander, wie ich war, fürchtete ich mich davor, aus Versehen noch einmal davon zu trinken. Eine Schwäche von mir. Noch heute erzählt man sich gern die Geschichte, wie ich mal auf dem Flughafen von Palma de Mallorca als Einziger aus einem Glas trank, während alle Kumpels um mich herum eine Dose in der

Hand hatten. Erst als die anderen lachten, wurde mir klar, dass ich gerade die Neige eines Wildfremden austrank. War mir eine Lehre.

»Okay, verstehe ich. Aber ihr seid seit zwanzig Jahren zusammen, ich meine, das wirft man doch nicht leichtfertig weg. Das muss sich doch irgendwie wieder einrenken lassen?«, sagte ich.

Frank schüttelte den Kopf. Sie hätten es ja versucht, seien sogar zweimal zu einer Paarberaterin gegangen. »Hat mich hundert Euro gekostet, und zwar jede Sitzung, ist jetzt aber auch egal.«

Ich war fassungslos. Da spielt Frank mit uns Billard, erzählt uns von irgendwelchen Fußballspielen vor x Jahren, und die wirklich wichtigen Dinge behält er einfach für sich. »Hey, Jungs, noch ein Bier?«, unterbrach uns die Kellnerin, die bestimmt zwanzig Jahre jünger war als jeder von uns. Wahrscheinlich spekulierte sie auf ein gutes Trinkgeld. Tobi war ja nicht dabei, der hätte bestimmt gedacht, sie findet uns nett. Oder wenigstens ihn. Wir nickten mechanisch.

»Was hat die denn nun gesagt, diese Paarberaterin«, drängelte Micha.

»Dass wir den gleichen Fehler gemacht hätten wie fast alle Paare«, antwortete Frank. Paare kämen im Prinzip fünf Jahre zu spät zu ihr. Immerhin hätte sie auch noch tröstende Worte gefunden. Bei Frank und Connie seien es nämlich vielleicht sogar nur zwei Jahre gewesen. Zwei Jahre, in denen sie nebeneinanderher gelebt hätten, jeder in seiner eigenen Routine. Zwei Jahre, in denen Frank nicht gesagt hatte, dass er diese grobmaschigen Strickjacken in Übergröße hassen würde, in

denen Connie immer rumlief, wenn sie allein zu Haus waren. Genauso wie diese Crocs, die seien ja nun wirklich ziemlich abturnend. Und Connie hatte sich einen Spaß daraus gemacht, dem HSV die Daumen zu drücken. Was jeden Pauli-Fan direkt auf die Palme brachte.

Die Kellnerin kam mit einer neuen Runde. »Nee«, sagte Frank, »für mich nicht mehr. Es gibt echt noch so viel, um das ich mich kümmern muss.«

»Frank, Frank, Frank«, sagte Micha und nahm sein Bier, »ich hatte, ehrlich gesagt, gehofft, dass wir dieses Jahr Silvester bei euch feiern könnten.«

»Daraus wird wohl nichts«, antwortete Frank.

Erst jetzt wurde mir klar, wie ernst die Sache wirklich war. »Du willst damit sagen, das renkt sich nicht wieder ein?« Ich war schockiert. »Was sagen denn deine Jungs?«

»Die hassen mich.« Frank presste wieder die Lippen zusammen. »Meine Jungs. Ben hat mich sogar angeschrien und gesagt, ich solle Leine ziehen.«

»Ach, das wird wieder«, sagte Micha reichlich lahm. »Deine Jungs verehren dich.«

Frank schüttelte nur den Kopf und wiederholte: »Ich muss jetzt wirklich gehen.« Dann drehte er sich zu mir und fragte: »Sag mal, kann ich vielleicht ein paar Tage bei euch bleiben, nur so lange, bis ich etwas gefunden habe?«

Um Himmels willen, dachte ich, was wird Daniela sagen? Frank war zwar ihr Bruder, aber die beiden konnten im Moment nicht so besonders gut miteinander. Die Sache mit Connie würde das nicht besser machen, unsere Frauen waren befreundet. Nicht besonders eng, aber immerhin. »Logisch«, hörte ich mich trotzdem gegen meine Überzeugung sagen, »jederzeit, also bis du was gefunden hast.«

Micha nickte beifällig. Anstatt zu sagen: »Kannst gern auch zu mir kommen.«

Frank stand auf, versicherte, dass er mir das nie vergessen würde, und nahm mich tatsächlich in den Arm. Was bestimmt etwas eigenartig aussah, weil ich noch saß und ich diesem Riesenkerl mit seiner bescheuerten Radlerhose in meiner Position gerade bis zum Bauch reichte.

Wir blieben noch einen Augenblick sitzen. Immerhin hatte Micha ja Ähnliches schon einmal durchgemacht. Allerdings war damals er derjenige, der verlassen wurde. »Meine Güte«, murmelte ich vor mich hin, »was soll Frank denn jetzt machen?«

»Einen Anwalt nehmen«, sagte Micha. Seine eigene Trennung war seinerzeit eine ziemlich schmerzhafte Angelegenheit geworden. Um jeden Krümel hätten sie sich gestritten und um das Sorgerecht sowieso. »Ich kenne mich da aus«, setzte Micha seinen Vortrag fort. »Zweihunderttausend Ehen werden hierzulande jedes Jahr geschieden, jedenfalls war es vor ein paar Jahren so, als wir dran waren. Die Kinder werden groß, und oft war das das einzige Projekt, das den Laden noch zusammenhält. Dann braucht es nur noch eine Kleinigkeit, etwas, das stärker ist als die übliche Routine.«

Ich staunte Micha an. So ernsthaft hatte ich ihn schon lange nicht mehr reden hören.

»Woher willst du das wissen?«, fragte ich. »Als ihr euch getrennt habt, waren eure Kinder doch noch ziemlich klein.«

»Stimmt«, antwortete er, »bei uns war eben schneller klar, dass wir nicht zueinanderpassen. Trotzdem war es ein Schock. Deshalb haben wir uns ja so angekoffert.« Micha entwarf dann eine ganz simple Theorie: Männer hören nicht zu, und Frauen unterschätzen ihre Männer, glauben nicht, dass die wirklich abhauen könnten.

»Ja, aber wie gesagt, woher willst du das alles wissen? Du bist doch gar nicht abgehauen, du warst der Verlassene«, sagte ich, was mir gleich darauf wieder leidtat.

»Habe ich gelesen.« Micha schien ein bisschen beleidigt zu sein. Aber er beruhigte sich gleich wieder: »Du wirst sehen, das gibt sich. In einem Jahr trifft sich Frank wieder mit seinen Söhnen, spätestens.«

Über den Satz dachte ich auf dem Nachhauseweg noch eine Weile nach. Ich hatte da so meine Zweifel. Vor allem Franks Großer war eher so der Typ still, aber ernst. Der würde das bestimmt in sich hineinfressen und da eine Weile aufbewahren. Und diesmal wusste ich, wovon die Rede ist. Schließlich hatten sich meine Eltern auch scheiden lassen. Und es sollte sehr lange dauern, bis ich das meinem Vater verzieh.

»Hast du Connie noch gesehen?«, begrüßte mich meine Frau. »Sie hat uns eine Flasche Wein gebracht.« Auf dem Küchentisch stand eine Flasche Chateauneuf de Beaucastel.

»Fünfundsechzig Euro«, staunte ich, »den kenne ich, der ist aus Franks Weinschrank. Ich glaube nicht, dass er davon weiß.«

»Ich wiederum glaube, dass ihr das im Moment ziemlich egal ist. Sie hat ihn vermutlich mitgehen lassen, als sie sich ein paar Sachen geholt hat. Connie wohnt gerade bei ihrer Mutter«, klärte sie mich auf.

»Weiß ich auch«, ich erzählte ihr von meinem Treffen. »Ich hätte nie gedacht, wie wichtig Frank Sex ist, jedenfalls hat er ihr in allen Details erzählt, was er gerade erlebt. Total schwanzgesteuert, meint Connie. Und Ben hat ihn angeschrien, er soll abhauen.«

»Ja«, erwiderte ich, »womit wir auch schon beim Thema sind: Frank möchte ein paar Tage bei uns bleiben.«

Wie erwartet war meine Frau von dieser Idee gar nicht begeistert: »Muss das sein, ausgerechnet jetzt. Ich finde, mein Bruder ist nun wirklich der Letzte, der unseren Beistand braucht. Connie ist doch die Gekniffene. Hat ihr Studium damals abgebrochen, und wenn die beiden sich jetzt trennen, steht sie vor dem Nichts.« Meine Frau hatte sich richtig in Rage geredet.

»Die Sorge kann ich dir nehmen. Frank hat mir versichert, dass er für alles aufkommt. Selbstverständlich würde er Connie auch in Zukunft unterstützen.«

»Ja«, erwiderte meine Frau, »aber nur so lange, bis seine neue Trulla dagegen ist.«

»Trulla?« Ich guckte meine Frau an, woher hatte sie denn diesen Ausdruck?

»Von Yvonne.« Yvonne war Michas Ex. »Jedenfalls geht das nicht, dass Frank hier schläft. Weißt du, was der getan hat? Er hat mit dieser Trulla eine Reise gebucht und sich die Unterlagen nach Hause schicken lassen. Connie hat sie zerschnitten.«

Komisch, davon hatte Frank gar nichts erzählt. Das war so blöd, das konnte wirklich gar nicht wahr sein.

Aber Frank war schließlich immer noch ihr Bruder. Ein bisschen mehr Solidarität hatte ich schon erwartet. Aber meine Frau war noch nicht fertig.

»Unsere Dusche geht übrigens überhaupt nicht mehr. Der Klempner war auch schon da. Du kümmerst dich ja um nix mehr, da hab ich ihn geholt. Es muss alles raus, hat er gesagt, die Leitungen sind total versteint. Und mit der Heizung geht es auch nicht mehr lange so weiter, dann legt der Schornsteinfeger das Ding still. Wenn sie nicht vorher eh den Geist aufgibt. Wir haben die Dinge viel zu lange laufen lassen. Im Grunde hätte man schon vor Jahren etwas unternehmen müssen.«

Ja, dachte ich bei mir. Das hat Franks Paarberaterin auch gesagt. Ich guckte Daniela an, sie trug die Ohrringe, die ich ihr mal vor einer kleinen Ewigkeit geschenkt hatte. Nicht einfach so. Ich hatte aus Kuchenteig eine Insel geformt und mit Vogelsand gefüllt. Darin vergrub ich die Ohrringe. Und damit sie die auch findet, hatte ich eine kleine Flasche mit einer Schatzkarte darin in den Sand gesteckt. War ganz schön aufwendig gewesen das Ganze, aber sie war echt beeindruckt, hat noch Jahre von diesem Geschenk geredet. Die Flasche und die Schatzkarte hat sie heute noch, die Insel ist leider zerbröselt. Nun ja, in letzter Zeit waren wir dazu übergegangen, uns vor allem praktische Dinge zu schenken. Einen Akkuschrauber zum Beispiel, den hatte sie von mir zu Weihnachten bekommen.

Ein wenig niedergeschlagen ging ich ins Bad. Aus dem Hahn tröpfelte nur noch ein Rinnsal. Meine Schulter schmerzte. Mit einer vernünftigen Kettensäge wäre das nicht passiert.

4
Pizza Studente

Es dauerte einen Augenblick, bis ich mitkriegte, was mich da geweckt hatte. Ein Geräusch, so viel war sicher. Vermutlich der Hund. Ich schob meine Schlafmaske in die Stirn und warf einen Blick auf die gelben Leuchtziffern des Radioweckers. 0 Uhr 30. Mist. Wahrscheinlich würde ich nicht wieder einschlafen können. Einmal mehr ärgerte ich mich über unseren neuen Hausgenossen. Seine Anschaffung war ja nicht meine Idee gewesen. Sondern die meiner Frau. Angeblich weil Sophie sich so sehr einen Hund wünschte. Aber unsere Tochter würde bald nach Amerika gehen, und an wem blieb Duffy dann hängen?

Verärgert warf ich mich herum. Die Matratze wackelte. »Hmmm«, brummte meine Frau von der anderen Seite des Bettes. Sie hasste es, wenn ich mich so rumwarf, behauptete, sie würde dabei jedes Mal emporgeschleudert. Kann ich mir nicht vorstellen, so schwer war ich nun auch wieder nicht. Allerdings weigerte ich mich hartnäckig, wie von ihr verlangt auf eine Waage zu steigen. Ich fand mich immer noch recht schlank, was sind da schon Zahlen? Damit macht man sich nur verrückt. Jedenfalls war es ein Fehler, bei der Anschaffung dieses Bettes auf einer durchgehenden Matratze zu bestehen. Genau genommen war es mein Fehler. Ich dachte, dieser Spalt zwischen den Matratzen wäre irgendwie schlecht für unser Liebesleben. Anders meine Frau. Sie war es, die den Matratzenverkäufer fragte, ob zwei Matratzen nicht eventuell besser wären. »Kommt darauf an«, hatte er gesagt. Ich weiß noch genau, wie er dabei guckte. Irgendwie anzüglich, mit so einem schiefen Grinsen. Jedenfalls war ich nicht bereit, mit einem Matratzenverkäufer unsere Schlafzimmersituation zu diskutieren. Und ganz bestimmt wollte ich von ihm nicht hören, worauf es ankam. Ende der Diskussion, ich bestand auf einer einteiligen Matratze. Du liebe Zeit, das Ding würde so breit sein, dass ich es für ausgeschlossen hielt, irgendeine Welle könnte sich quer durch das ganze Bett übertragen. Außerdem waren wir früher gemeinsam mit 1 Meter 20 ausgekommen, weder ich noch Daniela haben sich je beschwert, wenn da was wackelte.

Inzwischen weiß ich es besser. Ja, es kommt auf den Gewichtsunterschied an. Mal ganz abgesehen davon, dass die Probleme schon bei der Lieferung anfingen. Weil es nämlich schwierig war, die Riesenmatratze überhaupt die Treppe hoch und durch die Schlafzimmertür zu bekommen. Für einen kurzen Moment weigerten sich die Transporteure sogar, es überhaupt zu versuchen. Die wollten das Ding allen Ernstes im Flur liegen lassen. »Dann wirst du wohl hier schlafen«, hatte meine Frau gesagt, während die Möbelträger feixend danebenstanden. Das meine ich mit Sarkasmus. Ich hasse das.

Jetzt hörte ich es ganz deutlich, ein Rumms. Das kann nicht der Hund gewesen sein. »Hast du auch dieses Poltern gehört?«, fragte ich in die auch ohne Maske ziemlich finstere Dunkelheit. Ich fand, es war Zeit, ein bisschen davon abzulenken, dass ich meine Frau möglicherweise gerade aus dem Schlaf geschleudert hatte. »Hmmm«, brummte sie ein zweites Mal. »Florian und seine Kumpels, ich glaub, sie gehen noch mal weg.« Ich malte mir aus, wie eines Tages die Polizei an unserer Tür klingeln würde, um mich zu fragen: »Wo war Ihr Sohn am Mittwoch gegen 0 Uhr 30?« Keine Ahnung, Herr Kommissar, müsste ich einigermaßen kläglich antworten. Und der Kommissar würde sich zu seinem Kollegen umdrehen, irgendetwas von Vernachlässigung erzählen und dass es doch unglaublich sei, wie wenig viele Eltern über das Treiben ihrer halbwüchsigen Kinder wüssten. So oder so ähnlich hatte ich es unzählige Male im »Tatort« gesehen. Und mich jedes Mal gefragt, ob die Drehbuchschreiber eigentlich Kinder hätten. Und wenn ja, ob sie wirklich ahnten, was die so machen. Vor allem nach Einbruch der Dunkelheit.

Ich kann jedenfalls versichern – inzwischen ist das ja verjährt –, meine eigene Mutter war nicht immer über mein nächtliches Treiben orientiert. Sie fragte auch nicht jedes Mal. Sie verlangte bloß immer, dass ich ihre Schlafzimmertür schließen sollte, wenn ich nach Hause käme, damit sie auf einen Blick wüsste, ob ich inzwischen gut angekommen wäre. Und es gab mehr als einen Abend, an dem sie mich damit moralisch mächtig unter Druck setzte, endlich nach Hause zu gehen. Denn diese dämliche Tür stand ja immer noch offen, und ich wusste, sie würde sich Sorgen machen. Damals hatte ich mir geschworen, bei meinen eigenen Kindern später Großzügigkeit walten zu lassen. Heute ertappe ich mich manchmal bei dem Gedanken, ob es nicht möglich ist, bei meinen Kindern irgend so ein Überwachungstool auf ihren Handys zu implantieren. Würde ich natürlich nie machen, obwohl, wäre schon verlockend, extrem lässig zu wirken und trotzdem immer Bescheid zu wissen.

Weil ich nun schon einmal wach war, stand ich auf, um nachzusehen, ob in Florians Zimmer alles in Ordnung war. Vielleicht lagen da ja noch irgendwelche hilflosen Personen rum, denen ich Beistand zukommen lassen sollte. »Zieh dir wenigstens einen Bademantel an«, sagte meine Frau. »Wer weiß, wer da noch ist.« Das war eine Anspielung darauf, wie ich mal pfeifend aus dem Badezimmer kam, damals, als unsere Dusche noch funktionierte, und plötzlich vor einem mir unbekannten Mädchen stand. Leider trug ich die meisten meiner Klamotten gerade unter dem Arm, und vor Schreck fielen sie mir auch noch runter. Gott, war das peinlich. Wie ich später erfuhr, handelte es sich um eine mindestens ebenso erschrockene Mitschülerin meines Sohnes. Wenigstens sie war vollständig bekleidet. Es gelang mir anschließend nicht rauszukriegen, ob diese unangenehme Begegnung auch Schulhofgespräch geworden war. Jedenfalls fürchtete ich mich eine ganze Weile vor einer Anzeige wegen Erregung öffentlichen Ärgernisses. Ich hatte auf diversen Elternabenden eine Reihe Väter kennengelernt, die hätten keine Sekunde gezögert, solch einen Vorfall groß rauszubringen. »Keine Bange«, sagte ich jetzt, »wie du weißt, trage ich einen Schlafanzug.« Die Zeiten, in denen wir nackt schliefen, waren lange vorbei. Dann ging ich vorsichtig die Treppe runter.

Die Tür zu seinem Zimmer stand offen. Ich nahm das als Einladung, mich ein wenig umzuschauen. Bei einer geschlossenen Tür hätte ich Hemmungen gehabt, immerhin ist er inzwischen volljährig. In der Luft hing der Dunst von kalter Pizza. Ich wagte es, eine kleine Lampe einzuschalten. Hätte ich lieber bleiben lassen sollen. Die Pizzapappen einschließlich vertrockneter Reste lagen neben allerhand leeren Dosen. Sein Laptop war auch noch an. Als ich ihn berührte, flammte der Bildschirm auf. Wie oft hatte ich ihm gesagt, das Ding nach Gebrauch auszuschalten. Ahnt ja keiner, wie viel Strom man jährlich im Standby vergeudet. Ich widerstand der Versuchung, mal zu schauen, wonach er zuletzt gesucht hatte. Das wäre doch ein wenig übergriffig gewesen. Aber die Halogenlampen an der Decke, die sollte ich wirklich mal tauschen. Da sind mindestens 240 Watt versammelt. Weil unser Sohn zweimal am Tag duschte und zusätzlich ziemlich oft in der Badewanne lag, jedenfalls als unsere Warmwasserversorgung noch zuverlässig funktionierte, machte ich ihn für ein Viertel unseres jährlichen Energieverbrauchs verantwortlich. Wahrscheinlich ist es sogar deutlich mehr.

Auf seinem Schrank stand immer noch das Playmobil-Piratenschiff. Es war inzwischen an den hinteren Rand gerutscht, hinter den Lego-Sternenzerstörer. Wie

schön hatten wir hier immer gespielt. Ich hatte ganze Geschichten entworfen, mit dramatischen Verfolgungsjagden von Zimmer zu Zimmer. Durch die halbe Stadt war ich gefahren, um gebrauchte Playmobil-Landschaften aufzukaufen. Die lagen jetzt in Tüten verpackt im Keller. Dafür stand sein Mikroskop noch im Regal. Ich wertete das als gutes Zeichen. Ich nahm das Ding in die Hand. Ich hatte ihm das einmal geschenkt. Da war er zehn oder so, und ich hatte mir in den Kopf gesetzt, aus ihm würde vielleicht ein großer Forscher werden, wenn es mir gelänge, ihn frühzeitig für die Wissenschaft zu interessieren. Ich wollte das nicht allein der Schule überlassen, das hatte schon bei mir nicht allzu gut geklappt. Was hätte zum Beispiel aus mir für ein Biologe werden können – und Biologen sind doch durchaus gefragt –, wäre da nicht die Sache mit den Kuhaugen gewesen. Die hatte unser Biologielehrer mitgebracht, damit wir sie sezieren könnten. Das war's dann. Wie das Kuhauge so auf meinem Teller hin und her rollte und mich anstarrte, nun, mein Verhältnis zur Biologie sollte nie wieder so unbeschwert sein wie ehedem. Wieder ein potenzieller Nobelpreisträger weniger. Schule kann so viel verderben.

Bei meinem Sohn wollte ich dann unbedingt alles richtig machen und dachte, so ein Mikroskop, das öffnet doch ein Fenster in Welten, die einem sonst verschlossen bleiben. Und zwar nicht virtuell, sondern ganz real. Was für eine einmalige, womöglich prägende Erfahrung ist da drin! Wir legten also zusammen alles Mögliche unter das Okular: Blätter, Fusseln, gebrauchte Tempotaschentücher. So weit ging alles gut, bis Florian eine vermeintlich tote Ameise erwischte. Das Tier war nämlich nicht wirklich tot und schien nun hundertfach vergrößert nach seinem Auge zu greifen. Er hat geschrien, und durch das Mikroskop wollte er auch nicht mehr gucken. Auch nicht, als ich ihm vorschlug, wir könnten es mal mit einer Stubenfliege versuchen, von deren Tod ich mich vorher mittels einer Rasierklinge selbst überzeugen würde. Na ja, vielleicht war er damals auch noch ein bisschen jung für Grundlagenforschung. Kann man junge Eltern nur warnen. Bloß nicht zu ambitioniert herangehen.

Irgendwann kamen dann Nintendo und seine Gameboys. Und mit sechzehn ging Florian für ein Austauschjahr in die USA. Das hatte ich ihm gar nicht zugetraut, dass er diesen Schritt wagen würde. Ich weiß noch, wie die Frau von der Sprachschule ihn in unserem Beisein fragte: »Florian, willst du wirklich nur ein halbes Jahr drüben bleiben? Viele haben sich dann erst eingewöhnt, und bevor die beste Zeit beginnt, musst du dann schon zurück.« Ich wollte gerade dazu ansetzen, dass wir das längst besprochen hätten, da sagte mein Sohn: »Na gut, mache ich ein Jahr.« Ich war trotzdem stolz auf ihn, dass er sich so entschieden hat, auch wenn es verdammt teuer war und wir ihn schon vermisst haben.

Als er dann nach einem Jahr zurückkam, war er nicht mehr derselbe, war er kein Kind mehr, hatte er plötzlich seinen eigenen Kopf. Ich betrachtete den Türrahmen. Früher war da eine Scheibe drin gewesen. Ich hatte sie gegen eine Holzplatte auswechseln müssen nach unserem Zwischenfall. Während ich ihm gerade noch meine Meinung sagen wollte, hatte er die Tür zu-

geschmissen. Und ich stand in der Scheibe. War ein ziemlicher Schreck für uns beide. Und wir hatten beide mächtig Glück, dass wir uns dabei nicht verletzten.

Ich stellte das Mikroskop wieder ins Regal, drehte so lange daran rum, bis es exakt den sauberen Fleck in der Staubschicht bedeckte. Er sollte nicht bemerken, dass ich mich in seinem Zimmer umgesehen hatte. Es war allerdings extrem unwahrscheinlich, dass er auf seinem Schrank die saubere Stelle entdecken würde. Wo ich schon mal wach war, ging ich aufs Klo. Die Brille war noch warm. Er oder einer seiner Kumpels hatte offenbar ziemlich lange darauf gesessen. Einmal ist einer von ihnen darauf eingeschlafen, und stundenlang war unser Klo blockiert. Keine Frage, die Zeit zwischen Abitur und dem, was danach kommt, kann ganz schön lang werden. Unser Sohn wartete jedenfalls darauf, dass im Herbst sein Studium losgehen würde.

Bis dahin sahen er und seine Freunde zu unser aller Leidwesen der Zeit beim Verstreichen zu. Das heißt, mehr als einmal hatte er uns versichert, endlich ausziehen zu wollen. Einmal ging er dann tatsächlich zu einer Wohnungsbesichtigung. Allerdings war er ziemlich schnell wieder zurück. Mindestens sechzig Leute hätten da im Treppenhaus gestanden, gab er schwer entrüstet zu Protokoll. Und dass er Schlange stehen erniedrigend fände, da einfach keinen Bock drauf hätte. Ganz ehrlich, ich hatte das mit einem Lächeln zur Kenntnis genommen. So wie die Bemühungen seiner beiden Kumpanen, mit denen er eine WG plante. Zuversichtlich ging ich davon aus, das wird nie was. Ich spürte auch keinen Handlungsdruck, ihn bei seiner Wohnungssuche zu unterstützen. Schließlich lagen zwischen seinem künftigen Studienplatz und seinem Kinderzimmer, wie ich die vermüllte Höhle im ersten Stock unseres bescheidenen Reihenhäuschens immer noch in einem Anflug von Nostalgie nannte, nur zwölf Kilometer. Natürlich hatte dieses Arrangement auch Nachteile. So wie die Polterei gerade eben. Wenn ich die Sache dann aber am nächsten Morgen mit der gebotenen Nüchternheit betrachtete, kam ich immer zu dem Ergebnis, dass es für uns immer noch billiger war, als ihn in seinen eigenen vier Wänden zu unterstützen. Zumal er bei der Suche nach einem eigenen Nebenverdienst ähnlich dynamisch unterwegs war.

Lächelnd stieg ich also wieder die Treppe rauf Richtung Schlafzimmer. »Da bist du ja endlich wieder«, empfing mich meine Frau. »Mach dir keinen Kopf, das hat bald ein Ende. Der Junge hat nämlich eine Wohnung gefunden. Na ja, eigentlich wollte ich dir das erst morgen früh erzählen.«

Und das war es dann, den Rest der Nacht bekam ich kein Auge mehr zu. Eine eigene Wohnung, wie hatte er das denn angestellt? Und wer sollte das bezahlen?

Am nächsten Morgen saß ich entsprechend missgelaunt am Frühstückstisch. »Ist der Junge da?«, fragte ich, als meine Frau die Küche betrat.

»Er schläft.«

»Mir wäre es eigentlich lieber, er würde sich Arbeit besorgen, wenigstens bis sein Studium beginnt.«

»Jetzt muss er sich erst einmal um seine Wohnung kümmern.« Offensichtlich hatte der Vater seiner Freundin da etwas arrangiert, über Bekannte von Bekannten,

jedenfalls würden die beiden zusammenziehen. »Florian ist noch keine zwanzig! Findest du das gut, wenn er gleich mit seiner ersten Freundin zusammenzieht?« Mir war nicht wohl bei der Sache, ich musste an Micha denken, der inzwischen geschieden war, an Frank, der sich gerade trennte, an meine Eltern, die jung geheiratet und sich dann auch hatten scheiden lassen. »Ist es nicht ein Fehler, sich so jung schon so fest zu binden?«, fragte ich über einen Marmeladentoast hinweg. Eigentlich wollte ich keinen Toast mehr essen. Und Marmelade auch nicht. Morgen würde ich mir ein Müsli machen, ganz bestimmt.

»Der Junge will ja nicht heiraten, der will eine Wohnung«, erklärte Daniela, während sie in den Kühlschrank guckte, »und du hast selbst gesagt, eine Wohnung für ihn allein käme zu teuer.«

»Wenn du den Schinken suchst, der ist weg, hat wahrscheinlich die kleine Spontanparty da oben nicht überstanden.« Ein Gutes hätte die Sache ja, wenn Florian auszieht, unsere Versorgungslage wäre wieder ein wenig berechenbarer. »Dein Bruder bräuchte immer noch eine neue Bleibe, wenigstens für ein paar Tage. Wenn Florian auszieht, wäre doch das Zimmer frei.«

»Nein«, das kam ziemlich scharf, »das will ich nicht. Außerdem habe ich für Donnerstag früh noch einen Klempner bestellt. Der schaut sich das Bad an und macht uns dann einen Kostenvoranschlag. Du kannst ja Frank sagen, dass bei uns das warme Wasser nicht funktioniert. Das ist nicht mal gelogen. Dann will er sowieso nicht einziehen, der Warmduscher, nicht einmal für ein paar Tage.«

Kostenvoranschlag! Sie machte tatsächlich ernst.

Im Schuppen stellte ich fest, dass mein Fahrrad einen Platten hatte. Also machte ich mich zu Fuß auf den Weg zum S-Bahnhof. Weißbrot am Morgen, das Fahrradtraining fiel aus. Außerdem hatte ich vergessen, meinen Blutdruck zu kontrollieren. Ich wurde nachlässig. Wenn man so alt war wie Florian, dann ist der Tod keine Kategorie. Dann raucht man, macht die Nächte durch und isst Hamburger. Jenseits der fünfzig aber muss man aufpassen. Da werden ganz entscheidende Weichen gestellt. Besorgt beobachtete ich eine ältere Dame mit ihrem Rollator. Wie viel älter mochte sie sein? Ob sie in ihrem Leben sehr viel Toastbrot gegessen hatte? Und ob sie vielleicht schon Witwe war, weil ihr Mann noch mehr Toastbrot gegessen hatte? Ich nahm mir vor, auf die Vollkornsorte umzusteigen, verwarf den Gedanken aber gleich wieder. Vollkorntoast, was für ein Unsinn. Es bleibt doch trotzdem Industriebrot, auch wenn es eine dunklere Farbe hat. Ich beschloss, mir heute Abend ein gutes Müsli zu besorgen und meine Ernährungsgewohnheiten gleich morgen zu ändern.

In meiner Hemdtasche knackte es. Es war das Signal für eine Messenger-Nachricht. Ich schaute auf das Display und stellte fest, dass mir eine Doreen eine Nachricht geschickt hatte. Wer ist Doreen? Ratlos bestieg ich den S-Bahn-Waggon.

Ich schaute mir das Bild dieser Doreen an, half auch nichts. Ein Jörg unterbrach meine Gedanken, wollte mir eine Obdachlosenzeitschrift verkaufen. »Ich bin der Jörg«, erzählte er, »und lebe seit einem Jahr auf der Straße.« Mir fiel Frank wieder ein, dass er womöglich

immer noch keine Bleibe hatte. Und ein Problem hatte er auch, wenn sich Connie wirklich von ihm trennte. Oder er sich von ihr. Und Connie, die hatte ein noch viel größeres Problem, weil sie nämlich seit der Geburt ihrer Kinder nicht mehr gearbeitet hatte. Connie und Frank lebten ein ziemlich altmodisches Modell: Er war der Verdiener, und sie kümmerte sich um Haus und Kinder. Hatte alles funktioniert, bis jetzt. Nun würden sie rechnen müssen, Anfangsvermögen zu Beginn ihrer Ehe, Endvermögen, als alles vorbei war. Allein schon diese Rechnerei birgt ungeheures Konfliktpotenzial. Sie würden alles teilen müssen, auch die Rentenansprüche, die Frank bis jetzt erworben hatte. Selbst wenn er gut verdiente, mit Anfang fünfzig waren die jetzt noch nicht überbordend. Und die Hälfte von nicht überbordend war noch weniger zufriedenstellend. Scheidungen gelten als Armutsrisiko, jedenfalls für die Frauen, die ein Modell leben wie Connie. Allerdings würde ich mit der Hälfte von dem, was ich hatte, auch in Schwierigkeiten geraten. Die beiden würden ihr Haus verkaufen müssen, so viel war klar. Ich wusste zwar nicht, was er verdiente, es war wohl schon nicht schlecht. Aber nicht einmal Frank könnte sein altes Leben weiterfinanzieren, wenn er zusätzlich Unterhalt für Connie aufzubringen hätte.

Ich schätzte den Obdachlosen Jörg auf Mitte fünfzig. Was mochte ihn in seine Notlage gebracht haben? Arbeitslosigkeit? War mit Mitte fünfzig auch ziemlich böse. Eine Krankheit? Oder war er vielleicht unglücklich geschieden, hatte sich anschließend dem Trunk ergeben und hatte dann alles gemeinsam erlitten: Arbeitslosigkeit, Krankheit, Verlust der Arbeit. Jörg sah so aus, als ob er das noch nicht lange machte, Obdachlosenzeitungen verkaufen. Ich nahm ihm eines seiner Blätter ab. Ob ich ihn mal fragen sollte, was genau ihm widerfahren war? Vielleicht konnte man etwas lernen? Das erschien mir dann aber doch zu neugierig. Deshalb widmete ich mich wieder meinem Smartphone, betrachtete das Bild, das zu dieser Doreen gehörte. Ein lachendes Gesicht, im Hintergrund sah man schneebedeckte Berge. Etwa eine Alpinistin? Skifahrerin? Wintersportlerin?

Ich habe es nicht so mit Bergen. Trotzdem kam mir das Gesicht bekannt vor. Ich las noch einmal die Nachricht. »Amalfi«, stand da, »erinnerst du dich?« Half mir irgendwie auch nicht weiter. Ich bin ein einziges Mal in Amalfi gewesen, ist bestimmt zwölf, dreizehn Jahre her. Die Kinder waren jedenfalls noch klein. Wir sind die Amalfitana runtergefahren, die berühmte Küstenstraße. Ich weiß noch, dass mir mitten in einer Kurve ein Motorradfahrer entgegenkam und ich mir eigentlich sehr sicher war, dass wir jetzt gleich kollidieren würden. Oder dass er über unsere Haube hinweg wie auf einer Rampe ins Meer segeln würde. Und es gab nichts, was ich dagegen tun konnte.

Motorradfahren ist auch nicht so meins. Ich bin fest davon überzeugt, dass Motorräder mit schuld daran sind, dass die Lebenserwartung von Männern sieben Jahre kürzer ist als die von Frauen. Weil es nämlich erheblich weniger Motorradfahrerinnen gibt. Mönche sollen übrigens eine beinahe ebenso lange Lebenserwartung haben wie Frauen. Und hat man jemals einen Mönch auf einem Motorrad gesehen? Okay, mir fallen da noch ein paar Dinge ein, die Mönche auch nicht tun und auf die ich eigentlich nicht verzichten will. Trotzdem ist es erstaunlich, wie viele Männer meines Alters, die doch gerade anfangen, sich für ihre Gesundheit zu interessieren, sich auf so einen Bock setzen. Es kommt mir sogar so vor, als ob die Maschinen mit dem Lebensalter tendenziell schwerer werden. Je greiser, desto größer sozusagen. Zu meinem Erstaunen fing der Kerl damals auf der Amalfitana sein Motorrad in Schräglage irgendwie ab und schaffte es um uns herum. Keine Ahnung, wie er das gemacht hatte. Aber was mochte das alles mit Doreen zu tun haben? Oder hatte ich sie auf einem Campingplatz kennengelernt? Dort waren wir nämlich damals untergekommen. Und ich erinnere mich auch an einen feuchtfröhlichen Abend in einer Karaokebar, in der wir mit uns fremden Menschen »Amore« statt »Cantare« gesungen hatten. »Amore, oh oh oh.« War da eine Doreen dabei gewesen? Und wenn ja, welche Rolle sollte sie gespielt haben? Ich musste lächeln. Meine Frau und ich, wir hatten an diesem Abend heftig geknutscht. Machen wir auch nicht mehr so oft, weshalb ich mich ziemlich gut erinnern konnte. Für eine Doreen war da nun wirklich kein Platz gewesen. Immer noch grübelnd erreichte ich meinen Arbeitsplatz, beschloss, fortan nicht mehr an Doreen zu denken. Wenn es denn wichtig wäre – was ich mir beim besten Willen nicht vorstellen konnte –, würde sie sich schon noch einmal melden. Ja, und was soll ich sagen, genauso kam es.

Gegen Mittag klingelte mein Telefon. Markus war dran, der mit dem kleinen Kind. »Hier ist eine Doreen«, sagte er, »die sucht dich, kannst du mal übernehmen?«

Kurz darauf hörte ich sie. »Hallo Andreas, das ist

ja ein Ding, dass ich dich nach so vielen Jahren spreche.« Die Stimme hatte ich schon mal gehört, vielleicht in einem Film? Klang durchaus interessant. »Ja«, sagte ich, »in der Tat.« Ich hatte immer noch keine Ahnung. »Ich bin's, Doris«, sagte sie, »aber ich nenne mich jetzt Doreen, Doris fand ich langweilig, außerdem will ich nicht, dass mich jeder auf Facebook findet.« Doris, jetzt wusste ich auch, weshalb mir das Gesicht bekannt vorgekommen war, Doris und ich wären beinahe mal zusammen gewesen. Das heißt, ich kam nicht richtig zum Zuge, obwohl ich mir wirklich Mühe gab. Sie hat sich auch immer wieder mit mir getroffen, und dann sind wir sogar mal für ein Wochenende an die Ostsee gefahren. »Doris«, sagte ich also, »ich erinnere mich.«

»Jaa«, sagte sie gedehnt, »weiß auch nicht, was mich damals geritten hat, war nicht so nett von mir.« Nicht so nett war noch stark untertrieben. Sie hatte mich für einen Typen stehen lassen, der vorgab, Gitarre spielen zu können. Ich werde nie vergessen, wie sie mich damals in den Dünen hatte sitzen lassen und mit diesem Typen verschwand. Ich musste alleine nach Hause fahren. Es war eine der großen Enttäuschungen meines jungen Lebens.

»Ist okay«, sagte ich, was nach so vielen Jahren tatsächlich stimmte, »das wäre damals sowieso nichts mit uns geworden.« Keine Ahnung warum, aber irgendetwas musste ich ja sagen. Jetzt wusste ich auch, was Amalfi bedeuten sollte. Das war eine Pizzeria, in die wir in jenem Jahr öfter gegangen waren. Es gab dort eine »Pizza Studente« für kleines Geld. Mit zwanzig, ich glaube, so alt war ich, ist das ein ziemlich gutes Krite-

rium. »Warum meldest du dich jetzt? Nach dreißig Jahren«, wollte ich wissen.

Doris erklärte mir dann, dass sie zufällig auf mein Facebook-Profil gestoßen war. Ich musste kurz überlegen, was sie da gesehen haben könnte, weil ich nämlich schon eine ganze Weile nicht mehr besonders aktiv auf Facebook gewesen war. Eigentlich gucke ich nur noch hin, wenn ich ab und zu eine Routinenachricht bekomme, so etwas wie: »Du bist jetzt soundso viele Jahre mit xy befreundet.« Oft kenne ich diese Leute gar nicht und bin dann jedes Mal verdutzt, wer alles meine Freunde sind.

»Gut siehst du aus«, sagte sie, »hast dich kaum verändert.« Na ja, um ehrlich zu sein, war mein Facebook-Bild inzwischen mindestens zehn Jahre alt. Vielleicht sollte ich das ganze Profil mal überarbeiten und bei dieser Gelegenheit meinen Arbeitgeber löschen. Viel zu viele Leute konnten mich auf diese Weise finden. Im Telefonbuch stand ich nämlich schon seit Jahren nicht mehr. Vielleicht sollte ich mir auch ein ganz neues Profil zulegen, mit einer etwas aufgefrischten Identität. Gar nicht mehr auf sozialen Netzwerken unterwegs zu sein ging eigentlich auch nicht, wäre in meinem Job eindeutig eher kontraproduktiv. Obwohl Facebook einem da wirklich nicht weiterhalf. Ich könnte auch irgendein beliebiges Bild nehmen, das von unserem Hund zum Beispiel. Hunde gehen immer. Manche Leute könnten mich dann allerdings auch für spießig halten. Hund, Ehefrau und Reihenhaus gelten in bestimmten Kreisen als nicht so kreativitätsaffin.

»Was hältst du denn davon, wenn wir uns treffen,

ich würde wahnsinnig gern mal wieder über alte Zeiten plaudern. Aber irgendwie habe ich alle Leute von früher aus den Augen verloren.« Sie erzählte mir dann, dass sie Sozialpädagogik studiert hatte, den Job aber langweilig fand. Mit ihrem Freund sei sie dann ein paar Jahre in verschiedenen Ländern unterwegs gewesen, um in Feriendörfern das Animationsprogramm zu entwerfen. Sei auch recht spannend gewesen. Jedenfalls eine Zeit lang. Was sie alles gemacht hatte, Tauchen, Skifahren, Theaterspielen. Es hätte aber auch ziemlich furchtbare Jobs gegeben. Sie erzählte mir von einem FKK-Dorf in Südfrankreich und dass sie zu viel gekriegt hätte, als die Leute dann sogar nackend in den kleinen Supermarkt gekommen seien, der zu der Anlage gehörte. »Kannst du dir das vorstellen, wenn ältere Männer sich da über die Kühltruhe beugen?«

»Nein«, sagte ich wahrheitsgemäß, »kann ich nicht, und will ich nicht.« Nackte Männer mochte ich mir nicht mal in jung über der Kühltruhe vorstellen. Allerdings fragte ich mich auch, wie Doreen dabei ausgesehen haben mochte. Ich glaube, ich wurde rot. Zum Glück sieht man das nicht am Telefon. Gut auch, dass ich allein im Zimmer saß.

»Also, wie spontan bist du noch, was ist mit heute Abend?« Ich dachte nach. Doris, das blonde Gift. Die mich damals hatte stehen lassen. Es war schon ein verlockender Gedanke, ihr mal zeigen zu können, wie wenig mir das ausgemacht hatte und wie glücklich ich heute bin. Zumal ich glaubte, herausgehört zu haben, dass es bei ihr beziehungsmäßig nicht ganz so gut gelaufen war. Ihren Freund hatte sie nur einmal kurz erwähnt. Man stelle sich vor, sie ganz zerknirscht, dass sie mich hatte sausen lassen, findet mich nun aber super, und am Ende des Abends sage ich dann: »War nett, also tschüs, man sieht sich.« Außerdem war ich ein bisschen neugierig, ob sie immer noch so gut aussieht wie damals, groß, blond, schlanke Fesseln. Neunundvierzig Jahre alt musste sie jetzt sein, hatte ich inzwischen beiläufig ausgerechnet. So sportlich, wie sie unterwegs war... »Nein«, hörte ich mich sagen, »weißt du, ich habe gerade unheimlich viel um die Ohren. Die Dusche ist kaputt, der Junge will ausziehen, meine Tochter geht nach Amerika...«

»Ich habe auch eine Tochter«, unterbrach sie mich, »die ist ebenfalls schon ausgezogen. Finde ich super, wenn die Kinder so früh aus dem Haus gehen und nicht an einem hängen wie die Kletten. Es ist ja nicht so, dass mit fünfzig das Leben vorbei ist.«

Eine Tochter? Mir fiel auf, dass wir bisher noch gar nicht über unser Familienleben gesprochen hatten. »Pass auf«, sagte sie, ich gebe dir meine Handynummer, du gibst mir deine, und wenn es passt, unternehmen wir noch einen Anlauf.« Ohne groß nachzudenken, gab ich ihr meine Nummer. »Dann unternehmen wir noch einen Anlauf«, was sollte das denn heißen? Klang wie eine Drohung. Ich war froh, dieses Gespräch erst einmal beenden zu können.

Es dauerte eine Weile, bis mir wieder einfiel, dass meine Frau ja heute Abend ihre Ladies' Night hatte. Ich kann mir schon vorstellen, worum es da gehen würde. Der arme Frank. Nicht dass er an seiner Situation unschuldig wäre, aber heute, das würde eine Verhandlung ohne Verteidiger werden. Niemand würde auch nur ein

Wort darüber verlieren, was Connie eigentlich dazu beigetragen hatte. Frank nahm sich manchmal Arbeit mit nach Hause, und ich hatte selbst mit angesehen, wie sie ihn aus dem Wohnzimmer verscheuchte, weil er da seinen Aktenkram ausbreitete. Wow, dachte ich noch, ganz schön streng.

Ich überlegte, was mich stattdessen heute Abend erwarten würde. Der Hund, logisch. Und ein Zettel: »Vergiss nicht, mit Duffy zu gehen.« Warum schafft man sich ein Tier an, das nie alleine auf Toilette gehen wird? Auch nicht, wenn es erwachsen ist. Ich weiß noch, als Sophie mal diesen schlimmen Brechdurchfall hatte. Oder war es Florian? Wahrscheinlich beide. Bei kleinen Kindern kommt das schon mal vor. Und was habe ich getan? Aufgewischt. War überhaupt kein Problem. Und das will etwas heißen. Ich bin da nämlich sensibel, ich muss schon würgen, wenn ich mit der Zahnbürste ein wenig zu weit nach hinten komme. Keine Frage, ich war ein guter Vater, bin es noch, auch wenn ich im Moment nicht mehr ganz so gefragt bin.

Ich habe alles mitgemacht. Was haben wir Mensch ärgere dich nicht gespielt. Auch wenn es mir schwerfiel. Ich verliere nämlich nicht gern. Wenn ich spiele, also da kenne ich keine Nachsicht. Mit Absicht verlieren, wie es meine Mutter manchmal gemacht hat und sie dann allen Ernstes dachte, merkt ja keiner, kommt bei mir nicht in Frage. Gab natürlich Tränen, wenn ich es mir mal nicht verkneifen konnte, mich über meinen Sieg zu freuen. Und umgekehrt habe ich mich ganz schön geärgert, wenn der Junge uns bei Monopoly fertiggemacht hat. Und der war nun wirklich kein zurückhaltender Sie-

ger. Sogar Kinderpost habe ich mit Sophie gespielt, tagein, tagaus. Das war ihr Lieblingsspiel, keine Ahnung, warum. Ich kann mich überhaupt nur an ein einziges Mal erinnern, dass ich mit ihr in einem Postamt war. Der Mann hinter dem Tresen hatte erst eine Marke auf unseren Brief geklebt, einen Stempel draufgeknallt und ihn dann in einen Sack geworfen. Das muss sie schwer beeindruckt haben. Inzwischen gibt es so gut wie keine Postämter mehr, und die McPaper-Filiale, bei der wir unsere Postgeschäfte erledigen, taugt jetzt wirklich nicht als nachahmenswertes Szenario. Aber die Kleine hat nun einmal furchtbar gerne hinter ihrem Papptresen gesessen und gestempelt. Und ich, wer war ich in diesem Spiel? Die Warteschlange. Hat mir nichts ausgemacht. Nun, ich werde nie wieder Kinderpost spielen, die Kinder sind jetzt zu alt dafür, und diese Phase meines Lebens ist vorbei. Das mag man bedauern. Oder man freut sich darüber, was jetzt kommt.

Zunächst würde also heute Abend mal der Hund kommen. Ich zog mein Handy aus der Tasche und drückte die Nummer von Sophie. »Hör mal«, sagte ich, als sie endlich rangegangen war, »kannst du dich heute Abend um Duffy kümmern?« Schließlich hatten wir das Tier ja angeblich wegen ihr. »Mama ist nicht da, und bei mir wird es auch später. Ich muss noch etwas erledigen.«

Natürlich war sie nicht begeistert, aber ich erklärte ihr, wie lange sie Duffy nicht sehen würde, wenn sie erst einmal weg wäre. Und schließlich wolle sie doch auch, dass der Hund sie in Erinnerung behalte, da wäre es doch gut, wenn sie mal einen Abend mit ihm verbringen würde, so richtig intensiv.

Ich schwöre, ich tat das ohne jeden Hintergedanken. Ich hatte nur keine Lust auf einen Hundeabend. Was sollte ich mit dem machen? Hundepost spielen? Und es hatte auch nichts damit zu tun, dass mir mein Gespräch mit Doris wieder einfiel. Oder Doreen, wie sie sich jetzt nannte. Ein bisschen reden konnte ja nicht schaden. Nach kurzem Suchen fand ich die Nummer, die ich vorhin achtlos irgendwohin gekritzelt hatte.

»Doreen, jetzt frage ich mal, wie spontan du bist.« Sie schien tatsächlich überrascht. »Wie wäre es mit heute? Ein bisschen quatschen und so.«

»Klar«, sie schien ehrlich erfreut. »Ich müsste nur irgendwo etwas essen, das können wir doch zusammen machen«, schlug sie vor.

Ich dachte nach. Essen war gut. Aber wo? Es wäre mir nicht recht, wenn wir in eines der mir vertrauten Restaurants gehen würden. Nicht dass ich etwas zu verbergen hätte. Trotzdem könnte es komisch sein, wenn ich dann das nächste Mal wieder mit meiner Frau dort auftauchen würde. Am Ende lässt sich der Kellner noch zu einer Bemerkung hinreißen. So etwas wie: »Ah, diesmal wieder mit Ihrer Frau.« Das könnte eine heikle Situation heraufbeschwören. Restaurants in einem der Szeneviertel waren auch nicht gut. Da trieben sich zu viele Kollegen rum. Die meisten kannten meine Frau. Ich dann allein mit Doreen, nein, überhaupt nicht gut. Ich könnte natürlich vorher meine Frau anrufen und sagen, hör mal, ich treffe mich heute mit Doris, einer alten Freundin von früher. Dann wäre von vornherein alles klar. Ich dachte nach. Wenn meine Frau mich jetzt anrufen würde, um mir zu sagen: »Stell dir vor, Laszlo ist in

der Stadt, wir wollen uns treffen.« Laszlo war einer ihrer Verflossenen. Wäre okay. Aber ich würde mir bestimmt Gedanken machen. Warum soll ich das jetzt bei ihr provozieren? Passiert ja nichts.

»Amalfi«, hörte ich plötzlich Doris' Stimme, »lass uns ins Amalfi gehen.«

Ich war überrascht. Gab es den Laden überhaupt noch? Und war ich nicht zu alt für eine Pizza Studente? Andererseits war die Wahl nicht schlecht. Die Wahrscheinlichkeit, dass ich jemals mit meiner Frau dort auftauchen würde, war verschwindend gering. Und garantiert verirrte sich auch keiner meiner Kollegen in meinen alten Stadtrandkiez.

»Ich habe gerade geguckt, das Amalfi gibt es noch«, meldete sie sich wieder zu Wort.

»Okay«, sagte ich also. »Warum nicht.« Ich wollte jetzt auch nicht zu euphorisch klingen. Und so verabredeten wir uns also für den Abend im Amalfi.

Sie sah gut aus. Ihr leicht spöttisches Lächeln, das früher schon ihr Markenzeichen gewesen war, hatte keine Furchen in ihr Gesicht gegraben. Ihr Haar war immer noch blond und immer noch lang. Lange Haare, das kann schiefgehen bei Frauen um die fünfzig. Doch wenn man groß und schlank ist, und sie war groß und schlank, wie ich leicht sehen konnte, denn sie stand in diesem Moment auf. Ich erkannte sie sofort. Aber mir war nicht verborgen geblieben, dass sie einen Moment zögerte. Kein Wunder, wenn sie nach meinem Facebook-Bild Ausschau gehalten hatte. Darauf waren meine Haare noch dunkel, inzwischen waren sie deutlich grauer. Sie machte einen Schritt auf mich zu. »Andreas!«

Sie hielt mir mit gespitztem Mund die Wange hin. Küsschen links, Küsschen rechts. Sie beugte den Kopf zurück und sagte: »Du hast dich gut gehalten.« Ich dachte für einen Moment darüber nach, was »gut gehalten« bedeuten sollte, jedenfalls weniger als »Du siehst gut aus«. Ich merkte, dass ich ein wenig nervös war, seltsam, es gab gar keinen Grund. Wir setzten uns.

Das Amalfi hatte sich nicht so gut gehalten. Zwar war die alte Besatzung nicht mehr da, die neue hatte es aber versäumt, viel am Interieur zu ändern. Doris sah meinen Blick und bemerkte: »Es gibt nicht mehr viele Restaurants mit Fischernetzen an der Decke.«

»Und noch weniger mit dicken Wachskerzen auf zugetropften Korbflaschen.«

Wir lachten, meine Anspannung legte sich.

»Pizza Studente?«, fragte sie mich.

Ich verzog das Gesicht. Tiefkühlpizza am Abend bekommt mir überhaupt nicht, kriege ich Magenbrennen von. Und bei diesem Laden konnte man sich nicht sicher sein, was sie einem servierten. Ich war schon kurz davor, ihr von meinen Magenproblemen zu erzählen, konnte mich aber gerade noch stoppen. Gesundheitliche Probleme kann man beim Gastroenterologen diskutieren, aber nicht beim Abendessen. »Salat«, sagte ich, »ich nehme lieber einen Salat mit Thunfisch.«

Sie hielt mir dann einen kleinen Vortrag darüber, wie übel es beim Thunfischfang zuginge und dass sie da sehr vorsichtig geworden sei. Na toll, dachte ich, war aber ganz froh darüber, dass sie sich anschickte, mir auf den Zeiger zu gehen mit diesem Thema, weil ich gerade an Frank und seine neue Trulla dachte, wie meine Frau

Franks Fehltritt genannt hatte. Aber irgendwie schien Doris zu merken, dass Thunfisch nicht ganz oben auf meiner Agenda steht. Und wir suchten nach einem unverfänglicheren Thema. Blöderweise fing sie damit an, mich zu fragen, was ich so mache, und ich verfiel in meinen alten Fehlermodus, ich erzählte.

»Werbung«, sagte sie, »früher warst du gegen Konsumterror.« Ich muss wohl komisch geguckt haben, jedenfalls lachte sie, sagte »Scherz«, und ich beschloss, lieber nicht mehr so viel von meiner Arbeit zu erzählen. Ihr ging es offenbar ähnlich. Sie betreute Menschen, die mit ihrem Leben nicht mehr so gut klarkamen, beriet sie, half ihnen, ihren Alltag zu meistern. Und weil es in diesem Job nicht immer leicht sei, die fürs eigene Wohlbefinden nötige Distanz zu wahren, habe sie sich eben einen neuen Facebook-Namen ausgedacht. »Muss mich ja nicht gleich jeder finden.«

Auf der Suche nach einem noch unverfänglicheren Thema fingen wir an, über unsere Kinder zu sprechen. Wie toll das doch war, dass die jetzt schon selbstständig sind, wie schrecklich wir Helikopter-Eltern finden, die jeden Schritt vorausplanen und dann auch noch überwachen. Und wie sehr wir die neue Unabhängigkeit genießen würden, die da als Verheißung am Horizont auftauchte, verbunden mit der Chance, auch wieder Neues auszuprobieren.

»Und wie läuft es in deiner Ehe?«

»Super«, antwortete ich rasch, erzählte, was für eine tolle Frau ich hätte, schade, dass Doris sie nicht kennen würde, wie anpackend sie wäre, was sie alles macht zu Hause, wie geschickt sie dabei wäre. Okay, nach fast zwanzig Jahren Ehe gebe es auch mal die eine oder andere Routine...

Doris griff den Punkt sofort auf: »Gewohnheit, das kenne ich, das kann einen fertigmachen, regelrecht ersticken.«

Unser Gespräch nahm eine ungute Wendung. »Ich will jetzt wieder mehr Sport machen«, wechselte ich rasch das Thema, »raus, mich erproben, an Grenzen gehen.«

»Läufst du?«, fragte sie.

»Radfahren«, erwiderte ich, »das ist mehr so meins. Auch längere Strecken.« Aber kaum hatte ich angedeutet, dass meine Frau leider keinen Spaß daran hätte und dass das eine der wenigen Leidenschaften wäre, die wir nicht so teilten, bot mir Doris auch schon an: »Wir könnten doch mal eine Tour machen, das fände ich toll.«

Geschickt lenkte ich unser Gespräch auf früher. Früher ging immer, wenn Leute um die fünfzig sich treffen, ist früher ein ganz großes Thema. Warum Raider zu Twix werden musste, Treets zu M & Ms, wann wir jeweils bei Twin Peaks ausgestiegen waren, kurz, wir hatten eine Menge Spaß. Das war der Moment, in dem ich bemerkte, dass ihre Hand auf meiner lag. War mir gar nicht gleich aufgefallen, aber jetzt, wo ich es sah, spürte ich etwas Elektrisches und hatte den Eindruck, als ob sich auf meiner Handinnenseite gerade sämtliche Poren öffneten. Ich musste sie da wegbekommen, möglichst rasch und ohne jede Peinlichkeit. Souverän bleiben, ermahnte ich mich, du musst souverän bleiben.

»Andreas«, schallte plötzlich eine Stimme durch den Raum, »Mensch, ich glaube es nicht! Wie lange ist das

denn her!« Ich glotzte blöd in die Richtung, aus der die Stimme gekommen war, und sah einen untersetzten Menschen, den man durchaus als dick bezeichnen könnte. »Ich bin's, Lars«, brüllte die Stimme, »wie lange ist das denn her? Und Doris ist auch da. Seid ihr immer noch zusammen!?«

»Lars?«, stammelte ich. »Zusammen? Nein.« Eine günstigere Gelegenheit, meine Hand wegzuziehen, würde nicht mehr kommen. Und dann erkannte ich ihn. Lars! Vor mindestens dreißig Jahren hatte ich in seinem Keller Silvester gefeiert. Doris war auch dabei gewesen. Offenbar hatte Lars nicht die Kurve gekriegt und wohnte immer noch hier. »Mensch, Lars«, sagte ich jetzt schon etwas gefasster. »Du bist so ... dick geworden.«

Lars' Miene erstarrte. »So, findest du. Und du bist sehr grau geworden, fast weiß, würde ich sagen. Na ja, ist auch egal, ich wollte sowieso gerade gehen. Man sieht sich.« Und mit diesen Worten klopfte er auf unsere Tischplatte und machte einen Abgang.

Das war jetzt nicht so gut gelaufen. Ich überlegte, ob er mir irgendwie schaden könnte, indem er zum Beispiel von meinem Abendessen hier erzählen würde. Aber wem sollte er davon erzählen? Er hatte die letzten dreißig Jahre in meinem Leben keine Rolle gespielt. Warum sollte sich das jetzt ändern.

Trotzdem war mir die Laune verdorben. Ich orderte die Rechnung.

»Schnaps aufs Haus?«, fragte der Kellner.

»Au ja, einen Sambuca«, antwortete Doris, »wie früher.«

Sambuca, wie lange hatte ich den nicht mehr getrunken, aber, na gut. Der Kellner brachte zwei Schnäpse mit einer darin schwimmenden Kaffeebohne und entzündete die Flüssigkeit mit großer Geste. Versonnen sah ich meinem Sambuca beim Brennen zu. Eigentlich hatte ich keine Lust mehr auf Alkohol, je länger ich mit dem Löschen warte, desto weniger bleibt übrig, dachte ich.

»Jetzt sollten wir ihn aber trinken!« Doris blies ihre Flamme aus.

Ich tat es ihr gleich und setzte das Glas entschlossen an meine Lippen, wo es sogleich festklebte. Das Glas war heißer als gedacht, der Schmerz überraschte mich, ich blies hastig hinein, der Schnaps schwappte mir ins Gesicht und brannte in den Augen. Ich hustete die Kaffeebohne im hohen Bogen raus, sprang auf, schmiss dabei meinen Stuhl um und taumelte in Richtung Toiletten. Doris wollte mir helfen. »Lass gut sein«, sagte ich und ertastete mir meinen Weg.

Das kalte Wasser tat gut. Wieder zur Besinnung gekommen dachte ich nur noch, raus hier und ab nach Hause.

Draußen küsste mich Doris zum Abschied. Aber der Zauber war verflogen. Für den Moment wenigstens.

5
Zeit, die Reißleine zu ziehen

»Man springt bei hundert Stundenkilometern nicht einfach aus einem Flugzeug.« Natürlich nicht, wollte ich einwenden. Nichts liegt mir ferner. Doch unser Einweiser meinte es vollkommen ernst. Tempo hundert mag nicht besonders schnell klingen. Aber angenommen, wir würden bei Tempo hundert auf der Autobahn das Fenster öffnen und die Hand raushalten, dann würden wir ja sehen, was da los sei.

Damit begann unsere erste Lektion: lernen, wie wir richtig rauskommen. Es würde im Übrigen die einzige Lektion am Boden sein, bevor wir dann endlich zu unserem Tandem-Fallschirmsprung starteten. Eine Übung, bei der ich, der Ahnungslose, wie ein Sandwich mit meinem Partner, dem Erfahrenen, fest verbunden durch den schmalen Rumpf nach vorn robben sollte. An der geöffneten Tür sollten wir mit dem Fuß das Trittbrett auf dem Fahrwerk ertasten und uns von dort aus dann gemeinsam in die Tiefe stürzen. Ich schaute

auf das kleine Flugzeug, richtete den Blick nach oben, in den nahezu wolkenlosen Himmel. Du liebe Zeit, bin ich James Bond, dass ich in dreitausend Meter Höhe unter einer Tragfläche herumturne? Ich schaute Frank an, der mir das alles eingebrockt hatte, und dachte: niemals.

»Tut mir leid«, sagte der Einweiser. »Sonst nehmen wir die Maschine mit dem Heckausstieg. Da ist es einfacher. Aber heute haben wir die leider nicht. Ihr könnt die Sache auch verschieben, ich weiß nur nicht, wann wieder Termine frei sind.« Verschieben, das klang gut. Ich guckte Frank aufmunternd an. Der spitzte kurz die Lippen und sprach in seinem eigentlich gar nicht echten hamburgischen Tonfall, den er aber immer anschlägt, wenn er besonders lässig rüberkommen will: »Nee, lass mal, jetzt sind wir hier und ziehen das durch.« Der Einweiser, er hieß Robert, aber alle nannten ihn Bob, war mit Franks Entscheidung zufrieden. »Das ist es, was ich meine, wenn ich sage, Fallschirmspringen fördert die Entschlusskraft. Jetzt spürt ihr es selbst.« Bob klang wie ein Managertrainer, aber der Spruch war gut, den musste ich mir merken.

Frank grinste, ich fand, es kam genauso unecht rüber wie sein Akzent. Logisch, dass er jetzt gegen jedes Verschieben ist, dachte ich. In seiner gegenwärtigen Verfassung ist der doch zu einer langfristigen Lebensplanung gar nicht mehr bereit. Um es mal ganz klar zu sagen: Dem ist alles so was von egal. Aber ich? Ich habe doch noch so viel vor. Ich werde gebraucht. Wie konnte ich also in solch eine Situation geraten? Nun, um das zu erklären, muss ich ein bisschen ausholen.

Der Tag, an dem ich mich in diese Lage manövriert hatte, begann schon nicht so toll. An Flugzeuge dachte ich da noch gar nicht. Dafür stand noch vor dem Frühstück ein Klempner in unserem Bad.

»Fünfzig Jahre alte Leitungen? Das muss alles raus.« Während Herr Gerlach das sagte, klopfte er mit seinem Zollstock auf unseren Fliesen herum. »Aber dazu müssen die hier auch weg. Ist ja klar.« Thorsten Gerlach, Heizung und Sanitär in dritter Generation, schaute sich missbilligend in unserem Badezimmer um. »Hier ist aber auch wirklich lange nichts gemacht worden.«

Ich betrachtete die zahnsteingelbe Wandkeramik. Vor meinem geistigen Auge sah ich es wieder. Das Bad meiner Eltern. Sie hatten genau die gleichen Fliesen. Auf der Ablage vor dem Spiegel stand dort immer ein Fläschchen »Nur ein Tropfen«. Daneben lag die Tube Brisk, mit der sich mein Vater seine Frisur an den Kopf klebte, wie man das in den frühen Siebzigerjahren eigentlich schon nicht mehr machte. Stilmäßig war er irgendwie Ende der Fünfzigerjahre stehen geblieben, kurz vor den Beatles. Das hat man oft, dass sich bei Männern der Geschmack nach dem fünfundzwanzigsten Lebensjahr nicht mehr sehr verändert, sie am Vertrauten hängen bleiben. Aus den Augenwinkeln bemerkte ich, dass Daniela Herrn Gerlachs Expertise mit zustimmendem Nicken kommentierte. Sie mochte die Fliesen nicht. Sie mochte das Bad nicht, hatte sich aber bislang damit arrangiert. Immerhin ist unser Haus abbezahlt, dachte ich trotzig. Und an dieser Sachlage wollte ich eigentlich auch nichts ändern.

»Vielleicht sollten wir mal in den Keller gehen.« Herr

Gerlach schob den Zollstock in die Brusttasche seines Overalls und machte sich auf den Weg nach unten.

»In den Keller?«, fragte ich. Das war mir gar nicht recht. Der Keller ist noch originaler als das Bad. Gerlach hatte mich offenbar nicht gehört. Jedenfalls beachtete er mich nicht. War auch nicht nötig. Er fand den Weg auch ohne meine Hilfe. Die Häuser in unserer Siedlung sehen alle gleich aus, aber keines war in Bezug auf die Sanitärausstattung derart perfekt konserviert wie unseres. Man hätte hier ohne große Umbauten einen Sechzigerjahre-Film drehen können. Vielleicht wäre das sogar die Lösung? Requisiteure sind ja immer auf der Suche nach geeigneten Locations. Und was man so hört, zahlen sie richtig gut. Vielleicht könnte ich sogar mitspielen, mich als mein Vater verkleiden?

»Kommen Sie?« Herr Gerlach stand mit meiner Frau schon auf der Schwelle zum Kellereingang, die beiden diskutierten. Mir war sofort klar, ich darf die beiden jetzt auf keinen Fall alleine lassen.

Ich war stolz auf unser Haus. Es ist die größte Investition, die ich je getätigt habe, gewissermaßen meine Lebensleistung. Denn ich bin derjenige, der es damals gefunden und uns schöngeredet hatte. Obwohl es nicht an warnenden Stimmen fehlte, die uns vor dem Aufgeben unserer schönen Altbauwohnung in Citylage gewarnt hatten. Eine Vororthölle wurde uns vorhergesagt. Ich werde mich langweilen, und der Ehekrach ist nur eine Frage der Zeit. So oder ähnlich lauteten die gängigen Kommentare. Nun, als Florian zur Welt kam, lebten wir noch in der City. Und als ich das erste Mal beim gemeinsamen Buddeln bemerkte, dass ich gerade dabei war, eine Hand voll mit Sand panierter Hundescheiße ins Förmchen zu drücken, war mir klar, wir müssen dort weg. Bisher hatte ich unseren Schritt nie bereut.

Herr Gerlach war bereits unten angekommen, inspizierte jetzt wahrscheinlich die Heizung. Ich mochte auch den Keller, er ist so vintage. Eigentlich müsste er Daniela auch gefallen mit ihrer Vorliebe für alte Möbel. In der ehemaligen Waschküche – sie heißt so, weil dort ein emailliertes Waschbecken hing – kleben noch ein paar alte Bravo-Poster an der Decke, die Silhouette von Jimi Hendrix ist gut zu erkennen. Das ist das Erbe von unseren Vorbesitzern. Schade, dass ich mich bei unserem Einzug darangemacht hatte, die meisten Poster zu entfernen. Der Sohn der Vorbesitzer hatte die Waschküche offenbar als Partyraum genutzt. Er muss etwas älter gewesen sein als ich. Ich bin eher mit Ilja Richters Disco aufgewachsen. An der Wand hängt noch sein alter Spielautomat. Leider nimmt er nur D-Mark, ist also heute nutzlos. Der Spielautomat dürfte ungefähr so alt sein wie ich. Nutzlos! Ich merkte, wie ich im Begriff war, ganz schlechte Laune zu bekommen. Immerhin gab es noch Leute, die mich interessant fanden. Ich dachte an Doris alias Doreen. Sie hatte mir eine Nachricht geschickt. »Schöner Abend«, stand da. Und ein Kussmund-Emoji. Ich hatte nicht darauf reagiert. Warum eigentlich nicht? War doch nichts passiert.

»Können Sie mal kommen?« Das war die Stimme von Herrn Gerlach, er stand im Maschinenraum, wie ich den Bereich hier gerne nenne. Und natürlich bin ich in dieser Vorstellung der Kapitän.

»Ein Wechselbrandkessel«, sagte ich und klopfte auf

das gusseiserne Monster, »den kann man im Notfall auch mit Brennholz betreiben.« Zumal wir seit unserem Kettensägenmassaker ziemlich viel davon hatten. Mit dem Kessel hatten wir uns mal bei den Stadtwerken beworben, als sie den ältesten aktiven Heizkessel Berlins suchten. Die ersten drei in diesem komischen Wettbewerb bekamen eine neue Heizung. Wir wurden Vierter, wenn ich mich richtig erinnere. »So etwas finden sie heute gar nicht mehr«, fuhr ich also mit voller Berechtigung fort, die ersten drei dürften ja inzwischen saniert sein, »der ist noch aus dem Baujahr des Hauses, 1965. Aber der Brenner ist neu.«

»Der Brenner ist zwanzig Jahre alt«, widersprach mir Herr Gerlach, »und so einen Kessel habe ich zuletzt im Technikmuseum gesehen. Das ist altes Eisen, das muss alles raus. Der Schornsteinfeger wird ihnen ansonsten sowieso demnächst die Betriebserlaubnis verweigern.« Während er das sagte, starrte Thorsten Gerlach an die Decke, die alten Rohre hängen dort frei, bar jeder Verkleidung. »Wenigstens kommt man überall gut ran«, sagte er und war wohl in Gedanken schon dabei, unserem Haus die Eingeweide rauszureißen.

Ich war erschüttert.

»Ich werde Ihnen in den nächsten Tagen einen Kostenvoranschlag zukommen lassen.« Immerhin bot er mir an, ich könnte die Kosten senken, indem ich die Fliesen selbst abschlug. »Glauben Sie mir, es wird hier höchste Zeit für Veränderungen. Und dann haben Sie wieder Freude an Ihrem Haus.« Mit diesen Worten ließ er mich stehen. Warum glauben eigentlich alle, dass sich bei mir etwas ändern müsse?

»Was hältst du denn davon, wenn wir bei der Gelegenheit das komplette Bad neu machen lassen und nicht bloß die Rohre? Da kann man doch so keinen mehr reinlassen.« Daniela war anscheinend zufrieden mit den Bauarbeiten, die uns bevorstanden. Mir war trotzdem nicht ganz klar, wie sie das meinte. Wen hätten wir denn außer uns alles in unser Bad lassen sollen? Ich schaute sie an. Irgendwas hatte sie mit ihren Haaren gemacht.

»Neue Frisur«, stellte ich fest.

Sie lächelte: »Hat aber gedauert, bis du's merkst. Ich hab extra nichts gesagt.«

Sie hat die gleichen schönen Zähne wie damals, als wir uns kennenlernten. Und in ihrem beinahe schwarzen Haar ist noch keine einzige graue Strähne. Ein bisschen italienisch, dachte ich, das ist es, was mich damals so angezogen hatte. Vielleicht sollte ich sie küssen? Gleich jetzt. In dem Moment drehte sie sich um, zog einen Prospekt aus der Kommode im Flur. »Ich habe da mal ein paar Prospekte besorgt«, sie blätterte einen Katalog mit Badezimmereinrichtung auf, »nur so zur Anschauung.«

Gelegenheit verpasst.

»Vielleicht hast du recht«, sagte ich, »es wird Zeit für etwas Neues.« Mir fiel mein Vater wieder ein und der Fettfleck in der Wand hinter dem Kopfende des Ehebettes meiner Eltern. Der Fleck kam von all der Frisiercreme, weil er sich jahrelang immer dort angelehnt hatte, wenn er sonntags die Zeitung im Bett las. So ist das, wenn man feste Gewohnheiten entwickelt. Irgendwann zeigen sich die unangenehmen Seiten. Für einen Moment sah ich Doreens blonde Mähne vor mir, zwang mich aber sofort, an etwas anderes zu denken.

Ich sollte Georg noch einmal um eine Gehaltserhöhung angehen. Andernfalls würde es ziemlich schwierig werden, mein bisheriges Leben weiterzuführen. Wir hatten einfach zu lange von der Substanz gelebt, jetzt waren Investitionen nötig, wenn ich nicht wollte, dass alles den Bach runterging. Außerdem wurde es höchste Zeit, auf mich aufmerksam zu machen. Sonst übersieht man mich. Ich bin inzwischen der Älteste in meinem Team. Und möglicherweise bin ich auch der Teuerste. Wenn ich nicht aufpasse, würden die anderen an mir vorbeiziehen, und dann wäre es ganz schön schwierig, auch nur zu rechtfertigen, was ich jetzt verdiene. Leider erinnerte ich mich noch zu gut an meine Anfangszeit. Damals war ich überzeugt davon, es gebe in diesem Job gar keine Fünfzigjährigen. Wahrscheinlich gab es sie, sie waren nur irgendwo anders hin versetzt worden, wo ich sie nicht mehr sah. Vielleicht entwarfen sie dort die Texte für Glückwunschkarten. Oder betreuten Apothekenkunden. Kampagnen rund ums Gesundheitswesen bringen zwar eine Menge Geld, sind aber nicht so super für das Image. Gebissreiniger zum Beispiel, kann ganz schnell passieren, dass man da für einen Experten gehalten wird, nur weil man graue Haare hat. Und danach ist man abgestempelt. Hämorrhoidensalbe, Abführmittel, das ganze Zeug aus dem Vorabendprogramm. So etwas kriegt man dann nur noch. Das wäre deprimierend. Autowerbung, das ist sexy. Und da ist auch unwahrscheinlich viel Geld drin. Gerade erst hatte ich gelesen, dass BMW angeblich zig Hundert Millionen Euro zahlen will, um bei Bayern München als Sponsor auftreten zu dürfen. Ich stellte mir vor, ich wäre in einen derartigen Auftrag involviert. In meiner Fantasie dachte ich über eine Kampagne nach. Blöderweise fiel mir immerzu unser Keller als mögliche Location ein. So wird das nie was, dachte ich. Obwohl, wenn man unser marodes Heim irgendwie einbauen könnte, das wäre nicht schlecht. Und originell wäre es auch. Hat man je ein gammeliges Reihenhaus in einem Werbespot für Autos mitspielen sehen? Nun, es gab wahrscheinlich Gründe dafür, warum dem noch nie so war. Ich freute mich auf unsere Billardrunde, die würde mich hoffentlich auf andere Gedanken bringen. Natürlich nur, wenn Micha und ich heute gewinnen würden. Ich brauchte mal wieder einen Erfolg.

Tobi war sauer. Weil Frank gerade einen vergleichsweise einfachen Stoß versemmelt hatte. Und jetzt waren wir dran. Micha hatte die große Chance, für uns zu punkten. »Micha«, sagte ich, »nur ruhig, lass dir Zeit.« Micha legte an, aber er führte die Queuespitze viel zu weit von seinen stützenden Fingern entfernt. »Micha«, sagte ich noch. Es war zu spät, er traf den Spielball nicht richtig. So lief das nun schon eine ganze Weile, allein die schwarze Kugel lag noch auf dem Tisch, und es ging immer hin und her.

»Leute, was ist mit euch los, was ist das für ein langatmiges *Black Ball Game*?« Tobi machte gerne von seinem anglophilen Billardwortschatz Gebrauch, hielt das für professionell.

»Mir geht es heute nicht so gut«, sagte Micha, rieb dazu demonstrativ an seinem Ohr herum und behauptete, der Hals sei ihm auch schon geschwollen. Deshalb

sei er krankgeschrieben und dürfte gar nicht hier sein. Das ist das Problem mit Micha, er fühlt sich nicht nur ab und an schlecht, er geht auch dauernd zum Arzt. Wahrscheinlich arbeitet er an seiner frühzeitigen Pensionierung.

Im gleichen Moment fiel klackend die Acht ins letzte Loch. »Das war's«, Tobi hatte das Spiel entschieden, mal wieder.

»Lasst uns Schluss machen«, meldete sich nun Frank zu Wort. Er war die ganze Zeit auffällig still geblieben, keiner von uns hatte ihn ansprechen wollen. Ich fand, er sah auch nicht gut aus, hatte weiter abgenommen und war ungewohnt schmal im Gesicht.

Ausgerechnet Tobi war es dann, der das Thema anschnitt, das wir alle meiden wollten. »Ich kann mir überhaupt nicht vorstellen, wie man sich so lange lieben kann«, sagte er. »Wird das nicht extrem langweilig auf die Dauer?« Wenn hier etwas extrem war, dann Tobis unsensible Art. Irgendwie richtete sich das ja auch gegen mich. Tobi hatte keine Kinder, wollte wohl auch nie welche haben. Wenn man Kinder hat, richtet man sich logischerweise auf eine Beziehung auf Dauer ein. Das ist sozusagen die Geschäftsgrundlage.

»Tobi«, fragte ich, »wolltest du eigentlich wirklich nie Kinder?« Das war für unsere Billardrunde eine ziemlich fundamentale Frage.

»Nö«, antwortete er leichthin. »Kinder kosten Geld und stellen viele Fragen.«

Darauf hätte ich viel sagen können. Zum Beispiel, dass Tobi doch auch sehr empfänglich ist für schmeichelhafte Anerkennung. Ich hätte sagen können, Tobi, du denkst, du weißt, was Liebe ist? Von wegen. Nie wieder, seit du bei deiner Mama ausgezogen bist, hat dich jemand so bedingungslos geliebt. Und umgekehrt wird dich niemand je so hemmungslos bewundern wie das kleine Kind seinen Vater. Jedenfalls solange es klein genug ist. Mir fiel Florian wieder ein, als er mir seine Tür vor den Kopf geknallt hatte. Na ja, irgendwann kriegt auch diese Beziehung Risse, suchen sich die Kinder neue Idole. Bei Jungs ist das manchmal schon ein bisschen früher der Fall, wenigstens gegenüber ihren Vätern.

Florian war höchstens drei, konnte gerade ein bisschen sprechen, als er während einer Autofahrt vom Rücksitz krähte: »Wenn ich groß bin, sitzt du hinten.« Damals lachte ich. Aber ich fragte mich schon, wie kommt denn der kleine Kerl auf so was? Ob im Körper eines Dreijährigen schon Testosteron kreist? Kann ja eigentlich nicht sein. Jedenfalls sagt man Testosteron nach, ein Dominanzhormon zu sein. Und Männer haben hundertmal mehr davon im Blut als Frauen. Das ist gleichzeitig auch ihr Problem. Darum sind sie manchmal so unentspannt. Sie können nicht anders, wegen der Biologie. Mit drei Jahren allerdings? Wahrscheinlich wollte der Kleine einfach nur mal ich sein. Was mir ja irgendwie auch schmeichelte.

Aber sogar Sophie, die in ganz jungen Jahren mal versprochen hatte, sie würde mich später heiraten, kam irgendwann in das Alter, in dem sich die Kinder neue Idole suchen. Ich glaube, sie war acht, und ihres hieß Yvonne Catterfeld. Jedenfalls war das ihr erstes Konzert gewesen, und ich hatte sie begleitet. Das Publikum bestand zu fünfundsiebzig Prozent aus Mädchen zwischen

sieben und dreizehn, der Rest waren Mütter, die sie hingebracht hatten. Jedenfalls war ich auf dem Männerklo allein. Und den Bierstand hatte ich auch ganz für mich. Ich musste dort keine Minute warten, um meine Bestellung loszuwerden. Hat man auch nicht oft auf Konzerten. War im Grunde ein schöner Abend, an dem es mir am Ende gelang, noch einmal die volle Anerkennung meiner Tochter zu erringen. Als ich nämlich unter großem körperlichem Einsatz zwischen lauter sich gegenseitig wegschubsenden Müttern eines der letzten Poster ergatterte. Ob sie das eigentlich noch hat? Egal, das hätte ich jetzt alles Tobi erzählen können. Ich tat es lieber nicht. Weil Frank aufmerksam zugehört hätte. Und Frank war gerade ziemlich traurig, denn seine Söhne hatten ihm sehr deutlich zu verstehen gegeben, dass sie derzeit nirgendwo mit ihm hingehen würden.

»Sie war die Liebe meines Lebens«, platzte es aus Frank heraus, und er erzählte, wie er und Connie sich kennengelernt hatten. In einer Kneipe. Connie hatte mit einer Freundin am Tresen gestanden, als er reingekommen war. Frank trug ein Superman-Shirt, und Connie sagte: »Hey Superman, ich bin Supergirl.« Man glaubt es kaum, aber das war ihr erster Wortwechsel und die Grundlage für eine immerhin zwanzig Jahre dauernde Beziehung.

»Ich verstehe nur nicht, warum du dich dann nicht um sie bemühst und Karen einfach sausen lässt«, fragte ich ihn.

»Gewöhnung«, sagte Frank, »irgendwann war alles immer das Gleiche.« Und dann sei eben eins zum anderen gekommen: Sie hätten viel eher, viel häufiger über ihre Bedürfnisse reden sollen. Das hatte ihnen die Paartherapeutin auch erklärt. Dass die Leute immer erst zum Gespräch bereit wären, wenn nichts mehr lief. Sex zum Beispiel, der hätte in ihrer Beziehung keine Rolle mehr gespielt. Es sei sogar so weit gekommen, dass Frank gar nicht mehr gewusst hätte, wie er sich Connie nähern sollte. Einmal habe sie ihn sogar regelrecht weggestoßen. Und dann passierte das mit Karen. Da musste er nicht groß nachdenken, da musste er auch nichts erklären. Die habe ihn sofort verstanden. Weil es ihr ähnlich ging. Auch sie habe irgendwann die Liebe in ihrer Beziehung vermisst. Und beide hätten sie den Eindruck gehabt, das passt.

»Ich weiß nicht«, meldete sich Micha. »Jetzt denkst du das, aber in einem halben Jahr fängt doch auch da die Gewohnheit an.« Ich staunte, immerhin hatte Micha sich auch von seiner Frau getrennt, und wir wussten nicht genau, welche Rolle seine neue Frau dabei für ihn gespielt hatte. Aber er fuhr unbeirrt fort. »Das Einzige, was da hilft, ist ein Adrenalinschub, es muss prickeln, wie früher, du brauchst eine Herausforderung, um dich selbst wieder zu fühlen. Und das muss nicht unbedingt eine neue Frau sein.«

»Nicht?« Jetzt war es an Tobi zu staunen. »Was genau machst du denn, um auf Touren zu kommen?«, fragte er Micha. »Zum Arzt gehen?«

»Ich habe mit Golf angefangen.«

Golf? Du liebe Zeit, das ist doch ein Altherrensport. Dabei soll man auf Touren kommen?

»Ja«, versicherte Micha, »ich brauche Erfolgserlebnisse, und die habe ich beim Golf.«

Logisch, dachte ich, beim Billard klappt es ja gerade nicht so gut. Auch die anderen schienen nicht sehr überzeugt zu sein. Jedenfalls starrte Tobi auf sein Handy, merkte, dass wir aufgehört hatten zu reden, und guckte erst dann wieder hoch. »Ich bin bei euch«, behauptete er, »ich checke nur, wann wir uns das nächste Mal treffen könnten. Am besten, ich sende euch eine Nachricht mit Terminvorschlägen.« Und so verabschiedeten wir uns. Das heißt, Frank blieb noch einen Moment. »Warte mal«, sagte er zu mir, »ich will dich noch was fragen.« Ich war gespannt, hoffentlich fing er nicht wieder davon an, dass er bei uns einziehen will.

»Weißt du, ich glaube, Micha hat recht, dieses Prickeln, das fehlt uns.« Wie kam er darauf, dass bei mir nichts prickelt? »Warum machen wir nicht mal was zusammen, nur wir beide, wie früher?« Seltsam, so viel hatten wir auch früher nicht gemacht. Oder wollte er mit mir Bank spielen, wie ganz früher? »Ich habe mir da was überlegt, wo ich richtig Lust darauf hätte, ich will es nur nicht alleine machen.« Jetzt war ich gespannt. »Was hältst du davon, wenn wir einen Fallschirmsprung machen, ich lade dich auch ein.« War Frank komplett verrückt geworden? Mir ging wieder die begrenzte Lebenserwartung bei Männern durch den Kopf.

»Hör mal«, sagte ich, »wenn dein Leben dir nichts mehr bedeutet, okay. Ich muss noch eine Weile durchhalten. Im Moment warten eine Menge großer Aufgaben auf mich.«

Er guckte mich an. »Komm, sei ein Kerl.«

»Und wenn ich ein Kerl bin, lässt du Karen sausen und kehrst zu Connie zurück.«

»Das nun nicht gerade«, erwiderte er, »das heißt ... wer weiß.«

Vielleicht hatten die Jungs recht. Das war es doch, was ich auch wollte. Aus dem Trott ausbrechen, ohne gleich alles aufs Spiel zu setzen. Falls man nicht genau das tat, wenn man sich aus einem Flugzeug stürzte.

»Komm, so viele machen das, und wie oft hörst du von einem Unfall?«, insistierte Frank.

»Okay«, sagte ich, »lass mich eine Nacht darüber nachdenken.«

Natürlich erzählte ich auch meiner Frau davon. Und ebenso natürlich hatte sie zuerst Bedenken, willigte dann aber doch ein. »Ich find's gut«, sagte sie, »wenn ihr was zusammen macht. Und dass du so mutig bist, find ich auch gut.«

»Echt.« Ich war ein wenig überrascht. Wenn mir etwas in unserer Ehe fehlte, dann, dass Daniela mit Komplimenten über die Jahre ziemlich sparsam geworden war. Ich allerdings auch. »Ich finde ...«, leider fiel mir nicht ein, wie mein Satz weitergehen sollte.

»Wer weiß«, unterbrach sie mich, »vielleicht ist es ja das, was Frank braucht. Er ist dein Freund, mach mit, wenn du es auch willst.«

Von *wollen* konnte keine Rede sein, aber es würde auch nicht leicht sein, aus dieser Nummer wieder rauszukommen, ohne fortan als Weichei zu gelten. Als wir ganz frisch zusammen waren, sind wir mal gemeinsam zum Segelfliegen gegangen, nur so, uns war gewissermaßen so hochfliegend zumute. Das Fliegen selbst entsprach zwar nicht ganz meinen Erwartungen, ich hatte es mir irgendwie ruhiger vorgestellt, stattdessen

rappelte die Kiste, als ob sie gleich auseinanderfallen würde. Aber ein Erlebnis war es trotzdem.

»Willst du nicht mitkommen«, fragte ich also, »wie damals?« Ich weiß noch, wie wir uns in den Arm genommen hatten, nachdem sie aus dem Flugzeug gestiegen war, wie leicht wir uns gefühlt hatten.

»Nein«, sagte sie, »das ist jetzt euer Ding.«

Wir sagten beide nichts mehr, ich hörte den Eisschrank blubbern, dann fummelte ich ein wenig ungeschickt in ihrem Gesicht rum, um eine schwarze Haarsträhne wegzustreichen. War eigentlich überflüssig, aber ich wollte mich ihr irgendwie nähern. Sie wich mit dem Kopf zurück. Für einen ganz kurzen Moment kam mir der lächerliche Gedanke, ob sie mich vielleicht loswerden wollte. Ich verscheuchte ihn, indem ich sagte: »Du hast so einen sicheren Geschmack.« Sie schien verblüfft zu sein, wie ich jetzt darauf kam. »Wegen des Badezimmers, wir sollten das machen.« Ich war froh, dass mir jetzt doch noch ein Kompliment eingefallen war, auch wenn es vielleicht ein wenig bemüht klang. Und ich mit Grauen daran dachte, dass wir uns ja irgendwie einigen müssten, falls wir neue Fliesen bräuchten. Mir fiel wieder das Geschirr ein, das uns ihre Oma damals zur Hochzeit schenken wollte. Weil wir uns auf kein Dekor einigen konnten, haben wir uns ganz furchtbar gestritten. Nun ja, erst einmal musste ich diesen Sprung überleben.

Und so kam es, dass Frank und ich an einem Wochenende auf einem Flugplatz in Niedersachsen standen. Natürlich hatte ich in der Firma breit gestreut, was ich vorhatte. Ich muss sagen, es brachte mir eine Menge anerkennende Blicke ein. Vielleicht sollte ich so etwas öfter tun, ganz einfach um zu dokumentieren, dass ich auch mit fünfzig noch ein toller Kerl bin, bereit, auch mal ein Risiko einzugehen. Allerdings hatte ich mir damit die letzte Rückzugsmöglichkeit verbaut.

Es hätte auch sehr viel nähere Alternativen gegeben als diesen Flugplatz hier. Aber Frank kannte Bob, unseren Einweiser. Vielleicht gewährten sie ihm auch einen Rabatt. Ich kenne mich nicht so aus mit Flugzeugen, die alte Mühle sah mir jedoch sehr danach aus, als ob er den Flug billig gekriegt hatte. Egal, die Kiste musste es ja nur nach oben schaffen, wenigstens über die Landung brauchten wir uns keine Gedanken zu machen. Und so nahm das Schicksal also seinen Lauf.

»Ein Unfall ist praktisch ausgeschlossen«, erklärte uns Bob. Ich starrte ihm auf die Unterlippe. Nicht weil er so interessant erzählte, sondern weil er beim Sprechen immer an dem Ziegenbärtchen zupfte, das ihm da hing. Der Fallschirm sei ein ganz simples mechanisches Gerät, setzte er seinen Vortrag fort, der physikalischen Gesetzen folgend aus seiner Hülle gerissen wird, sobald man ihn freilässt. Komme es doch einmal zu einem der seltenen Unfälle, dann handele es sich eigentlich immer um menschliches Versagen. Keine Frage, Bob wollte uns beruhigen. Aber er hörte sich an wie ein Polizeipressesprecher.

Ich wollte ihn ein wenig provozieren: »Das mit dem menschlichen Versagen interessiert mich. Woran denkst du da?«

»Panik«, antwortete er, »angenommen, es sollte wirklich mal etwas nicht klappen, ist da immer noch

die Reserve. Aber es ist schon vorgekommen, dass die Leute in ihrer Panik diese letzte Reißleine gar nicht ziehen.« Er zeigte uns einen sehr großen Ring, der eigentlich nicht zu übersehen war. »Na, und nach hinten raus wird die Zeit dann knapp. Bei vierhundert Metern sind es nur noch acht Sekunden bis zum Aufprall.«

Wir verzogen die Gesichter. Aufprall, hässliches Wort. Ich guckte Chris an, meinen Sprungpartner, der mit mir über vier Karabinerhaken an Schulter und Hüfte verbunden sein würde. Chris würde nach fünfunddreißig Sekunden die Reißleine ziehen, ungefähr so lange sollten wir die ersten tausendfünfhundert Meter unterwegs sein. Anschließend begann der geruhsame Teil, in ein paar Minuten würden wir dann ganz gemütlich zu Boden gondeln. »Schon mal in Panik geraten?«, fragte ich ihn. Chris sagte nichts, befestigte stattdessen einen kleinen Höhenmesser auf meiner Brust, damit ich unseren Flug darauf verfolgen könne, falls ich nicht anderweitig abgelenkt sein würde. Chris war eher so der Schweiger. Ich wertete das als gutes Zeichen und schaute auf das runde Ding, das aussah wie eine Art Kompass. Analog, dachte ich noch, das ist ja uralt.

Und dann war es so weit, wir starteten. Das Flugzeug hatte innen nicht viel mit den Maschinen zu tun, mit denen ich bisher geflogen war. Ich meine, Fliegen, das sind doch kleine Mahlzeiten mit Plastikbesteck und das freundliche Lächeln einer Stewardess, die in einigen Tausend Metern Höhe vorführt, wie man eine Schwimmweste anlegt. Jetzt kauerten wir auf dem Boden eines einmotorigen Hochdeckers, in dem es nur vorne zwei Sitze gab. Vor meiner Brust schraubte sich der Zeiger meines Höhenmessers langsam Richtung dreitausend Meter. Ich versuchte, Sichtkontakt mit Frank aufzunehmen, aber der guckte aus dem Fenster und tat so, als ob er die Landschaft genießen würde. Ich hingegen konnte meinen Blick nicht von dem Höhenmesser lösen. Gleich würde es so weit sein.

Die Tür ging auf. Der Wind fauchte wie ein Orkan hinein. Es wurde schneidend kalt, aber vielleicht kam mir das nur so vor, weil sich bei mir gerade allerhand zusammenzog. Leider war der Overall, den man mir zur Verfügung gestellt hatte, ein wenig eng. Ich hatte Mühe, auf meinen Knien nach vorn zu robben, weil das Ding überall kniff.

Vor mir machte sich Frank zum Aussteigen bereit. Er sah recht locker aus, zwinkerte mir sogar noch zu und hob den Daumen. Als Letzte waren Chris und ich an der Reihe. »Rechtes Bein aufs Trittbrett, linke Hand an die Strebe«, kommandierte Chris hinter mir. Ich zögerte. »Wie lange soll ich denn hier noch mit offener Tür rumfliegen«, moserte der Pilot. Keine Frage, nun war der Zeitpunkt wirklich vorbei, an dem ich dieses ganze Unternehmen noch hätte stoppen können.

Stück für Stück schob ich die Hand Richtung Ziel, bis wir schließlich beide unter der Tragfläche kauerten. Bob hatte recht, am Boden ist das viel schwieriger, weil man dort nicht genug Platz hat, um aufrecht stehen zu können. Jetzt hatten wir nach unten jede Menge Platz.

»Loslassen«, befahl Chris.

Meine Hand hing wie festgeklebt an der Strebe, ich musste mich richtig zwingen, die Finger zu lösen. Aber im gleichen Moment flogen wir schon weg, mit dem

Rücken nach unten, die Augen zum Himmel. Totale Fassungslosigkeit. Ins Bodenlose zu fallen, davon hatte ich mal geträumt. Aber wirklich zu fallen... Ich brauchte einen Augenblick, um mich zu sortieren. Chris klopfte mir aufs Bein, versuchte mir damit wohl zu signalisieren, dass ich die Hampelei einstellen sollte. Tatsächlich wurde unsere Flugbahn etwas stabiler. Ich flog jetzt mit dem Gesicht nach unten, sah die Schirme, die unter uns aufgegangen waren. Ich war tatsächlich ausgestiegen.

Normalerweise neige ich ja auf Türmen oder am Rand von Abhängen zu Höhenangst. Die war jetzt im Wortsinn wie weggeblasen. Die Erde war noch so fern, dass gar keine Schwindelgefühle aufkommen konnten. Dafür konnte von Fliegen keine Rede sein. In dem Motivationsvideo, das wir uns vorher angeguckt hatten, sah das so schwerelos aus. Jetzt zerrte der Wind an meinem Overall, presste mir die Brille ins Gesicht. Die Nadel des Höhenmessers vor meiner Brust raste wie toll. Wir erreichten über zweihundertfünfzig Stundenkilometer, erfuhr ich später, das ist wie Motorradfahren ohne Motorrad, nur schneller.

Ein Bremsschirm verzögerte unseren rasenden Sturz, erst jetzt spürte ich Arme und Beine, erst jetzt fiel ich nicht mehr, ich flog. Als Chris den Hauptschirm auslöste, traf mich der Ruck im ganzen Körper. Über uns entfaltete sich der helle Gleitschirm. Für einen Moment schienen wir zu stehen, doch tatsächlich schwebten wir jetzt über der spielzeugkleinen Landschaft. Das hätte sogar sehr schön sein können, wenn mich der Gurt nicht derartig heftig im Schritt gequetscht hätte. Aber den zu richten ging jetzt schlecht. Stattdessen konzentrierte ich mich auf eine Baumgruppe, die unter uns emporwuchs. Ich konnte sogar schon einzelne Äste sehen, die steil in meine Richtung ragten. Trieben wir nicht geradewegs darauf zu? Chris forderte mich auf, am rechten Seil zu ziehen, prompt flogen wir eine Rechtskurve. Ich zog mal hier und mal da, wir drehten uns und pendelten ein wenig hin und her. Am Boden lief schon das Empfangskomitee zusammen. Der Höhenmesser fiel auf null, beinahe sanft setzten wir auf.

Frank schlug mir auf die Schulter, Bob auch. Jemand drückte mir einen Fragebogen in die Hand. Wie war es? Faszinierend, sehr schön, lohnend, furchtbar? Keine Ahnung, die letzten sechs Minuten waren über mein bisheriges Vorstellungsvermögen hinausgegangen. Ich drehte mich zur Seite, überprüfte, ob in meinem gequetschten Schritt noch alles in Ordnung war, war es.

»Und?«, wollte Frank jetzt wissen.

»Irre«, sagte ich.

»Du musst zugeben, da fühlt man sich doch gleich zehn Jahre jünger«, behauptete Frank sichtlich euphorisiert. Wollte von mir wissen, ob wir das jetzt öfter machen.

»Mal sehen«, antwortete ich etwas vage. Ich hatte das dringende Bedürfnis, mich erst einmal zu setzen. Mag ja sein, dass Fallschirmspringen die Entschlussfreudigkeit antreibt, aber ich war mir noch nicht ganz sicher, wie oft ich die Kraft dazu aufbringen würde.

Und dann fiel mir etwas ein. »Frank«, sagte ich, »ich bin mit dir gesprungen, wie geht es nun weiter?«

Er druckste rum. »Nimm es mir bitte nicht übel, wenn du alleine nach Berlin zurückmusst, aber ich komme

nicht mit. Ich habe mich für den Rest des Wochenendes anderweitig verabredet.«

»Mit Karen?«, wollte ich wissen.

Er nickte. Ganz offensichtlich wollte er ausnutzen, dass er sich gerade zehn Jahre jünger fühlte. Und ich? Wo sollte ich jetzt hin mit all dem Adrenalin?

6
Paarberatung im Fliesenmarkt

»Was tust du denn da?« Meine Frau mag es nicht, wenn ich schon morgens mit meinem Handy spiele, wie sie das nennt. Vor allem nicht, wenn wir noch im Bett liegen. Das sei wie Süßigkeiten vor dem Frühstück, meint sie. Ich war mir zwar keiner Schuld bewusst, fühlte mich dennoch ertappt. Früher hätte ich vielleicht sie angeschaut. Jetzt guckte ich stattdessen mich an, zumindest ein Foto von mir auf dem Display. »Bob hat mir ein paar Bilder geschickt«, antwortete ich. Ich hatte gar nicht bemerkt, dass er uns während des Sprungs fotografiert hatte. Na ja, ich war auch ein wenig abgelenkt gewesen, wie wir da so in die Tiefe stürzten. »Sieht cool aus«, sagte ich und fand, dass ich wirklich schnittig rüberkam. Ich hielt ihr das Handy vors Gesicht: »Guck mal, dein Held.« Sie schaute nur kurz, sagte dann: »Wenn du schon mal wach bist, können wir auch aufstehen. Ich habe heute viel vor mit dir.«

Das hätte ein Versprechen sein können. Ich fand aber,

es klang wie eine Drohung. Ich dachte an Frank, sein Geständnis, dass ihm mit Connie die Zärtlichkeit gefehlt habe, die Zärtlichkeit, die er glaubte, nun anderweitig gefunden zu haben. Ich schob meine Hand rüber zu meiner Frau. Sie richtete sich auf, sagte: »Der Fliesenmarkt hat heute Sonntagsöffnung, lass uns jetzt dort hin.«

Wäre ich mal gestern Abend auf dem Flugplatz geblieben, statt brav noch nach Hause zu fahren. Ich stellte mir eine Party vor, mit mir mittendrin. Ein Sonntag im Fliesenmarkt, wie spießig ist das denn. Ich postete ein Foto von mir am Fallschirm, nicht das mit den gefletschten Zähnen und den unsortierten Beinen – das musste er kurz nach dem Ausstieg aufgenommen haben –, sondern eines, auf dem man den hinter mir festgezurrten Chris kaum sah, stattdessen aber mich groß im Mittelpunkt beim Sprung aus den Wolken. Zack, da kamen schon die ersten Likes. Ob Georg das auch sehen würde? Wir waren Facebook-Freunde. Tatsächlich kam von ihm ein Daumen-hoch-Emoji. Georg war ein wenig sparsam mit Worten, aber immerhin.

Auf dem Weg zur Küche warf ich einen Blick ins Wohnzimmer. Der Hund saß schon wieder auf meinem Lieblingsplatz. Okay, vielleicht ist es zu viel verlangt, dass mich Duffy als den Chef hier ansieht, dafür kümmere ich mich zu wenig um ihn. Aber dass er sich einbildet, er steht in der Nahrungskette über mir, das geht nun wirklich zu weit. Ich meine, ich bin ein Held, habe es gerade wieder bewiesen, und dieses Vieh macht mir meinen Lieblingsplatz streitig. Selbst wenn ich gerade nicht vorhatte, auf dem Sofa zu sitzen, hier musste ein

Exempel statuiert werden. Also bog ich ab ins Wohnzimmer, ging zu ihm hin und befahl in einem Ton, in dem ich auch auf einer vielbefahrenen Kreuzung hätte den Verkehr regeln können: »Runter da. Aber ganz schnell!« Duffy öffnete erst einmal nur ein Auge, knurrte dann. Ich packte ihn am Halsband, zerrte ihn vom Sofa. Kurz sah es so aus, als wollte er nach mir schnappen, wie auch immer, er besann sich, trottete unwillig von dannen. Ich bekam ein schlechtes Gewissen, weil ich so grob gewesen war. Eigentlich will ich ja, dass er mich mag.

Trotzdem war das mit dem Hund eine Schnapsidee gewesen. Doch Duffy hatte seine Chancen von Beginn an genutzt. Ich kann mich noch sehr gut an seinen ersten Auftritt mir gegenüber erinnern. Ich war durch das Gartentor nach Hause gekommen, sah ihn und wunderte mich. Ein Hund in meinem Garten? Er rannte mit wehenden Ohren im Galopp auf mich zu und sprang an mir hoch. So etwas mag ich eigentlich nicht, weil es mich an Harras erinnert, diesen durchgedrehten Collie in der Nachbarschaft, der mich als Kind mal auf einen Baum gejagt hatte. Aber Duffy – das ist der Name, den wir ihm dann gaben – ist sehr viel kleiner als Harras, eine zottelige Promenadenmischung, in der angeblich einiges von einem Tibet-Terrier steckt. Jedenfalls freute er sich bei unserem Erstkontakt ganz offensichtlich, mich zu sehen. Obwohl mich dieses Tier doch noch gar nicht kannte. Der kleine Kerl sprang um mich herum, und als er genug davon hatte, hockte er sich hin, legte den Kopf ein wenig schief und schaute mich mit diesem Blick an, den nur Hunde hinkriegen. Erwartung,

Bewunderung, Verehrung, Unterwerfung? Irgendetwas dazwischen. Es ist dieser Blick, mit dem es Hunde weit gebracht haben. Man schaue sich nur mal die meisten anderen Tiere an, wie wir mit denen umgehen. Die führen ein langweiliges Stallleben und werden am Ende ihres traurigen Daseins womöglich gegessen.

Sogar das Pferd, über Jahrhunderte ebenfalls ein treuer Begleiter, muss draußen bleiben. Der Hund aber, der darf mit ins Wohnzimmer. Er kriegt Futter, für das seine Menschen viel Geld bezahlen. Und wenn er zu viel davon hatte, bringen sie ihn zum Tierarzt, wo er schneller einen Termin für den Computertomographen bekommt als sein Herrchen. Duffy war sogar schon mal beim Kardiologen, eine vollkommen übertriebene Maßnahme, wie ich fand. Zudem auch sehr teuer, denn Duffy ist Privatpatient.

Die Katze, die es ebenfalls in die Nähe des Menschen geschafft hat, die man aber tagelang nicht zu sehen kriegt, weil sie ihr Herrchen im Grunde gar nicht braucht und deshalb mit ihren Annäherungsversuchen sehr viel sparsamer ist, bleibt ein Eigenbrötler. Der Hund ist vor allem eines: ein kongenialer Kind-Ersatz. Das ist auch der Grund, warum gerade in Haushalten, in denen die Kinder ausziehen, Hunde populär sind. Sie blicken immer zu einem auf, verstehen es, sich zu benehmen wie kleine Kinder, und kommen nie in die Pubertät. Das schmeichelt natürlich, gerade wenn man unter Abschiedsschmerz leidet und da niemand mehr ist, den man betüddeln kann. Und der sich jetzt dankbar zeigt. Und treu. Das wusste ich damals nur noch nicht. Heute denke ich manchmal, Duffy kriegt mehr Streicheleinheiten als ich. Angenommen, wir würden beide krank, es wäre interessant festzustellen, bei wem meine Frau besorgter reagieren würde.

Eine ebenso interessante Frage wäre die, ob es der Hund ernst meint mit seiner Treue. Oder ob er in Wirklichkeit nicht ein ziemlich berechnender Zeitgenosse ist. Eine Kollegin von mir hat das mal versucht rauszukriegen. Sie simulierte vor dem geöffneten Kühlschrank einen Ohnmachtsanfall. Das Ergebnis war für sie einigermaßen enttäuschend. Ihr vierbeiniger Gefährte zeigte nämlich nur sehr geringe Anteilnahme an ihrer vermeintlich desolaten Lage. Nachdem er eine Weile an ihr herumgeschnüffelt hatte, stellte er sich auf sie drauf, um besser in den Kühlschrank gucken zu können. Nun ja, Hunde haben eine sehr feine Nase. Vielleicht hatte er auch festgestellt, kann nicht so schlimm sein, und sich deshalb neuen Aufgaben gewidmet. Es soll ja sogar Hunde geben, die Krankheiten erschnüffeln.

Duffy jedenfalls wird damals instinktiv gespürt haben: Vorsicht, der mag mich nicht, hat hier aber irgendwie mitzureden. Tatsächlich war ich an der Entscheidung für ihn nicht wirklich beteiligt.

Es war nämlich so: Ich saß in einer Konferenz, als mein Handy klingelte. Georg schaute sehr unwillig. Meine Frau war am Apparat. Eigentlich wollte ich sie sofort wegdrücken, horchte aber trotzdem kurz hinein.

»Ich muss dich was fragen«, sagte sie.

»Passt gerade nicht«, zischte ich zurück.

Georgs strafender Blick traf mich.

»Ist aber wichtig, wir müssen etwas entscheiden«, konnte sie gerade noch sagen. Ich wog kurz ab, wo mir

der größere Ärger drohte, entschied mich, ein »Ich ruf zurück« in den Hörer zu flüstern. Dann schaltete ich ab. Natürlich vergaß ich zurückzurufen. Das heißt, als es mir wieder einfiel, war es zu spät. Sie sagte nur: »Du wirst schon sehen.« Sie war nämlich mit unserer Tochter heimlich im Tierheim gewesen. Sie habe dort nur mal gucken wollen.

Duffy war frisch eingeliefert worden, hatte sein erstes Lebensjahr bei einer alten Dame verbracht, die sich nicht mehr um ihn kümmern konnte. Alle wussten, dass er im Tierheim nicht lange bleiben würde, nur er nicht, logisch. Anders als die verstoßenen Pitbulls in mittleren Jahren, die keiner mehr haben will, finden nämlich solche verspielten kleinen Kerle, die offenkundig niemandem gefährlich werden können, schnell eine neue Heimat. Jedenfalls behauptete meine Frau später, sie habe sich noch an diesem Nachmittag entscheiden müssen und es nicht fertiggebracht, unsere Tochter Sophie zu enttäuschen, die Duffy sofort in ihr Herz schloss. Nun ja, Sophie hätte auch jeden anderen Hund sofort in ihr Herz geschlossen, aber so kam es, dass Duffy das Tierheim nach nur einem Tag wieder verlassen durfte und bei uns ein neues Zuhause fand.

Jetzt kommt der berechnende Teil: Es war zunächst nur zur Probe. Im Tierheim hatten sie gesagt, wir dürften ihn erst einmal drei Tage lang testen, ob er zu uns passt. Geht es gar nicht, könnten wir ihn zurückbringen. Ich bin sicher, Duffy wusste das ganz genau. In diesen drei Tagen zeigte er sich nämlich von seiner allerbesten Seite. Nicht im Traum hätte er es gewagt, sich auf meinem Lieblingsplatz breitzumachen. Und heute? Stürmt niemand mehr auf mich zu, um mich freudig erregt zu begrüßen. Nicht einmal Duffy. Der bleibt einfach liegen, hebt höchstens mal ein Ohr.

Inzwischen ist er allerdings auch schon ein paar Jahre älter, hat seine Macken, und, da sollte man sich nichts vormachen, die eine oder andere hat er bei uns gelernt. Ich kraulte ihm versöhnlich das Fell. Duffy drehte sich und zeigte seinen ungeschützten Bauch. Waren das etwa schon graue Haare, die ich da sah? Seltsamer Gedanke, aber angenommen, ich wäre ein Hund und würde verstoßen: Wie lange müsste ich wohl im Tierheim warten, bis mich einer mitnimmt? Müsste ich auch wie die unbeliebten ältlichen Pitbulls hinter Gittern bleiben, während die jungen Hunde liebkost würden? Ich fasste einen kühnen Plan: Ich würde mir die Haare färben. Heimlich. Ich würde alle damit überraschen, wenn ich plötzlich wieder so aussehe wie mein zehn Jahre altes Facebook-Bild. Und es wäre schon interessant zu prüfen, wie lange Daniela wohl brauchen wird, bis sie merkt, dass irgendetwas mit meinen Haaren anders ist. Ich beschloss, niemandem von meinem Vorhaben zu erzählen, nicht einmal meiner Friseurin, die immer behauptet, dieses Graumelierte stünde mir. Ich würde mich stattdessen bei nächster Gelegenheit in einem Fachgeschäft beraten lassen. Aber das Projekt musste warten.

Der Fliesenmarkt lag vor der Stadt. Meine Frau versicherte mir, sie hätte die Lage vorher schon geprüft, hier wäre die Auswahl am größten. Und so war es auch. Der Eingangsbereich sah aus wie das Atrium einer antiken römischen Villa, nur besser erhalten. Es gab Flie-

sen in jeder nur erdenklichen Form und Farbe, manche so groß, dass man unser Bad dahinter hätte verstecken können, so winzig, wie das war. Wenn man wollte, konnte man Schubläden auf leise laufenden Rollen aus den Wänden ziehen, dahinter verbargen sich noch mehr Fliesen. Ich war überfordert, und das blieb nicht unbeobachtet. Ein Mann in hellblauem Hemd und dunkelblauem Blazer kam auf uns zu. Er wirkte auf mich nicht wie ein Fliesenleger, sondern eher wie ein Autoverkäufer. Überhaupt sah es hier drinnen aus wie in einem Autohaus, mit Kaffeeautomat und locker im weiten Rund verteilten Sitzgruppen. Vor Schreibpulten saßen bemerkenswert viele Ehepaare, jedenfalls hielt ich sie dafür, und ließen sich beraten. Ich stellte mir vor, was die da zu bereden hatten, vielleicht so etwas wie: »Sie hätten viel früher miteinander reden sollen.«

Aber das hier war natürlich keine Paarberatung, selbst wenn es so aussah. Der Mann fragte uns, wie unser Sanitärbetrieb heißen würde. Ich verstand nicht ganz, warum er das wissen wollte. »Weil wir mit sehr vielen Betrieben zusammenarbeiten«, beschied er mir.

»Wir machen das selbst«, antwortete ich lässig. Was grob übertrieben war. Ich habe von Fliesenarbeiten keine Ahnung, wenn man einmal davon absieht, dass ich mir als Student etwas dazuverdient hatte, indem ich alte Fliesen von Wänden abschlug, damit die richtigen Handwerker neue anbringen konnten. Eine Arbeit, die ich im Übrigen in keiner guten Erinnerung hatte.

Tatsächlich hatte sich Schwiegervater angeboten, uns zu helfen, was sehr nett war, im Ernstfall jedoch bedeutete, dass mir ohnehin nur die Rolle einer Hilfskraft zufallen würde. Mein Schwiegervater fliest sehr gern. Sein Problem ist nur, dass es bei ihm zu Hause nichts mehr zu fliesen gibt. Er hätte schon eine neue Lage auf die bereits vorhandenen Fliesen aufbringen müssen. Wenn es uns nicht gelingt, ihn zu bremsen, sind bei uns demnächst sämtliche Wände mit Keramik bedeckt. Grauenhafte Vorstellung, beim morgendlichen Blick in den Spiegel würde ich mich fühlen wie in der Pathologie. Nun ja, zumindest werden wir dank seiner Hilfe einiges an Geld sparen, hoffte ich insgeheim.

»Schön«, sagte der Mann im Blazer, der Krüger hieß, wie ich auf einem Schild an seinem Revers lesen konnte, »dann wollen wir mal Ihren Bedarf ermitteln.« Was weiß der von meinem Bedarf, dachte ich. Lieber hätte ich für das Geld, das ich hier lassen soll, ein neues Auto gekauft. Denn unseres, so viel war klar, hat ähnlich wie unsere Sanitärausstattung das Ende seiner Laufzeit erreicht.

»So ein Bad ist ja eine Entscheidung fürs halbe Leben«, begann Herr Krüger zu dozieren, nachdem er uns offenbar so einschätzte, dass wir uns das kein zweites Mal leisten könnten. »Da muss man ein bisschen vorausschauen. Und ich meine nicht nur das Dekor.«

Nicht? Ich war verblüfft, was gab es denn hier noch zu verhandeln? Meine Frau hingegen ließ sich nichts anmerken und händigte ihm den Entwurf aus, den sie auf Millimeterpapier maßstabsgerecht aufgezeichnet hatte. Tatsächlich hatte sie für die Operation Badezimmer schon einen ganzen Ordner angelegt. Daniela, obwohl sie eigentlich in der Kostenrechnung eines Unternehmens arbeitet, ist handwerklich sehr geschickt. Weshalb

sie ihren Beruf auch nicht besonders mag, jedenfalls erzählt sie nie viel davon. Wahrscheinlich freute sie sich deshalb so sehr darauf, unser Haus in eine Baustelle zu verwandeln. Sie beabsichtigte sogar, dafür einige Tage freizunehmen.

»Wenn man wie in Ihrem Fall ein Bad für die zweite Lebenshälfte plant, gilt es, ein paar Dinge zu beachten, an die man jetzt noch gar nicht denken möchte«, fuhr Herr Krüger unbeirrt fort.

Ich starrte auf den kleinen Kaffeefleck auf seinem hellblauen Hemdkragen, der für einen Moment meine Aufmerksamkeit beansprucht hatte. Was hatte der eben gesagt? »Wie meinen Sie das, wovon reden Sie überhaupt?«, fragte ich.

»Barrierefreiheit«, antwortete er, ohne zu zögern. »Wie ich schon sagte, so eine Investition tätigt man ja in der Regel nicht alle zehn Jahre. Und wenn es sich um ein Eigenheim handelt, beabsichtigen Sie ja wohl, Ihren Ruhestand dort zu verbringen.«

Ruhestand? »Hören Sie, ich bin doch kein Best Ager oder wie Sie das hier nennen. Ich bin gestern erst aus einem Flugzeug gesprungen.« Meine Frau konnte mich gerade noch davon abhalten, hier den Bruce Willis zu machen und ihm die Bilder zu zeigen. Herr Krüger war auch so einigermaßen verwundert, wusste ganz offensichtlich nicht, worauf ich hinauswollte und welche Strategie er jetzt einschlagen sollte. Schön, war mir im Moment auch nicht ganz klar. »Sie haben da einen Kaffeefleck auf dem Hemdkragen«, sagte ich also, um Zeit zu gewinnen.

Tatsächlich fing er erst einmal an, an seinem Hemdkragen herumzureiben, kam dann aber doch auf sein Thema zurück. »Ich wollte Ihnen ja nicht unterstellen, dass die Rente jetzt schon bei Ihnen auf der Tagesordnung steht, aber werden Sie in zehn Jahren...«

»Fünfzehn«, korrigierte ich ihn.

»... tatsächlich damit anfangen, noch mal alles neu zu machen? Ich will Ihnen doch nur helfen.«

Er fing an, in der Zeichnung meiner Frau herumzukritzeln. Dazu benutzte er nicht einmal ein Lineal. Was sie nun wiederum nicht so gut fand. Sie hatte sich so viel Mühe gegeben, alles ganz akkurat zu machen. Vor allem nachdem Herr Gerlach, der Klempner unseres Vertrauens, sie gewarnt hatte, wir müssten vielleicht nicht auf den Millimeter, aber doch auf den Zentimeter genau arbeiten, sonst würde am Ende nichts mehr zusammenpassen, wenn er seine Leitungen erst einmal gelegt hatte. Herr Krüger setzte sich darüber hinweg und entwarf mit großer Geste ein neues Bad.

»Schauen Sie, der Raum ist recht klein, Sie sollten also überlegen, ob Sie wirklich eine Badewanne brauchen, aus der Sie vielleicht später nicht mehr rauskommen. Fakt ist, dass ältere Menschen nicht mehr baden. Dafür könnten Sie die Dusche vergrößern.« Er veränderte unseren Entwurf entsprechend. »Da passt dann sogar ein Hocker rein, und Sie könnten später im Sitzen duschen.«

»Oder ich kann mit dem Rollstuhl in die Dusche hineinfahren«, ergänzte ich. Es sollte ironisch klingen, aber Herr Krüger nahm das sofort auf: »Genau. Und deshalb sollten Sie unbedingt auf eine Duschtasse verzichten und die Dusche ebenerdig gestalten. Wie Sie es ja ohnehin geplant haben.« Er nickte meiner Frau ob ihrer

133

Millimeterarbeit anerkennend zu. Wenigstens in diesem Punkt hatten wir ihm eine Freude bereitet. »Allerdings würde ich auf den Mosaikboden im Duschbereich verzichten. Kleiner Tipp von mir«, er senkte seine Stimme zum Verschwörerton, »die vielen Fugen setzen schnell Dreck an, schwer zu putzen, vor allem wenn man nicht mehr so gut auf die Knie kommt.« Jetzt reichte es. Ich hatte an eine Art Wellnessoase mit Hightechelementen gedacht. Sehe ich wirklich so aus, als ob ich mein eigenes Seniorenheim plane? Da hätte ich ja bei elfenbeinfarbenen Kacheln aus den Sechzigern bleiben können. Elfenbein. Mir fielen meine Haare wieder ein. Vielleicht reichte Färben nicht. Vielleicht sollte ich noch konsequenter an meinem Äußeren arbeiten. Ich fuhr mir durch die Haare. Wenigstens lichtete sich da nichts, Herr Krüger hatte schon deutliche Geheimratsecken.

»Vielen Dank«, sagte dann auch meine Frau, »wir werden Ihre Vorschläge beherzigen«, und damit stand sie auf. »Genau«, pflichtete ich ihr bei, »wir wollen uns erst einmal ein bisschen umsehen. Schließlich haben wir uns noch nicht für ein Dekor entschieden. Sie wissen ja, hängt das erst einmal alles an der Wand, bleibt es da die nächsten Jahre.«

Die Sache schien damit für mich erledigt. Noch mal davongekommen, dachte ich etwas voreilig. Tatsächlich fanden wir eine sehr nette Verkäuferin, die keinerlei Andeutungen über mein Alter machte, dafür mehrfach meinen guten Geschmack lobte – auch wenn meine Frau am Ende die Auswahl traf. Ich hörte ihr jedenfalls geduldig zu, streute ab und an ein »Das ist aber interessant« ein, ergänzt um ein an meine Frau gewandtes »Hast du das gewusst?«. Die Verkäuferin führte uns in einen gläsernen Duschzylinder, der aussah, als könne man einen Menschen damit jederzeit in andere Welten beamen. So wie ich es auf dem Raumschiff Enterprise gesehen hatte. Ich war beeindruckt. Jedenfalls kauften wir ihr schließlich nicht nur einen Haufen Fliesen ab, sondern auch noch Kleber, Fugenmittel, Zierleisten, ich hatte ja vorher wirklich keine Ahnung gehabt, was wir alles brauchen würden. Wie gesagt, meine einzige Erfahrung auf diesem Gebiet beschränkt sich auf das Zerstören von Fliesen. Und als ich die Summe sah, die da am Ende auf dem Kaufvertrag stand, war mir klar, unser Auto würde noch sehr lange halten müssen. Zumal der Kostenvoranschlag, den uns der Klempner für die Arbeiten an Rohrleitungen, Anschlüssen und vor allem für die neue Heizung erstellt hatte, uns trotz unserer Eigenleistung zwingen würde, einen Kredit aufzunehmen. Woran ich nicht ganz unschuldig war. Ich hatte mich für eine Heizung entschieden, die ich auch mit meinem Smartphone würde steuern können. Wenn schon, denn schon.

Egal, meine Frau war zufrieden. Und das nutzte ich aus. »Schatz, ich sollte noch bei Wolle vorbeifahren. Einen TÜV-Termin vorbereiten.«

»Heute ist Sonntag«, sagte sie erstaunt.

»Schon, aber sonntags schraubt Wolle immer an seinem eigenen Wagen rum. Und es macht ihm nichts, wenn man ihn dabei stört. Im Gegenteil, er mag es, wenn man das gute Stück ein wenig bewundert.«

Wolle betreibt eine Werkstatt, die ich sehr schätze, vor allem weil es Wolles Prinzip ist, überflüssige Arbeiten zu vermeiden. Das ist zwar nicht gut für sein Geschäft,

aber es geht nicht anders, seit sein Kompagnon sich mit seinem Motorrad ins Jenseits befördert hat und Wolle beinahe alles allein macht. Weshalb er auch keine neuen Kunden annimmt, und wenn doch mal einer auftaucht, vergrault er ihn mit seiner brummigen Art.

Mein volles Vertrauen genießt er, seit mir die Markenwerkstatt zu teuer geworden und unser Wagen auf dem besten Weg ist, selbst ein Oldtimer zu werden. Ich hätte ihn ja gerne gegen etwas Neues eingetauscht. Eines der wenigen Privilegien der Generation über fünfzig, so dachte ich, man braucht keine Familienkutsche. Aber meine Frau hält an dem Kombi fest, weil sie ihn für ihre Hobbys braucht, zum Beispiel, um alte Möbel durch die Gegend zu kutschieren oder jetzt eben einen Haufen Fliesen. Mir tat immer noch der Rücken weh, nachdem ich die Pakete in unseren Keller hatte tragen müssen. Ich sollte unbedingt mein Sporttraining intensivieren.

Wolle ist ziemlich altmodisch, gewissermaßen der letzte Nerd des Analogzeitalters. Mein Sohn Florian und seine Altersgenossen interessieren sich ja nicht mehr so sehr für Autos, geben ihr Geld lieber für Smartphones aus. Wolles Liebe gilt Verbrennungsmotoren, und Elektronik ist ihm ein Gräuel.

Ich erreichte seine Werkstatt auf einem Kreuzberger Gewerbehof und suchte eine Lücke zwischen den alten Karren, die hier mehr oder weniger wahllos durcheinanderstehen. Uneingeweihte hätten Wolles Betrieb wahrscheinlich für eine Art Schrottplatz gehalten, in Wahrheit kann sich er nur schwer von Dingen trennen, die er glaubt, noch einmal brauchen zu können. Ich betrachtete ein heruntergekommenes Wohnmobil, das neu auf dem Hof war. Ob er jetzt darin lebt? Die Tür zum Büro klemmte, ich öffnete sie mit einem Ruck, er war nirgends zu sehen. Aber die Tür zu seiner eigentlichen Werkstatt war nur angelehnt. Also musste er hier irgendwo sein. Drinnen hingen dicke Plastikplanen von der Decke, Wolle nutzt diesen Bereich manchmal zum Lackieren, es roch schlecht. »Wolle«, rief ich und bekam als Antwort ein Grunzen hinter der Plane.

Ich betrat den nächsten Raum. Beiläufig studierte ich den Fußboden von undefinierbarer Konsistenz, vermutlich Beton, unter dem Dreck sah man das nicht so genau. Zwei Rollcontainer standen herum, vollgestopft mit Werkzeug. In der Ecke stand eine gläserne Kanne auf einer Heizplatte, darin blubberte eine teerartige Flüssigkeit und schlug Blasen. Ich schaltete die Platte aus. Auf einem Pirelli-Kalender von 1998 sah ich eine sehr dünne, sehr großbrüstige Nackte, die eine Spaghettinudel aus einem Topf zog, um sie zu verkosten. Sie kam mir irgendwie bekannt vor, offenbar eine Prominente, aber 1998 war lange her, ich kam nicht auf den Namen. Einen größeren Teil des Raums nahm ein Buick ein, wie ich dem Schriftzug auf der Karosserie entnahm, mutmaßlich in den Dreißigerjahren gebaut. Jedenfalls sah er so aus wie die Autos, die Humphrey Bogart in den alten schwarz-weißen Detektivfilmen fuhr. Wolles Werkstatt hat so gar nichts mit der aseptischen Kühle der Fliesenwelt zu tun, die ich heute Morgen kennengelernt hatte.

Ich rief noch einmal: »Wolle?« Statt einer Antwort zog er sich auf einem Rollbrett unter einem aufgebockten Ford Capri hervor. »Wow«, sagte ich, »fast wie der von Starsky & Hutch.«

»Die fuhren einen 1974er Ford Gran Torino.« Mit Autos darf man Wolle nicht kommen, da ist er einem immer total über. Er wischte sich die Hände an einem ölverschmierten Lappen ab, den er immer in der Gesäßtasche seines Graumanns mit sich herumschleppte. Ich vermute mal, dass es immer derselbe Lappen und immer derselbe Graumann sind, es sei denn, er hat einige täuschend ähnliche Duplikate in der gleichen Kombination in seinem Spind.

»Deiner da«, sagte ich, nickte dem Ford Capri zu, »ist 'ne tolle Karre.« Ich hoffte, das würde ihm schmeicheln und den Fauxpax mit dem Torino wieder wettmachen. Doris alias Doreen hatte exakt solch ein Modell besessen, als ich sie vor beinahe dreißig Jahren kennenlernte. Der Wagen war damals schon alt gewesen. »Neunzig PS«, sagte ich, um noch etwas Fachmännisches beizusteuern, »kam mir damals vor wie eine Rakete«, wohl wissend, dass heute jeder Kleinwagen verglichen damit völlig übermotorisiert ist.

»Den hier hab ich auf zweihundertzwanzig PS hochgerüstet«, sagte Wolle. »Ich mach ihn für Tobi fertig.« Was will Tobi denn mit einem Ford Capri? Die Mädels, die er bevorzugt, kennen wahrscheinlich nicht einmal mehr das Remake von Starsky & Hutch, weil sie selbst dafür zu jung sind.

Das ist ja gerade das Problem mit Oldtimern, dass sich eigentlich nur ältere Herren, die ihre Jugend zurückholen wollen, für so etwas interessieren. Mir fiel meine Faller-Modell-Autobahn wieder ein, die ich auf dem Dachboden für Florian aufgehoben hatte. Als ich glaubte, er wäre nun alt genug, baute ich sie einmal auf. Aber er verlor sehr schnell das Interesse daran. Könnte auch an mir gelegen haben. Ich hatte furchtbare Angst, dass er etwas kaputt macht, weshalb ich ihn ständig ermahnte, bloß vorsichtig zu sein. Trotzdem bin ich sogar losgezogen, um mir in einem Modellbauladen noch den Rundenzähler zu kaufen. Den hatte ich als Kind immer haben wollen, aber nie bekommen. Jetzt gab es ihn nur noch antiquarisch, und in dem Laden, in dem ich ihn dann fand, dürfte ich sogar der jüngste Kunde gewesen sein. Anschließend packte ich die Modellautobahn wieder ein und brachte sie auf den Dachboden. Vielleicht werden sich ja meine Enkel eines Tages dafür interessieren.

»Ich glaube nicht, dass Tobi mit einem 76er Ford Capri heute noch Eindruck schinden kann. Damit sieht er doch noch älter aus, als er ist«, sagte ich.

Wolle musterte mich mit müdem Blick. Dabei war er wahrscheinlich gar nicht müde, er sieht immer so aus. Vielleicht wegen dieses Schnauzers, dessen graue Enden nach unten hängen. »Weißt du was?«, antwortete er. »Ich glaube, das ist ihm egal. Er hat einfach Spaß daran.« Ich wollte ihm etwas entgegnen, bemerkte aber einen Ölfleck auf meiner Hose. Verdammt, ich hatte mich gegen einen der Rollcontainer gelehnt. Das war meine zweitliebste Hose. Ich rieb daran rum, wollte Wolle schon nach einem Lappen fragen, ließ es aber, als ich das dreckige Ding sah, das aus seinem Graumann hing. »Tobi macht einfach, was ihm Spaß macht«, nahm Wolle den Faden wieder auf, »und es ist ihm egal, was andere über ihn denken.« Ich schaute mich um, sah den Pirelli-Kalender. Er war schwarz-weiß, man könnte

ihn als Kunst ausgeben. Wolle tut auch, was ihm Spaß macht. Mir fiel auf, dass ich gar nichts über sein Privatleben wusste. Lebte er in einer Beziehung? Und wenn ja, was ist das für eine Frau, die ihn so akzeptiert, wie er ist? Wahrscheinlich ist sie tätowiert, raucht wie ein Schlot und heißt Moni. Ich traute mich nicht zu fragen. »Weißt du was?«, begann Wolle stattdessen erneut. »Du bist nicht entspannt. Du machst dir viel zu viele Gedanken über andere und wie sie dich sehen.«

Oha, dachte ich, noch ein Grund mehr, ihn nicht nach Moni zu fragen, falls sie so hieß. »Okay«, erwiderte ich, »du hast gut reden, du bist dein eigener Herr.« Hätte ich auch nicht sagen sollen. Wolle hat gerade Stress, weil sie ihn hier weghaben wollen. Für Fossilien wie ihn ist leider kaum noch Platz in Kreuzberg. Aber Wolle beachtete mich gar nicht, schaute stattdessen in die geöffnete Motorhaube des Ford Capri. »Weshalb ich eigentlich gekommen bin«, erzählte ich seinem Rücken, »unser Auto muss zum TÜV, kannst du dich darum kümmern?«

»Klar«, sagte er. Immerhin, ich hatte schon befürchtet, er würde mir eine Abfuhr erteilen. Ich bin gerne in seiner Garage, die hat so etwas Archaisches. Hier fühle ich mich ein bisschen wie ein Ethnologe, der eine bedrohte Welt studiert, die es so kaum noch gibt. Ich kenne jedenfalls nicht viele Männer, die sich einen Pirelli-Kalender an die Wand hängen, immer in denselben Klamotten rumlaufen und einen Schnauzbart tragen wie ein Seehund, nur sehr viel dichter. Aber vielleicht wäre es doch klüger gewesen, meiner Frau die Einlieferung unseres Wagens zu überlassen. Bei ihr ist Wolle immer sehr viel aufgeräumter, da kann er sogar lächeln.

»Wird nur eine Weile dauern«, setzte Wolle seinen Satz überraschend fort. Das dauert bei ihm immer ein bisschen länger. »Hab viel zu tun.«

»Macht nichts«, sagte ich leichthin, ich will sowieso wieder mehr Fahrrad fahren. Ich hoffte nur, meine Frau würde das genauso sehen. Das Beste würde sein, wenn ich nicht mit leeren Händen nach Hause käme. Blumen, dachte ich, ich bräuchte jetzt wirklich einen Blumenstrauß. Was kein Problem sein dürfte, an unserem Vorortbahnhof gab es auch sonntags welche.

Tatsächlich kam ich gerade noch rechtzeitig. Das vietnamesische Pärchen, das den Stand betrieb, machte sich gerade daran zusammenzupacken. Doch während ich da so stand und mich nicht entscheiden konnte, hörte ich plötzlich eine weibliche Stimme meinen Namen rufen. Ich drehte mich um. Connie stand vor mir.

»Was machst du denn hier?«, fragte sie.

Ich wollte schon »Wonach sieht's denn aus?« sagen, konnte mich aber noch bremsen. Connie sah nicht so aus, als ob sie gerade für lockere Sprüche zu haben wäre. »Ich will meine Frau mit Blumen überraschen«, sagte ich also brav.

»Ach, du Guter«, antwortete sie, »dass es so was noch gibt.«

Dann umarmte sie mich. Hatte ich mich getäuscht, oder klang ihre Stimme wirklich so, als würde sie zittern? Herrje, dachte ich, hoffentlich weint sie nicht gleich. Wir lösten uns voneinander. Ich guckte rüber zum Biergarten und folgte einer spontanen Eingebung. »Magst du mit mir was trinken?«, schlug ich vor, obwohl ich jetzt eigentlich hätte nach Hause gehen sol-

len. Andererseits hatte Connie ein wenig Zuspruch verdient. Oder wenigstens jemanden, der ihr zuhörte. Das sah Daniela bestimmt ganz genauso.

»Warum nicht?«, meinte Connie. »Gern. Auf mich wartet ja sowieso keiner.«

Na, das konnte ja heiter werden.

Connie bestellte einen Weißwein. Ich auch, Bier fand ich jetzt irgendwie unangemessen. Sie hatte abgenommen, hätte gut ausgesehen, wenn da nicht diese dunklen Ränder unter den Augen gewesen wären. Ihre Haare hatte sie zusammengebunden, stand ihr auch gut. »Ich nehme an, du weißt über alles Bescheid«, sagte sie, »Frank und du, ihr seid ja dicke.«

»Na ja, alles erzählen wir uns jetzt auch nicht. Wenn du meinst, was da mit der anderen läuft, da kann ich nichts zu sagen.« Und wenn; ich hätte es auch nicht gewollt. Die Flagranti-Nummer zum Beispiel, keine Ahnung, ob sie von der wusste. »Nur dass ihr bei der Paarberatung gewesen seid, leider zwei Jahre zu spät.«

»Tatsächlich«, ich fand, sie klang jetzt ein wenig spitz, »hat er das gesagt?«

»So ähnlich irgendwie.«

»Hat er denn auch gesagt, dass die gefragt hat: Angenommen, alles liefe von jetzt an super mit Ihnen beiden, wo sehen Sie sich in zwei Jahren?«

»Daran kann ich mich nicht erinnern«, gab ich zu, was auch stimmte, und fragte: »Was hat er geantwortet?«

»Bei seiner Trulla«, Connie leerte ihr Glas in einem Zug und sah sich nach der Bedienung um, die mit wippendem Dirndl durch den Kies herangeknirscht kam.

»Das ist so ein Verlust«, sagte Connie, als das zweite

Glas vor ihr stand, »als ob ein Stück von mir gestorben wäre. Der Kerl war doch wie für mich gebacken!«

»Soll ich uns ein Wasser dazu bestellen?«, unterbrach ich sie.

Sie nickte und fuhr fort. »Ich dachte ja, das renkt sich vielleicht wieder ein. Bis zu diesem Moment, da war mir klar, das ist es jetzt gewesen. Ich bin fünfzig. Weißt du, was man dann denkt?« Ich schwieg. »Dass da keiner mehr kommt, dass es das jetzt gewesen ist. Dass ich alleine bleibe, und zwar für immer.«

Ich wusste nicht so recht, was ich darauf antworten sollte. Murmelte irgendetwas wie »Zu so einer Situation gehören doch immer zwei« und dass Frank sich vernachlässigt gefühlt habe.

»Hat er das gesagt?«, hakte sie sofort ein. »Weißt du, was unser Problem war?« Sie wartete meine Antwort gar nicht erst ab. »Zu große Nähe. Wir haben uns so gut verstanden, dass wir irgendwann wie Bruder und Schwester waren. Würdest du mit deiner Schwester Sex haben wollen?«

Endlich eine Frage, die ich beantworten konnte. »Natürlich nicht«, sagte ich überflüssigerweise.

Connie war schon weiter. »Natürlich fragt man sich, was die hat, was ich nicht habe. Und die Gedanken, die einem da kommen, sind nicht schön. Weißt du, was ich dann getan habe?« Ich hatte wieder keine Ahnung. »Ich hab Ben gefragt, ob er mir was zum Kiffen besorgen kann.«

Ich war fassungslos. Connie. Die immer so besonnen rüberkam. Deren einzige Droge Weißwein war. Macht ihren eigenen Sohn zum Dealer. Wie kam sie denn bloß

143

auf diese Idee? »Ich wollte weg, raus aus dieser Welt, mich irgendwohin beamen, so schnell wie möglich.« Ben kam dann tatsächlich nach kurzer Zeit mit einem fertig gebauten Joint zurück, den haben sie auf dem Wohnzimmersofa geraucht.

»Ich habe drei Züge genommen. Zuerst ist nichts passiert. Und ich hab noch gesagt, ich merk ja gar nichts.« Aber kurze Zeit später habe es ihr den Boden unter den Füßen weggezogen. Regelrechte Panikattacke. Sie war fest davon überzeugt, jetzt sterben zu müssen. Und dann habe sie Ben angebrüllt, er soll die Feuerwehr holen. Der wollte erst nicht, ist ja logisch, die eigene Mutter, bekifft auf dem Wohnzimmersofa, und das war irgendwie auch seine Schuld. Aber schließlich bekam auch er es mit der Angst.

»Und, ist die Feuerwehr gekommen?«, wollte ich wissen.

»Ja«, sagte sie, »das Dumme war nur, inzwischen ging es mir wieder besser. Nachdem ich herzhaft gekotzt hatte. Ich wollte die auch wieder abbestellen. Aber das ging nicht.« Jedenfalls hätte kurz darauf ein Notarzt mit seinem Köfferchen im Wohnzimmer gestanden.

»Und was habt ihr dem erzählt?«

»Die Wahrheit«, sagte Connie. »Mein Mann hat mich gerade verlassen, und jetzt habe ich zum ersten Mal in meinem Leben gekifft. Daraufhin hat er ganz ernst geguckt und dann gesagt: ›Gute Frau, Drogen sind auch keine Lösung.‹«

Das war der erste Moment, seit wir den Biergarten betreten hatten, in dem Connie lächelte. Was heißt lächeln, sie fing an zu lachen, so laut, dass die Leute um uns in unsere Richtung guckten. Wir umarmten uns noch mal, Connie trank aus und sagte, sie müsse jetzt gehen. Sei aber gut gewesen, mit mir zu reden. Wir verabschiedeten uns.

Beim Rausgehen knackte mein Telefon. Der Ton kündigte eine neue Nachricht an. Es war Doreen, sie hatte mein Fallschirmfoto gesehen. »Wie cool ist das denn«, hatte sie dazu geschrieben. Das passte jetzt wirklich ganz schlecht. Connies Erzählung hallte noch ganz gewaltig nach. Aber tief in mir drinnen fühlte ich mich trotzdem geschmeichelt. Der Blumenstand hatte leider inzwischen geschlossen.

7
Nestflucht

Jetzt war es also so weit. Unglaublich, wie schnell die Zeit vergeht. Gestern noch ist er mein Spielkamerad gewesen, der zu mir aufblickt, der meine Hand sucht. Und jetzt verlässt uns der Junge, nach nicht einmal zwanzig Jahren. Und ich soll ihm auch noch dabei helfen. »Bist du so weit?«, rief Daniela aus dem Flur. Mir wurde nicht einmal die Zeit zugestanden, meinen Kaffee auszutrinken. »Du hattest versprochen, den Anhänger zu holen!« Ihre Stimme war eine Nuance lauter geworden, oder es lag einfach daran, dass sie näher gekommen war. »Hat der Junge denn alles gepackt?«, rief ich ähnlich laut zurück. Aus pädagogischen Gründen hatte ich darauf bestanden, dass Florian seinen Kram selbst einräumt, wir hatten ihm dafür genügend Kisten besorgt. Schließlich war der Auszug seine Idee, und außerdem würde er auch auspacken müssen. Ich hatte keine Lust, später lauter Fragen nach seinen Sachen, die ich angeblich verstaut hätte, beantworten zu müssen.

»Er sagt, ja«, Daniela betrat die Küche, »aber du solltest vielleicht noch mal gucken.«

Also stieg ich zu ihm nach oben, betrachtete dabei die alten Urlaubsfotos, die bei uns im Treppenhaus hängen. Eines ist aus Prag im Winter, er muss drei oder vier gewesen sein. Er trägt einen dicken Pullover und klatscht begeistert in die Hände, während uns der Kellner fotografierte. Florian war ein guter Esser, aber damals noch nicht so gut zu Fuß, weshalb ich ihn draußen im Buggy durch einen Prager Schneesturm schieben musste. Das ist auf dem Bild nicht zu sehen, aber ich hatte die Plackerei nicht vergessen. Was wir alles erlebt hatten. All die schönen Reisen. Ob er noch einmal mit uns mitfahren würde? Oder mussten wir künftig ohne ihn planen?

In Gedanken versunken betrat ich sein Zimmer, ohne anzuklopfen, und fand Florian inmitten eines Wäschehaufens, den er mit ein paar Schulordnern garniert hatte. Sein Playmobil-Piratenschiff stand ziemlich kipplig auf dem Fensterbrett. Das sollte offenbar hierbleiben. Immerhin, das Regal, seinen Schreibtisch, den Schrank und das Bett hatte er zerlegt, die einzelnen Teile zu Bündeln zusammengezurrt. Aber der Rest.

»Was tust du hier?«, fragte ich.

»Ich sortiere«, gab er zurück.

Ich schaute in die Runde. Ausgeräumte Zimmer haben immer so etwas Abgelebtes, selbst wenn sie vorher ganz ordentlich aussahen. Was auf sein Zimmer nicht unbedingt zutraf. Nun haben wir also eine Baustelle mehr. Überhaupt, was sollte mit diesem Raum geschehen? Darüber hatten wir noch gar nicht richtig gesprochen. Eine Art Florian-Museum, voll mit Erinnerungen an die vergangene Kindheit unseres Sohnes? Das würde schon daran scheitern, dass es diesem Museum an Ausstellungsstücken mangelt, wenn er erst mal weg war. Es sei denn, ich würde sein Kinderbettchen wieder aufbauen.

»Sieh zu, dass du deine paar Plünnen verstaut kriegst, ich hol schon mal den Wagen«, sagte ich und zog mich wieder zurück.

Glücklicherweise ist unser Auto mit einer Anhängerkupplung ausgerüstet. Daniela hatte nämlich festgestellt, dass ein Anhänger in der Miete viel günstiger wäre als ein Lieferwagen. Ich fuhr zur angegebenen Adresse in einem nahen Gewerbegebiet, wenig später stand ich vor einer missgelaunten älteren Frau hinter einem vollgemüllten Schreibtisch.

»Ich komme wegen des Anhängers, den meine Frau hier bestellt hat.« Dazu legte ich ihr die Vertragskopie auf eine aufgeschlagene Rätselzeitschrift.

»Der Kastenanhänger?«, sagte sie, ohne aufzuschauen, ihre Stimme klang nach ziemlich vielen Zigaretten. »Da haben Sie Pech, Ihr Vormieter hat verlängert und will ihn erst in ein paar Tagen zurückbringen.«

Pech? Ich? »Das dürfte doch wohl eher Ihr Problem sein«, entgegnete ich und tippte auf unseren Vertrag, »hier steht doch eindeutig das Datum von heute.«

»Ich kann mir ja keinen Anhänger schnitzen«, gab sie patzig zurück. Ich bin in Berlin geboren und so etwas wie ein Lokalpatriot, aber selbst ich finde das Gebaren mancher Dienstleister in dieser, meiner Heimatstadt zuweilen ziemlich anstrengend.

»Hören Sie, ich habe mir für diesen Umzug extra frei-

genommen, das werde ich Ihnen in Rechnung stellen, sollten Sie vertragsbrüchig werden.« Klang gut, fand ich, juristisch einwandfrei. Der hatte ich es gezeigt.

Sie steckte sich eine Zigarette an, sagte: »Pah, da kann ja jeder kommen. Das ist höhere Gewalt.« Und widmete sich wieder ihrer Rätselzeitschrift.

»Jetzt reicht es mir aber«, sagte ich, leider eine Spur hilfloser als gewollt. Tatsächlich hatte ich keine Ahnung, wie das hier weitergehen sollte.

»Planwagen«, sagte sie plötzlich, »ich habe einen mit Plane da.«

Wir einigten uns schließlich, dass ich gegen einen kleinen Nachlass den Planenanhänger mitnahm, den ich außerdem einen Tag länger behalten durfte. Na also, dachte ich, geht doch.

Daniela war nicht ganz so zufrieden. »Was ist das denn?«, fragte sie, als ich mit dem Ding ankam.

»Habe ich günstiger bekommen, wir haben doch ohnehin schon so hohe Kosten, da kann es nicht schaden, wenn wir endlich anfangen zu sparen«, gab ich zu bedenken, »lass uns lieber endlich anfangen, ist sowieso schon zu spät.«

Sie murrte noch ein wenig, dass sie etwas ganz anderes vereinbart hatte und warum ich immer so schnell einknickte, was ich ein wenig ungerecht fand. Ich meine, ich hatte doch einen ganz guten Deal rausgeholt. Manchmal muss man eben geschickt sein, anstatt blind auf seinem vermeintlichen Recht zu beharren. Leider war von Florians Kumpels keiner gekommen, sie würden stattdessen vor der neuen Wohnung stehen und beim Rauftragen helfen.

In Florians Zimmer standen eine Reihe blauer Müllsäcke. »Was soll das?«, fragte ich.

»Ich dachte, die Säcke lassen sich besser verstauen«, antwortete er, »sind auch nicht so schwer wie deine Kisten.«

Ich hatte keine Lust mehr auf weitere Auseinandersetzungen, nahm den nächststehenden Sack, hob ihn an und schleuderte ihn mir mit Schwung auf den Rücken. Der Junge sollte mal sehen, wie fit ich bin. Der dünne Sack schwang mir überraschend leicht um den Hals, kurz unter dem Ohr traf mich etwas Hartes außerordentlich schmerzhaft. Ich ging zu Boden. »Was ist denn da drin, verdammt?«, presste ich zwischen zusammengebissenen Zähnen hervor und hielt mir den Kopf. Florian musterte die aufgerissene blaue Hülle. »Meine Inlineskates. Geht's dir gut?« Ich stand wieder auf, nahm den kaputten Sack und drückte ihn in eine der ungenutzten Kisten. »Du faltest jetzt die anderen auseinander, und dann verpacken wir die Säcke alle in Kartons.«

Einigermaßen unfallfrei kriegten wir schließlich sein Zeug in den Anhänger, der sich als ziemlich praktisch erwies, wenn man nicht vorhatte, etwas gegen die Außenwand zu lehnen. Schön, ganz so fehlerfrei lief es dann doch nicht, weil ich mit dem Seitenteil seines Bettes drei oder vier alte Urlaubsbilder von der Wand des Treppenhauses riss, darunter auch das Pragbild. »Damit ist auch dieses Kapitel unserer Geschichte beendet«, versuchte ich die Situation ein wenig aufzulockern, aber man sah Daniela an, dass sie ziemlich traurig war, als sie den zersplitterten Rahmen sah. Ich verstand das gut,

mir war trotz meiner nonchalanten Antwort auch zum Heulen. »Wir sollten stolz sein, dass unser Sohn so früh selbstständig wird«, behauptete ich also, um uns beide ein wenig aufzumuntern.

Wir fuhren dann noch bei Sarah vorbei, Florians Freundin, mit der er zusammenziehen wollte. Wir sollten auch ihre Sachen einpacken. Immerhin standen ihre Freundinnen am Straßenrand, um uns zu helfen. Das heißt, eine saß auf einer Waschmaschine.

»Ist das nicht toll«, sagte Florian, »Sarah bringt eine Waschmaschine und einen Kühlschrank mit.«

»Super«, gab ich zurück, »aber sind keine Jungs da, um uns zu helfen?« Offenbar nicht.

Stattdessen bot sich eine von Sarahs Freundinnen an, mir bei der Maschine zu helfen. »Lass mal gut sein, Mädel«, sagte ich großmütig, »so alt bin ich ja auch nicht, das schaffe ich schon.« Ich gab mich professionell, fädelte zwei Gurte unter dem Ding durch, die mir beim Tragen helfen sollten, kriegte das Monstrum aber nur gekippt. Es gelang mir einfach nicht, das Gerät wie geplant vom Boden anzuheben. Das Mädchen schaute interessiert dabei zu, wie mir die Schläfenadern schwollen. »Ganz sicher, dass Sie das alleine schaffen?«, fragte sie. Ich nickte verbissen, aber Florian trat herbei, sagte: »Lass mich mal anpacken.« Zu zweit schafften wir die Waschmaschine in den Anhänger. Der Kühlschrank war dagegen ein Kinderspiel.

Wieder im Auto, spürte ich jetzt schon, dass ich heute Abend Rückenschmerzen haben würde, außerdem schmerzten mir die Finger, die ich unter dem scharfkantigen Rand der Maschine eingeklemmt hatte. Ich verfluchte meinen Hang zur Sparsamkeit. Wir hätten doch eine Firma beauftragen sollen. Nächste Woche würde ich eine Gehaltserhöhung verlangen. Obwohl, der Zeitpunkt war ungünstig gewählt. Aus Georgs Sicht konnte es so aussehen, als ob ich meinen Job in letzter Zeit vernachlässigte, zumal ich gerade wieder ein paar Tage freigenommen hatte, um mein häusliches Leben in Ordnung zu bringen. Fraglich, ob ich das heil überstehe. Immerhin musste ich anschließend bei uns zu Hause im Bad auch noch die alten Fliesen abschlagen. Eine Arbeit, vor der es mir jetzt schon graust. Wahrscheinlich würde ich nächste Woche krank sein, wenn ich die Signale aus meinem Rücken richtig interpretierte.

Am Ziel erwarteten uns weitere Schwierigkeiten. Florian hatte zwar Halteverbotsschilder besorgt, aber mitten in der für uns reservierten Lücke parkte ein Auto, weswegen wir uns zunächst mal mit der zweiten Reihe begnügen mussten. Daniela rief die Polizei an. Auch sie hatte ganz offensichtlich die Grenzen ihrer Belastbarkeit erreicht und kannte jetzt kein Pardon mehr. Natürlich ließen die Beamten auf sich warten, weshalb wir schon mal mit dem Ausladen begannen.

Endlich fuhr ein Polizeiwagen vor. Zwei Uniformierte stiegen aus. Der eine zog sich seine Hosen hoch, während er auf uns zutrat, an seinem Gürtel baumelte allerhand Ausrüstung. »Ist das Ihr Anhänger?«, fragte er zur Begrüßung, »Sie können hier nicht stehen bleiben.« Wir erklärten ihm, dass wir ja alles dafür getan hatten, niemandem im Weg zu stehen. Allein, da parkte jemand in unserer Lücke. Es dauerte noch einmal eine Weile, bis die Gesetzeshüter den fremden Halter ausfindig

gemacht hatten. Er wohnte gleich ums Eck, einer der beiden machte sich tatsächlich auf den Weg und kam nach einer gefühlten Ewigkeit mit einer älteren Dame zurück, die immer wieder versicherte, die Schilder nicht bemerkt zu haben und ob die hier überhaupt vorher schon gestanden hätten. Wie auch immer, wir waren fast fertig, allerdings waren die Wege, die wir hatten gehen müssen, deutlich länger gewesen als vorgesehen.

Florians neue Wohnung erwies sich als ziemlich dunkles Loch, wie ich fand, weil vor dem Fenster ein Baum stand. Außerdem war einer der beiden Räume ein Durchgangszimmer. Schwiegervater hatte ganze Arbeit geleistet und bereits die Küche montiert. Das muss man ihm lassen, als Handwerker ist er unbezahlbar. Aus dieser Küche trat jetzt ein Mann hervor und fragte mich: »Auch einen Eierlikör?« Es stellte sich heraus, dass es sich um Sarahs Vater handelte. Ich fragte mich, warum ich hier eigentlich meine Bandscheibe riskierte, während er einen auf Barkeeper machte, aber da zog er sich auch schon zurück, weil er noch ziemlich viel zu tun hätte, wie er uns erklärte.

Florian war das alles egal, stolz führte er uns durch seine neue Wohnung. Auch seine Schwester Sophie schien sehr angetan, vor allem als er ihr anbot, sie könnte ja hier auch mal wohnen, wenn er im Urlaub sei. »Jetzt ist aber gut«, sagte ich, »Sophie ist sechzehn«, worauf meine Kleine etwas murmelte, das sich so anhörte wie »Spielverderber«.

Ich kam jedoch nicht dazu, noch einmal nachzuhaken, denn die Mutter unserer Kinder erklärte mir, wir müssten jetzt unbedingt etwas erledigen, wozu wir den Anhänger bräuchten. Also überließen wir Florian und Sarah ihrer neuen Freiheit. Sophie blieb auch zurück, sie erklärte, beim Auspacken helfen zu wollen, und wir konnten schon mal üben, wie das ohne Kinder sein würde.

»Ich habe mir da ein paar Gedanken gemacht, was wir mit Florians Zimmer anstellen«, eröffnete Daniela das Gespräch im Auto. »Und weil du ja schon ein Zimmer hast, dachte ich, Florians Zimmer richte ich für mich ein. Ich hätte so gerne einen eigenen Platz.«

»Ich habe ein Zimmer?«, staunte ich. »Meinst du diese Abstellkammer, die wir reichlich euphemistisch als mein Arbeitszimmer bezeichnen? Und in dem außer einem Schreibtisch und allerhand Bücherregalen nichts anderes steht?«

»Das muss bei Arbeitszimmern so sein«, erwiderte Daniela, »schon wegen des Finanzamtes. Immerhin hast du einen Raum, in dem du für dich sein kannst!« Jedenfalls war sie mit ihrer Planung schon ein bisschen weiter, als ich überhaupt nur ahnte, und hatte über eBay-Kleinanzeigen einen antiken Schreibtisch und ein ebenso altes Bücherregal ausgeguckt. Das würden wir uns jetzt anschauen und am besten gleich mitnehmen, bevor es ein anderer tat. »Schließlich habe ich lange danach gesucht.« Auch von dieser Suche hörte ich zum ersten Mal. Ich dachte an Ronnies Kommode, die immer noch im Keller der Weiterverarbeitung harrte. Obwohl man Florians Raum doch auch ganz anders hätte nutzen können. Ein eigenes Sportstudio zum Beispiel. Ich stellte mir vor, wie ich dort auf einem Hometrainer sitzen könnte oder in einem Rudergerät, vor mir ein Flachbildschirm, und im Handumdrehen würde ich mir eine sensationell

sportliche Figur antrainieren. Eigentlich wäre also genau jetzt der Zeitpunkt, an dem ich widersprechen sollte. Leider fühlte ich mich im Moment ziemlich ausgelaugt. Ich hatte einfach keine Kraft für die zu erwartende Auseinandersetzung.

Die Möbel standen in einer Lagerhalle am Stadtrand, in der es intensiv nach Brotteig roch. Offenbar handelte es sich um eine ehemalige Großbäckerei. Der Schreibtisch war klobig, aber harmlos, das Bücherregal hingegen ziemlich mächtig. Es wurde von einem Balkenkranz gekrönt, der ein wenig an die Zinnen einer Ritterburg erinnerte. Oder die Spitzen einer gotischen Kathedrale. »Du bist sicher, dass dieses Monstrum bei uns reinpasst?«, fragte ich. Aber Daniela hörte mir gar nicht zu. Stattdessen wurden sie und der Verkäufer sich überraschend schnell handelseinig. Zu schnell fand ich, allein das Regal kostete zweihundert Euro. Wahrscheinlich hatte sie gar nicht gehandelt, aber wie gesagt, mir fehlte inzwischen jegliche Kraft.

»Helfen Sie mir beim Aufladen?«, sagte ich zu dem Mann, der ungefähr in meinem Alter war, aber bereits eine ausgeprägte Glatze hatte, wie ich wohlgefällig bemerkte.

»Im Angebot stand zwar, das ist für Selbstabholer«, entgegnete er, »aber na schön.«

Zu dritt wuchteten wir das Regal in den inzwischen leeren Anhänger. Ohne den hätten wir das Ding gar nicht abtransportieren können, denn es ließ sich nicht zerlegen. »So etwas finden Sie bei Ikea nicht«, gab uns der Verkäufer noch mit auf den Weg, »das ist echte Tischlerarbeit.«

Zu Hause mussten wir uns schon sehr mühen, diese Tischlerarbeit die zwei Stufen zum Eingang hochzuwuchten. Im Flur war endgültig Schluss. Wir konnten das Ding drehen und wenden, wie wir wollten, es passte nicht um die Kurve der Treppe. Das sah auch Daniela endlich ein, nachdem wir schon mehrere Löcher in den Putz des Treppenhauses geschlagen hatten. Eben hatte sie sich noch furchtbar aufgeregt, als ich die Bilder von der Wand riss, jetzt wurde hier rücksichtslos unser Zuhause demoliert, nur weil dieses überdimensionierte Möbel nach oben sollte. Gerade wollte ich vorschlagen, das Ding wieder zurückzubringen und stattdessen einen Hometrainer anzuschaffen, der würde wenigstens meiner Gesundheit zugutekommen, als Daniela einen Vorschlag machte: »Wir holen Toni«, sagte sie.

»Den Eintänzer?« Ich war entsetzt. »Der ist doch Elektriker, falls er überhaupt jemals etwas gelernt hat.«

»Davor war er Tischler«, behauptete sie.

Nun, meiner Meinung nach konnte Toni nichts außer tanzen. Aber wie gesagt, ich war inzwischen viel zu erschöpft.

Toni kam überraschend schnell und behauptete, unser Problem lasse sich ganz einfach lösen. Man müsse nur die Rückwand herausnehmen, dann ließe sich das Möbel vorsichtig verwinden, wäre nicht mehr so steif. Er schüttelte sich die blonden Locken aus dem Gesicht, richtete seine Nickelbrille und begann auf der Rückseite die Nägel herauszuziehen. Ich ließ ihn gewähren, sollte er sich doch allein blamieren. Tatsächlich gelang es ihm, die Rückwand in einem Stück zu entfernen. Anschließend versuchten wir es noch einmal. Das Regal war nun

erschreckend instabil, aber wir schafften es tatsächlich um die erste Kurve. In der zweiten blieben wir erneut stecken.

»Viel fehlt nicht«, versicherte Toni, »wir müssen nur den Sockel abnehmen, dann passt's.« Ich war skeptisch. Wenn wir den Sockel entfernten, was würde dann das Möbel am Auseinanderbrechen hindern? Toni ließ sich nicht abhalten, entfernte den Sockel mit einem beherzten Tritt. Das Regal zerfiel polternd in seine Einzelteile. »Du hast recht«, sagte ich, »jetzt ist es leicht«, verkniff mir aber, meinen Triumph weiter auszukosten, denn meine Frau war den Tränen nah. »Das kann ich euch wieder zusammensetzen, gar kein Problem, ich hab doch mal Tischler gelernt.« Aber jetzt war es sogar Daniela zu viel. »Lass mal«, sagte sie, »das übernehme ich selbst. Ich restauriere gerne Möbel.« Toni sagte, er halte fünfzig Euro Honorar für angemessen, dafür könnten wir ihn gern auch noch mal um Rat fragen, wenn wir nicht klarkämen. Ich behauptete, leider nicht so viel im Haus zu haben, vertröstete ihn auf später, dankte ihm für seine Dienste und komplimentierte ihn hinaus. Endlich waren wir allein. Zusammen trugen wir die Trümmer des Regals in Danielas künftiges Zimmer, stellten den Schreibtisch dazu, wenigstens den bekamen wir im Stück hinein.

Wie hatte der Raum sich verändert? Gestern noch war das hier das Kinderzimmer unseres geliebten Sohnes, heute ein kahler Raum, auf dessen Fensterbrett ein Piratenschiff kippelte, in dessen Ecke ein Haufen alter Bretter lagen, für die wir zweihundert Euro bezahlt hatten. Mir wurde melancholisch zumute. Ja, ich steigerte mich regelrecht in die Vorstellung hinein, dass dieses Haus, auf das ich so stolz gewesen war, immer weniger mein Heim war. Und meine Bedürfnisse, so redete ich mir ein, die schienen hier kaum noch eine Rolle zu spielen.

8
Farbenspiele in der Badewanne

»Das nennt man einen Schnappfinger«, sagte Harald, »kann man operieren, muss man meistens aber nicht. Du wirst deine Hand überlastet haben. Wahrscheinlich arbeitest du zu viel am Computer.« Ich rieb meinen schmerzenden Mittelfinger. Harald ist seit zehn Jahren mein Hausarzt und hat ein sonniges Gemüt. Jedenfalls lächelt er sehr viel und zeigt dabei seine großen Zähne. Er schnippte mit seinen Fingern vor mir rum, als trainiere er fürs Kasperletheater.

Unsere Söhne sind in die gleiche Klasse gegangen, das hilft mir manchmal, rasch einen Termin zu bekommen. Ich halte große Stücke auf ihn. Er behandelt auch Micha, und zwar mit besonderer Sensibilität, was nicht immer einfach ist. Micha fühlt sich oft schon schlecht, wenn er nur von einer neuen Krankheit hört. Wahrscheinlich würde er demnächst ebenfalls unter einem Schnappfinger leiden. Was mich betraf, mit Teil eins seiner Diagnose hatte Harald recht, ja, ich hatte meine

Hand überlastet. Mit Teil zwei aber lag er diesmal komplett falsch. Computerarbeit war im Moment nicht mein Problem. Sondern dass ich ein paar Tage Urlaub genommen hatte, um meinen Körper mit neuen Herausforderungen zu traktieren.

Weshalb es das Wort »Urlaub« auch nicht ganz trifft. Erst hatte ich Florian beim Umzug geholfen, dann unser Treppenhaus demoliert und anschließend anderthalb Tage lang mit Hammer und Meißel auf Wände und Boden unseres Badezimmers eingedroschen. Erst während dieser Arbeit fiel mir dann auf, dass der Boden mit zwei Lagen Fliesen übereinander bedeckt war, die sich nur schwer voneinander lösen ließen. Obwohl ich den Raum sorgsam abgeklebt hatte, so sorgsam, dass ich mehr als einmal glaubte, ersticken zu müssen, fand der aufwirbelnde Staub seine Wege, hatte sich eine dünne Schicht auf praktisch jede Oberfläche im Haus gelegt. Natürlich auch auf meine Zunge. Der Geschmack von Staub war allgegenwärtig, der Geruch auch. In meinen Nasenlöchern hatte sich der Staub in Gips verwandelt. Abends kriegte ich die Finger nicht mehr auseinander, weil ich den ganzen Tag lang den Hammer umklammert hatte. Selbst nachts ballte ich die Hände krampfhaft zu Fäusten. Damit hatte ich uns zwar einiges Geld gespart, aber der Preis war hoch. Meinen linken Mittelfinger konnte ich nur noch unter Schmerzen beugen. Wollte ich ihn wieder auseinanderfalten, dann schnappte er, ebenfalls unter Schmerzen, in die Senkrechte, was wegen der ruckartigen Bewegung, mit der er das tat, ziemlich obszön aussah.

Als Student hatte ich mal vier Wochen hintereinander

Fliesen zertrümmert, sogar im Akkord, ich wurde pro entkernte Nasszelle bezahlt. Nicht dass ich das damals locker weggesteckt hatte, aber wenn ich in jenen Jahren den Mittelfinger ausstreckte, dann tat ich das bewusst und nicht, weil ich die Kontrolle über meinen Körper verloren hatte. Wo sollte das alles noch hinführen? Ich erzählte Harald von meiner häuslichen Fronarbeit. »Du weißt schon, dass man in deinem Alter auf die Gelenke ein wenig Acht geben muss«, riet er mir.

In meinem Alter. Jetzt fing er auch noch damit an. Ausgerechnet Harald. Der mit seinen Kumpels regelmäßig nach Mallorca fliegt, um dort mit dem Fahrrad Strecke zu machen, wie er das nennt. Harald ist nicht viel jünger als ich und laborierte gerade an einer Schulterverletzung herum, weil ein Auto die ganze Gruppe auf einer mallorquinischen Bergstraße umgemäht hatte.

Ich tänzelte ein wenig rum und machte ein paar imaginäre Boxbewegungen. »Manchmal denke ich, ich bin fitter als früher«, behauptete ich.

»Soll ich dich krankschreiben?«, fragte er ungerührt, während er sich an die Schulter fasste, nachdem er ebenfalls einen Haken in die Luft geschlagen hatte.

»Bloß nicht«, antwortete ich, »erstens gehe ich im Moment sowieso nicht zur Arbeit, hab ja Urlaub, und zweitens hält mich mein Schwiegervater dann für einen Drückeberger.«

»Auch in Ordnung, Hauptsache, du lässt Hammer und Meißel sein«, riet er mir. »Mach irgendetwas anderes, geh schwimmen, schwimmen ist eigentlich gut für alles.«

Vor unserer Haustür inspizierte ich den übervollen Schuttcontainer, den wir geordert hatten. Darin lagen

jetzt für jedermann sichtbar unsere alte Kloschüssel und unsere Badezimmerkeramik. Leider nicht nur. Offenbar hatte der eine oder andere Nachbar seinen Hausmüll mit dazugegeben, den ich jetzt wieder herausfischen musste, weil ich ansonsten Ärger mit der Containerfirma kriegen würde. »Mischmüll kostet extra«, hatten die mir dort mit auf den Weg gegeben. Aber wie sollte ich verhindern, dass hier jeder seinen Kram in meinen Container warf? Ich zog eine leere Dose Katzenfutter unter unserer ehemaligen Seifenschale hervor und überlegte, wer hier Katzen hielt. Frau Runge fiel mir ein, unsere Nachbarin zur Linken. Ich dachte daran, wie unser Duffy ihre Katze einmal erst aus unserem Garten und dann zurück in ihr Haus gejagt hatte. Duffy hatte sich nicht einmal von der für ihn eigentlich zu kleinen Katzenklappe stoppen lassen, das Ding einfach aus dem Rahmen gerissen und die Katze bis in Runges Wohnzimmer verfolgt. Gab natürlich Ärger, aber dieses eine Mal hatte Duffy mein vollstes Verständnis. Ich belohnte ihn hinterher sogar mit einem Leckerli. Die Katze hatte vorher mehrfach in den Strandkorb in unserem Garten gepinkelt, und alles, was Frau Runge dazu einfiel, war, da könne man leider nichts machen.

Jemand riss mich aus meinen Rachefantasien. Diese immer ein wenig aufgeregte Stimme kannte ich. Ich drehte mich um, hinter mir stand Frau Bergmann, unsere andere Nachbarin, die mit ihrem Gehstock auf meinen Container zeigte. »Wann verschwindet endlich dieser Dreck vor unserer Tür«, schimpfte sie. »Und überhaupt, dieses Gehämmer den ganzen Tag, das geht einem ja durch und durch.«

Es waren genau diese Auseinandersetzungen, vor denen mich Tobi damals gewarnt hatte, als wir hierher an den Stadtrand zogen. Tobi wohnt inzwischen in einer Art Penthouse mit Terrasse und ist stolz auf seinen Dachblick in Citylage. »In dieser Spießerwelt kann man auf Dauer nicht leben«, hatte er behauptet. Nun, sein Appartement ist zwar groß, hat aber eigentlich nur zwei Zimmer. In so etwas kann man keine Kinder großziehen. Und auf Dachterrassen kann man keine Hunde halten, wenn man denn unbedingt einen haben muss. Ich setzte meine Leidensmiene auf. »Ja, das ist wirklich furchtbar, wem sagen Sie das«, entgegnete ich Frau Bergmann, »aber wir sind bald fertig.« Dabei versuchte ich, so überzeugend wie möglich zu klingen. Tatsächlich fehlte mir der Glaube.

Zu Hause warf ich einen flüchtigen Blick ins Bad. Aber da war nichts mehr, nur aufgerissener Putz ringsum. Der Staub hing immer noch in der Luft, färbte das Sonnenlicht matt, das durch die kaputte Scheibe fiel. Die ging auch auf mein Konto. Wahrscheinlich hatte ich hier drinnen meine Lebenserwartung wieder um ein paar Jahre verkürzt. Gegenwärtig mussten wir uns mit dem winzigen Waschbecken im Gästeklo begnügen oder für die Körperpflege in die Küche gehen. Was ich ziemlich unwürdig fand. Schlimmer, denn dieser Zustand sollte noch eine Weile anhalten. Gerlachs Leute waren nicht wie versprochen erschienen, sondern vertrösteten uns für zwei weitere Tage. Inzwischen war es September und zum Glück immer noch recht warm. Aber wenn das so weiterlief, würden wir ohne Heizung in den Winter gehen.

Unsere Kinder hatten uns nicht zuletzt deshalb etwas eher als geplant verlassen. Florian war wie angekündigt in seine neue Wohnung gezogen, und Sophie schlief derzeit bei einer Freundin. Aber sie würde ohnehin demnächst nach Montana fliegen und uns in unserem Chaos zurücklassen. Eigentlich hatte ich mir die letzten Tage mit unserer Tochter ein wenig entspannter vorgestellt. Mein Gespräch mit Connie, das ich bis jetzt verdrängt hatte, kam mir wieder in den Sinn. Da war noch ein Satz gewesen, den ich fast vergessen hatte: »Als mein Jüngster aus dem Haus ging, da dachte ich, ich hätte meinen Lebenszweck verloren. Es gibt keinen Grund mehr, warum ich noch existiere.« Nun ja, dachte ich, Connie befindet sich in einer schweren Krise. Bei uns ist das ja etwas ganz anderes. Trotzdem beschäftigte mich der Gedanke, wir würden schon bald auch keine Kinder mehr im Haus haben, mehr, als ich wahrhaben wollte.

Als Florian damals von seinem Austauschjahr zurückkam, war er ein ganz anderer geworden. Nicht mehr der kleine Junge, den ich noch bei seiner Abreise gekannt hatte. Bei Sophie würde es wahrscheinlich so ähnlich sein, und wir nahmen gerade Abschied von ihrer Kindheit. Plötzlich stand meine Frau hinter mir. Sie hatte eine Schraubzwinge in der Hand, war immer noch damit beschäftigt, ihr Regal wieder zusammenzusetzen, das als Trümmerhaufen in Florians leerem Zimmer lag.

»Woran denkst du?«, fragte sie.

»An die Badewanne, die jetzt auf dem Bürgersteig vor unserer Tür steht. Ich fühl mich dreckig. Und an Sophie, die uns bald verlässt.«

Daniela nahm mich in den Arm, ließ mich aber gleich wieder los.

»Wird schon wieder«, sagte ich und ärgerte mich, dass mir nichts Besseres einfiel, »dauert halt nur länger.« Meine Frau richtete sich gerade auf und versprach, sie würde Gerlach Druck machen. Ich war mir nicht sicher, ob das eine gute Idee war, denn ich fürchtete, unser Klempner saß in der gegenwärtigen Lage am längeren Hebel. Ich verstand sie aber gut, der Zustand unseres Hauses deprimierte mich zutiefst. Es erinnerte mich irgendwie an meinen eigenen körperlichen Verfall, den ich mehr und mehr zu spüren glaubte. Ich war glücklich in diesem Haus. Jetzt fing ich an, es nicht mehr zu mögen.

Wir hatten beschlossen, auswärts duschen zu gehen. Blieb uns ja nichts anderes übrig. Meine Frau wollte zu ihren Eltern fahren. Ich lud mich bei Frank ein, der inzwischen eine Wohnung gefunden hatte. Verblüffend, wie schnell ihm das gelungen war. »Hat mich auch eine Menge Geld gekostet«, erklärte er am Telefon. Ich war gespannt. Auf dem Weg zu ihm fuhr ich allerdings noch in einem Drogeriemarkt vorbei. Eigentlich wollte ich ja ein Fachgeschäft aufsuchen, ich wusste nur nicht, welches. Ich kannte kein Friseurfachgeschäft, wusste nicht einmal, ob es so etwas gibt.

Ich betrat die Drogerie, stand dort ratlos vor dem Regal mit Haarfärbemitteln. Ich hätte doch meine Friseurin um Hilfe bitten sollen, nur war Chantal ja der Meinung, Grau steht mir. Aber ich hatte es satt, dauernd Anspielungen auf mein Alter ertragen zu müssen. Ich brauchte dringend eine Veränderung. Schließ-

lich bemerkte eine Verkäuferin meine Hilflosigkeit. Sie hatte dunkle Strähnen im blonden Haar, war sorgfältig geschminkt, schien sich mit der Materie also auszukennen. »Ja, also, ich möchte da ein wenig Grau raustreiben«, stotterte ich und zeigte unbestimmt nach oben. Sie lächelte und sagte, sie würde zu einer Koloration raten. »Koloration klingt so endgültig, kann man das nicht erst mal nur so tönen, um zu gucken, was geht«, sagte ich. Ich dachte an einen Kollegen, der aussah wie eine Karotte, als er aus dem Urlaub zurückkam, und schwor, nichts gemacht zu haben. »Eine Tönung hat nicht genug Pigment, das würde in Ihrem Fall wohl nicht decken.« Gut, dann also die Koloration.

Ich wählte einen ziemlich dunklen Ton, viel hilft ja bekanntlich viel, und hoffte, dass mich an der Kasse keiner erkennen würde. Dann machte ich mich auf den Weg zu Frank. Ich hatte vor, meine Neuerwerbung dort auszuprobieren und erst einmal nur ihn ins Vertrauen zu ziehen. Notgedrungen, eigentlich hätte ich am liebsten niemanden informiert und alle einfach nur mit dem Ergebnis konfrontiert. Der Zeitpunkt war geschickt gewählt. Da ich noch ein wenig Urlaub hatte, würde ich mich selbst an meinen neuen Auftritt gewöhnen können, bevor ich mich erstmals ins Büro wagte. Ich war ein wenig aufgeregt.

Franks neue Wohnstraße kannte ich nicht, zögerte deshalb, mein Fahrrad zu nehmen. Da es sich um ein ziemlich hochwertiges Bike handelte und ich nicht sicher sein konnte, ob ich das einfach zu ihm mit in die Wohnung nehmen durfte, entschied ich mich für Florians Klapproller. Den hatte er lange nicht benutzt, dafür bei seinem Auszug mein altes Rad mitgenommen, das ich normalerweise für solche Distanzen wählte. Florians Scooter war mittlerweile bestimmt fünf Jahre alt und ein wenig aus der Mode gekommen. Abgesehen von diesen E-Scootern, die sich neuerdings ausbreiten, sind heute ja eher Kickboards angesagt, die man entweder nur mit seinem Gewicht oder einer Art Joystick steuert. Weshalb ich ein wenig zögerte. Ich sah morgens immer einen Mann in meinem Alter mit so einem Ding zur S-Bahn fahren. Er hielt sich ganz offensichtlich für besonders cool. Wie sehr einem die Selbstwahrnehmung doch einen Streich spielen kann. Ich fand es extrem peinlich, wie er da auf diesem kleinen Ding mit den Winzrädern so daherrollerte. Vor allem wenn er in seinem Anzug auf dem Board stand. Aber ich war ja nicht er, vielleicht würde es bei mir cooler aussehen und mir jugendliche Frische verleihen.

Trotzdem legte ich mir den zusammengeklappten Roller erst einmal über die Schulter und entschloss mich, eine Querstraße weiter zu gehen, bevor ich loslegte. Ich wollte nicht, dass Siggi mich beobachten konnte. Er teilt eine schlechte Angewohnheit mit meiner Frau: Siggi neigt manchmal zum Sarkasmus. Das konnte ich jetzt nicht brauchen, weil ich mir nicht sicher war, wie dieses Abenteuer heute ausgehen würde. Wäre ja immerhin möglich, dass meine Selbstwahrnehmung mich ebenfalls trügt. Ich lief sogar ein wenig weiter als nötig und machte mich in einer ruhigen Seitenstraße daran, das Gerät auseinanderzufalten. Was gar nicht so leicht war. Den Roller hatte lange niemand mehr benutzt. Ich hätte das doch zu Hause mal üben sollen, dort hätte ich auch

Werkzeug gehabt. Ich verfluchte das Ding ein paarmal, brauchte eine Weile, bis es mir gelang, die Arretierung zu lösen und den Lenker auszuklappen. Endlich war ich startklar.

Im ersten Moment fühlte ich mich, als ob ich kurze Hosen tragen würde, und wollte schon wieder absteigen. Um jungdynamisch auszusehen, würde es vielleicht reichen, das Ding unter dem Arm zu tragen. Es gibt ja gute Gründe, warum man in den Straßen so wenig erwachsene Männer auf Rollern sieht. Aber ich kam außerordentlich schnell voran, erfreute mich an meiner Fitness, auch wenn mir immer noch der Finger wehtat. Ich hatte Mühe, ihn um den Lenker zu schließen, weshalb ich ihn einfach abspreizte. Sah wahrscheinlich merkwürdig aus. Egal, ich fand mich auch so ziemlich lässig, wie ich mit kräftigen Stößen den breiten, zum Glück leeren Bürgersteig runterfegte. Dann kam die Querstraße.

Ich schaute nach links und rechts, alles frei, wählte eine Stelle, an der der Bürgersteig abgesenkt war, und fuhr mit unvermittelter Geschwindigkeit weiter. Die Straße, die ich zu überqueren gedachte, war aus Beton gegossen, schmale Teernähte verbanden die Fahrbahnteile. Später vermutete ich, dass ich mit dem lächerlich kleinen Vorderrad wohl in genau so eine Teernaht geraten war – etwas Ähnliches war mir mal mit dem Fahrrad in einer Straßenbahnschiene passiert –, jedenfalls bremste der Roller vorn abrupt und hob hinten ab. Ich flog im hohen Bogen über den Lenker und krachte schwer auf die Straße. Mein erster Gedanke war, wenn jetzt ein Auto kommt! Es kam keines, sonst hätte das wohl mein vorzeitiges Ende bedeuten können. Die um sieben Jahre kürzere Lebenserwartung von Männern kam mir erneut in den Sinn und dass meine Frau wahrscheinlich nicht im Traum daran dachte, mit einem Roller durch die Stadt zu fahren. Dann drang der Schmerz in mein Bewusstsein. Meine drittliebste Hose war am Knie zerrissen, ich blutete. Ungläubig schaute ich auf die Stelle, ich konnte mich beim besten Willen nicht erinnern, wann ich mir das letzte Mal das Knie aufgeschlagen hatte. Es war sehr lange her, das Alter hat eben durchaus seine Vorzüge, da achtet man normalerweise mehr auf sich. Ich warf einen Blick in meine Tüte, die immer noch am Lenker hing. Meine Koloration schien den Sturz unbeschadet überstanden zu haben.

Eine alte Dame schickte sich an, mir aufzuhelfen.

»Lassen Sie nur.« Ich hatte auch meinen Stolz.

»Junger Mann«, sagte sie, »geht es Ihnen auch wirklich gut?« Ihre Stimme klang besorgt. Immerhin habe ich auf ältere Damen noch eine gewisse Wirkung, dachte ich. Sie hatte »junger Mann« gesagt, das ist schon mal was. Ich rappelte mich auf, bevor doch noch ein Auto kommen würde, und dachte ernsthaft daran, den Roller einfach hier stehen zu lassen. Weil er nicht mir gehörte, nahm ich ihn dann doch mit und humpelte Richtung S-Bahn.

»Wie siehst du denn aus?« Frank starrte auf mein Knie. »Bist du etwa überfallen worden?«

»Das nicht«, antwortete ich, »aber frag nicht weiter.«

Ich hinderte ihn daran, mir den zusammengeklappten Roller abzunehmen. Ansonsten hielt sich Frank an meine Bitte. Das ist es, was ich an ihm schätze. Er weiß

genau, wann seine Kommentare nicht erwünscht sind. Drinnen hängte ich meine Drogerietüte an einen Garderobenständer, weil ich nichts sah, wo ich sie sonst hätte lassen können. Auf den ersten Blick schien mir seine neue Wohnung sehr sparsam möbliert zu sein. Eine nackte Glühbirne beleuchtete den Flur.

»Komm weiter«, sagte er, »ich zeig dir erst einmal alles.« Er war ganz offensichtlich stolz auf sein Domizil, weshalb auch ich mir zunächst jeden weiteren Kommentar verkniff. Im Schlafzimmer lag eine Matratze auf dem Boden, eine kleine Lampe stand auf einer Umzugskiste daneben. Es gab überhaupt ziemlich viele Kisten, die er noch nicht ausgepackt hatte. An einer Stange hingen ein paar seiner Bürohemden, das war's. In dem Raum, den er als sein Wohnzimmer bezeichnete, standen ein großer Flatscreen – natürlich auch auf einer Kiste – und eine Biertischkombination mit zwei Bänken. Die Kombination kam mir bekannt vor, tatsächlich hatte sie vorher bei ihm im Garten gestanden.

»Nicht schlecht«, behauptete ich wider meine Überzeugung, selbst als Student war meine Erstausstattung ein wenig opulenter gewesen, »aber hast du nichts mit Lehne? Ich fühle mich ein wenig zerschlagen heute.«

Er schüttelte den Kopf. »Wir konnten uns noch nicht einigen, wer welche Möbel kriegt«, entschuldigte er sein karges Zimmer.

Immerhin schienen er und Connie miteinander geredet zu haben. Also setzte ich mich auf seine Bank, er ging in die Küche und kam mit zwei Bieren, einem Baguette und zwei Fertigsalaten in der Plastikschüssel wieder. Dazu drückte er mir ein Plastikbesteck in die

Hand. Verdammt, ich hatte versprochen, ein Brathähnchen mitzubringen. »Macht nichts«, versicherte er, »ich bin immer noch auf Diät.«

»Schöne Wohnung«, sagte ich, um ihn ein wenig aufzumuntern, »aber was ist mit eurem Haus?«

Er erzählte, dass auch Connie sich eine Wohnung gesucht hatte, offenbar war es ihnen sehr ernst mit der Trennung. Jedenfalls könne er sich das alles auf Dauer nicht leisten, ihre Wohnung, seine Wohnung, das Haus war ja auch noch nicht abbezahlt. Das klang alles nicht gut, fand ich, und musste wieder an Jörg denken, den Mann in meinem Alter, der in der S-Bahn das Obdachlosenmagazin verkauft hatte. Wie lange würde ich so eine Dreifachbelastung aushalten? Und was würden wir, wären wir an Franks und Connies Stelle, wohl für unser Haus bekommen? Im Moment wahrscheinlich eher nicht so viel, dachte ich, jedenfalls nicht, solange wir keine Heizung hatten und das Bad an eine schmucklose Grotte erinnerte. Auch zu seinen Söhnen sei das Verhältnis nicht so besonders. Er hatte sie beide zu einem Stadionbesuch eingeladen, aber sie erklärten ihm, dass sie mit ihm nicht einmal im selben Block sitzen wollen würden, geschweige denn neben ihm. Das war bitter.

»Ach, das wird schon wieder«, sagte er mit dem ihm eigenen Optimismus. Micha, der ja ebenfalls geschieden war, habe ihm versichert, dass am Anfang der Schmerz über den Verlust natürlich riesig sei. Und obwohl er und seine Ex sich über wirklich alles gestritten hätten, heute könnten sie wieder ganz normal miteinander umgehen. Ich verkniff mir die Frage, wie lange das denn gedauert

hätte, immerhin war Michas Scheidung schon ein paar Jahre her, und bis heute würden er und seine Neue nicht überallhin eingeladen. Jedenfalls nicht gemeinsam.

Auch seine finanzielle Lage sah Frank lange nicht so dramatisch wie ich, weil er fest damit rechnete, einen sehr guten Preis für das Haus zu bekommen. Genug, damit sie beide, Connie und er, ein neues Leben beginnen konnten. Soweit er das verstanden hätte, würde sie da auch schon Pläne entwickeln. Ich versuchte, mir vorzustellen, was das denn für Pläne sein sollten. Zuallererst müsste sie doch mal einen Job finden, was in ihrem Alter – jetzt fing ich auch schon an, auf der Altersfrage rumzuhacken – sicher nicht einfach werden würde, ich wollte Frank aber seinen Optimismus nicht nehmen. Der war gerade dermaßen in Fahrt, entwarf vor meinen Ohren sein neues Leben. Mit Karen würde er erst einmal eine Fernbeziehung führen, seine Freiheit gleich wieder aufgeben, das wolle er nicht, dazu fühle er sich zu gut. Endlich sei er den ganzen Ballast los, behauptete er.

Ich traute meinen Ohren nicht. Frank fühlte sich gut? Ja, sagte er, zehn Jahre jünger, mindestens. Und dann erzählte er mir von seinem neuesten Abenteuer, das er plane. »Du weißt«, sagte er, »Adrenalin, man ist nur einmal jung. Und wenn man die Chance hat, noch einmal jung zu werden, so wie ich gerade, dann muss man sie ergreifen.«

Um Himmels willen, dachte ich, nicht noch einen Fallschirmsprung. Ich war froh, dass ich den letzten schadlos überlebt hatte, fand aber, um damit Eindruck zu schinden, reichte dieses eine Experiment vollkommen aus.

»Du bist fit«, Frank war nicht zu bremsen, »ich meine, wen soll ich sonst fragen, Tobi mit seiner Plauze etwa? Oder Micha mit seinen ständigen Wehwehchen, der hält doch gar nicht durch, was ich vorhabe. Aber du!«

Ich bekam es mit der Angst zu tun. Was hatte Frank denn jetzt schon wieder für eine Idee? »Einen Tauchkurs?«, riet ich aufs Geratewohl. »Weißt du, das wäre gar nichts für mich, ich habe seit meiner Jugend Probleme mit dem Mittelohr.«

Frank zog die Augenbrauen hoch. »Tauchkurs, auch nicht schlecht, aber nein, ich denke an etwas ganz anderes.« Er grinste.

»Skifahren ist auch nicht so meins«, warnte ich ihn.

Er verlängerte seine dramatische Pause noch ein wenig, ebenso das typische Frank-Grinsen, bei dem er immer den Kopf mit einer Halbdrehung zurückwarf. »Ich denke an etwas, das uns an unsere Grenzen führt, so eine richtige Adrenalinbombe.« Frank machte mir noch mehr Angst. »Ich möchte an einem Triathlon teilnehmen, und du sollst mich begleiten.«

Für einen Moment war ich sprachlos. Was war das denn nun wieder? Obwohl, ich dachte nach, Triathlon bestand meines Wissens aus Radfahren, Schwimmen und Laufen, nichts, wobei man abstürzen konnte, nichts, wofür man eine neue Skiausrüstung bräuchte, nichts wirklich Gefährliches. Außerdem konnte man ja aufgeben, wenn man der Meinung war, nicht durchzuhalten. Wäre zwar schwach, aber nicht bedrohlich. Und man konnte es ja so arrangieren, dass es außer Frank niemand sehen würde.

»Meinst du denn, wir sind dafür fit genug?«, fragte

ich verzagter als gewollt. Immerhin hatte ich gerade erst ziemliche Schwierigkeiten gehabt, eine Waschmaschine anzuheben.

»Logisch«, antwortete Frank unerwartet laut.

Ich muss sagen, es schmeichelte mir, dass er solch ein Vertrauen in meine Konstitution setzte. »Und du glaubst, deine Hungerei hat dir nicht geschadet?«, wollte ich wissen. Ich fand nämlich, er sah ein wenig eingefallen im Gesicht aus.

»Ach was«, behauptete er, »ich habe endlich mein Kampfgewicht wieder, ich bin fit wie nie.«

Instinktiv umfasste ich meinen schmerzenden Mittelfinger. Den würde ich für keine der drei Disziplinen brauchen. »Schön«, sagte ich endlich, »ich kann es mir ja mal überlegen.« Genau dasselbe hatte ich damals gesagt, als Sophie sich einen Hund wünschte. Das Ergebnis ist bekannt. »Aber jetzt würde ich gerne mal dein Bad benutzen, ich habe dir doch erzählt, dass bei uns da gerade einiges im Argen liegt.«

»Kein Problem«, sagte er. Auch ich fühlte mich jetzt wie damals als Student in meiner ersten Wohnung, die noch kein richtiges Bad hatte. Seinerzeit war ich auch immer mit einem Handtuch bei Freunden und Bekannten eingefallen. Nun, dieses Mal hatte ich etwas mehr mitgebracht. Ich schaute nach meiner Drogerietüte, die immer noch am Eingang hing. »Kann aber ein bisschen dauern«, warnte ich ihn.

»Lass dir Zeit«, sagte Frank. Der Gute.

Ich schloss mich ins Badezimmer ein und musterte den Inhalt meiner Tüte. Schnell stellte ich fest, dass ich nicht optimal vorbereitet war und die Gebrauchsanweisung vorher hätte lesen sollen. Es wurde empfohlen, einen Kittel oder Umhang zu benutzen. Jetzt blieb mir nichts anderes übrig, als mein T-Shirt anzubehalten, um keine Oberkörperfärbung zu riskieren. Das fing ja gut an. Außerdem sollte man den Haaransatz mit Vaseline vor der Farbe schützen. Anscheinend ging sie von der Haut schwer wieder ab. Ich sah mich nach Vaseline um, in seinem Badezimmerschrank fand ich keine, dafür mehrere Packungen Präservative. Frank schien seine neue Freiheit zu nutzen. Ich war kurz davor, das Experiment abzubrechen. Riss mich aber zusammen und griff zu einer Dose Handcreme, die auf dem Fensterbrett lag. Das musste reichen. Ich machte mich an die Arbeit. Die Farbe wurde zu einer Paste angerührt und mit dem Pinsel aufgetragen. Es war eine Riesensauerei, obwohl ich mich in die Badewanne stellte. Auch dauerte das Auftragen viel länger, als ich erwartet hatte. Anschließend sollte man sich eine Haube aufsetzen und dreißig Minuten warten. Ich schwitzte, wurde immer nervöser und vertrieb mir die Wartezeit damit, die überschüssige Farbe, die sich überall in Franks Bad verteilt hatte, wieder zu beseitigen. Was nicht so einfach war. Das T-Shirt konnte ich wohl vergessen. Außerdem hatten meine Unterarme auch einiges abgekriegt, ich rubbelte darauf rum, die Farbe hielt bemerkenswert gut, na ja, das war ja auch die Absicht.

»Alles okay da drinnen?«, meldete sich Frank durch die Tür. »Brauchst du Hilfe?«

»Nee, lass mal, das muss ich alleine durchstehen.« Natürlich war mir bewusst, dass das eigenartig klingen musste und Frank sich mit Sicherheit fragte, was ich hier

177

drinnen veranstaltete. Egal, es würde sich gleich aufklären. Ich wartete dann vorsichtshalber noch ein bisschen länger, was, wie ich später erfuhr, nie so eine besonders gute Idee ist, lüftete schließlich meine Haube, wusch mir das klebrige Zeug aus den Haaren – und stutzte. Die Farbwirkung war ungeheuer, ich hatte den Mann, der mir da mit finsterer Miene entgegenstarrte, noch nie gesehen. Ich verzog den Mund, kein Zweifel, das war ich. Ich schaute auf die Packung, auf der mich ein dunkelhaariger Surftyp anlächelte, nicht ganz so dunkel wie das, was ich jetzt auf dem Kopf trug. Ich versuchte, so zu lächeln wie der Typ, schon besser, dachte ich, bis ich die Farbflecken an der Halsseite entdeckte. Was war das? Ich bekam sie auch durch Reiben nicht weg. Offenbar hatte die Schutzschicht aus Franks Handcreme versagt. War wohl nicht dasselbe wie die empfohlene Vaseline. Außerdem hätte ich mir einen zweiten Spiegel mitbringen sollen, mit dem man sich auch von hinten betrachten kann. Jedenfalls zogen sich die Farbflecke wie ein Kranz um meinen gesamten Nacken. Die mussten unbedingt da weg, denn es war immer noch zu warm, um sich von nun an ausschließlich im Rollkragenpullover in der Öffentlichkeit zu zeigen. Ich zog vorsichtig das T-Shirt aus und stopfte es in die Drogerietüte. Anschließend duschte ich mich, was die Sache nicht besser machte. Ich brauchte Hilfe.

»Sage mal, du musst es aber nötig gehabt haben, nicht einmal Connie hat jemals so lange das Bad besetzt wie du gerade«, begrüßte mich Frank, als ich endlich die Tür öffnete. »Ich muss nämlich seit geraumer Zeit...« Franks Satz blieb in der Luft hängen. Ich denke mal, er wollte sagen »aufs Klo«. Stattdessen stammelte er: »Was ist denn mit dir passiert?«

»Ein neuer Look«, erklärte ich, »aber du musst mir jetzt helfen.« Im Internet lasen wir dann, dass man überschüssiges Haarpflegemittel mit Backpulver oder Vaseline entfernen könne. Hatten wir beides nicht. Zahnpasta ging auch, die hatten wir. Frank zerschnitt einen Topfkratzer, scheuerte mit der einen Hälfte meinen Rücken, während ich mit der anderen Hälfte seinen Badewannenrand bearbeitete.

»Den Vorleger da unten kaufe ich dir neu.« Auf dem Ding musste ich wohl kurz mein T-Shirt abgelegt haben.

»Schon in Ordnung«, sagte Frank und grinste wieder. Manchmal konnte es auch zu viel werden. »Ich wäre ja gerne dabei, wenn Dani dich das erste Mal sieht.«

Ich war heilfroh, dass das nicht der Fall sein würde, fürchtete mich schon ein wenig vor diesem Moment. Ich schaute noch einmal in den Spiegel und musste einräumen, dass ich mir immer noch ziemlich fremd war.

In diesem Moment klingelte mein Telefon, meine Frau war dran: »Ich habe es mir überlegt«, sagte sie, »ich gehe morgen zu meinen Eltern, heute passt es ihnen nicht so gut, bleibe dann auch gleich zum Essen. Was ist mit dir, wann kommst du?«

Heute nicht mehr, hätte ich am liebsten gesagt, ich bleibe bei Frank, bis ich wieder aussehe wie früher. Leider würde die Farbe sechs Wochen halten, stand auf der Packung, ungefähr dann wäre sie rausgewachsen. Ich hoffte, mich sehr viel schneller an meinen neuen Look zu gewöhnen, trotzdem graute mir vor dem Moment, wenn ich so zur Arbeit gehen musste. Aber ich konnte

Frank schlecht bitten, die nächsten sechs Wochen in seiner Wohnung verbringen zu dürfen, und keinen Fuß mehr vor die Tür setzen. »Ich bleibe noch einen Moment bei Frank«, sagte ich stattdessen, »wir haben noch etwas zu besprechen.«

Wir setzten uns an seinen Biertisch und schmiedeten Pläne. »Triathlon ist doch mit Schwimmen«, sagte ich, »Schwimmen ist gut, hat Harald behauptet.« Harald ist auch Franks Arzt. Frank nickte, starrte dabei aber weiter unverwandt auf mein Haar.

»Entschuldige«, sagte er, »ich bin ein wenig abgelenkt«, und starrte weiter.

»Triathlon«, sagte ich und knipste mit meiner gesunden Hand vor seinen Augen rum, »stehen wir das überhaupt durch?«

Er fing sich. »Klar, das geht ja nicht über die volle Distanz wie ein echter Triathlon, das schaffen wir leicht.« Frank erklärte mir, dass er an einem Triathlon mit olympischer Distanz teilnehmen wollte: anderthalb Kilometer Schwimmen, vierzig Kilometer Radfahren, zehn Kilometer Laufen. Es gebe aber auch die Option, über die jeweils halbe Distanz zum Volkstriathlon anzutreten, käme darauf an, in welcher Kategorie wir starten wollten.

Okay, dachte ich, das schien mir machbar. Solange ich nicht wieder aus einem Flugzeug springen musste. Da war ich nicht sicher, ob ich das wiederholen wollte. Einmal reicht für den guten Ruf. »Dann lass uns unser nächstes Projekt in Angriff nehmen.« Ich war fest entschlossen, ein neuer Mensch zu werden. Vorher aber musste ich mich zu Hause zeigen.

9
»Papa! Was machst du denn hier?«

Der Rasierspiegel fiel in die Küchenspüle. Ich hasse es, mich in der Küche zu waschen. Vor allem wenn noch Abwasch in der Spüle steht. Wenn bloß endlich die Bauarbeiten weitergehen würden und dieser Albtraum ein Ende hätte. Angeblich sollten die Arbeiter morgen kommen. Wenigstens dieses Versprechen hatte meine Frau bei Herrn Gerlach rausschinden können. Egal, ob es sich um unseren Klempner handelte oder um Wolle, den Automechaniker, wenn Daniela die Ruhe bewahrt, ist sie bei Verhandlungen mit Männern im mittleren Alter einfach die Geeignetere von uns beiden. Was wahrscheinlich daran liegt, dass sie nicht so schnell als Konkurrentin im ewigen Spiel, wer behält die Oberhand, gesehen wird.

Zum Glück war der Spiegel nicht kaputtgegangen. Ich wischte ihn wieder sauber und überprüfte meine neue Frisur. Wie Jogi Löw, nur schwärzer. Nicht wirklich gelungen. Na ja, tröstete ich mich, der Spiegel war

klein, verzerrte ein wenig, und das Licht war auch nicht besonders. Aber ich fand, meine Haare sahen irgendwie stumpf aus. Hoffentlich verwächst sich das noch. Sie waren auch viel dunkler als auf meinem Facebook-Bild. Und ob ich damit wirklich jünger aussehe?

Nun, ich würde es gleich erfahren, wenn der erste Realitätstest anstand. Gestern Abend hatte ich es geschickt vermieden, meiner Frau über den Weg zu laufen, war ein wenig später nach Hause gekommen, in der Annahme, Daniela würde dann schon schlafen. So war es auch. Jedenfalls, bis ich kam. Oder sie tat nur so, weil sie erstaunlich schnell aufwachte.

Ich hatte extra kein Licht gemacht. Wenn ich etwas blind finde, dann mein Bett. Dachte ich. Bei dem Versuch, mich seitwärts lautlos einzufädeln, blieb ich allerdings mit dem kleinen Zeh am Bettpfosten hängen. Im ersten Moment dachte ich, ich hätte ihn mir abgerissen. Der Schmerz war ungeheuer. Ich war froh, dass ich in der Dunkelheit nicht sehen konnte, was mit meinem Zeh los war, wollte es gar nicht so genau wissen. Ich unterdrückte auch das Verlangen, um Hilfe zu rufen. Das hatte ich gleich zu Beginn unserer Ehe in unserer ersten gemeinsamen Wohnung einmal getan, als ich mir den Zeh an einer scharfkantigen Ecke der Badewannenumrandung aufgeschlitzt hatte. Während das Blut nur so sprudelte, rief ich also: »Hilfe, ich brauche ein Handtuch.« Ein Verbandskasten wäre korrekter gewesen, fiel mir in meiner Not aber nicht ein. Daniela kam tatsächlich mit einem Handtuch angerannt, sah meinen blutenden Zeh, stieß hervor: »Nein, nicht das weiße«, und drehte, kurz bevor sie mich erreicht hatte, wieder um.

Mit dem Handtuch. Die Tatsache, dass ihr ein weißes Handtuch wichtiger war als das Bedürfnis, mich zu verbinden, ist immer mal wieder Thema bei uns.

Aber das hier war nicht der richtige Zeitpunkt für alte Anekdoten. Ich gestattete mir stattdessen nur einen gedämpften Fluch, biss auf die Zähne, und während ich mit dem Schmerz kämpfte, malte ich mit der freien Hand große Kreise in die Luft. Dabei muss ich den Radiowecker von dem kleinen Rollcontainer neben meinem Bett gerissen haben. Er verschwand im Dunkel, keine Ahnung, wo er landete, in irgendeiner Spalte zwischen Bett und Rollcontainer halt. Nicht einmal das Display war mehr zu sehen. Was blöd war, es hatte wenigstens ein bisschen Licht gespendet.

»Was tust du da?«, hörte ich Daniela aus der Dunkelheit murmeln. Es klang ein wenig verkniffen, als ob auch sie gerade die Zähne zusammenbiss. »Du kannst ruhig das Licht einschalten, bevor du hier alles kaputt machst.« Ihre Stimme war deutlich lauter geworden.

Licht! Genau das wollte ich unbedingt verhindern. »Nein, nein, nicht nötig«, gelang es mir, sie zu beschwichtigen. Trotz der Finsternis legte ich noch ohne weiteres Aufsehen ein Handtuch über mein Kopfkissen. Sie bemerkte es nicht. Gut so, bestimmt hätte sie mich sonst gefragt, warum ich das tue. Nun, ich war mir nicht sicher, ob meine Haare abfärben würden. Mir fiel das weiße Handtuch wieder ein, mit dem ich damals meinen blutenden Zeh nicht verbinden durfte. Eine Diskussion über versaute Bettwäsche hätte die Wirkung meiner neuen Frisur ganz bestimmt beeinträchtigt.

Am Morgen stand ich extra ein wenig früher auf, um

die Küche für mich allein zu haben und mich erst einmal in Form zu bringen. Außerdem mag ich es nicht, wenn meine Frau schon frühstückt, während ich mich neben ihr waschen will. So wie wir es auch vermeiden, uns gegenseitig bei der Morgentoilette im Bad zu besuchen. Ich finde, Paare müssen sich nicht unbedingt in jeder Lebenssituation sehen, schon gar nicht in den unvorteilhaften Momenten. So etwas kann die Liebe ganz schnell erlahmen lassen. Zu meiner Freude sah mein Zeh ganz okay aus. Er hatte nicht einmal geblutet. Vorsichtig bog ich ihn hin und her, gebrochen schien er auch nicht zu sein.

Ich hörte, wie die Haustür aufging. Verdammt, dachte ich, der Klempner. Aber der konnte es nicht sein, beruhigte ich mich gleich wieder, der hätte klingeln müssen. Es musste Sophie sein, die nach Hause kam. Sie hatte die letzten Tage bei einer Freundin verbracht, konnte ich ihr nicht verdenken. War ja auch nicht abzusehen, dass sich die Arbeiten derart in die Länge zogen. »Drei Tage«, hatte Herr Gerlach getönt, »höchstens vier«, dann wäre sein Teil getan. Jetzt bat er um Verständnis, dass er noch größere Baustellen betreute als unsere. Was sollte ich machen, ich durfte es mir mit ihm nicht verderben. Man stelle sich vor, er käme gar nicht mehr. Furchtbar. Jedenfalls hatte Sophie geklagt, sie könne sich unmöglich konzentrieren, während ich mit Hammer und Meißel auf die Wände eindrosch. Sie wollte sich nicht noch ihren Traum von Amerika kaputt machen, indem sie die letzten Klausuren in den Sand setzte. Abgesehen von der Tatsache, dass wir kein Badezimmer mehr hatten. Ich zog mich rasch fertig an, setzte mich an den Küchentisch, bemühte mich, ganz normal auszusehen.

»Hier bin ich«, flötete ich.

»Hallo Papa«, sagte sie, trat in die Küche, kam für den üblichen Begrüßungskuss auf mich zu und blieb abrupt stehen. Ich glaube, sie schrie sogar kurz auf, bin mir aber nicht sicher. Auf jeden Fall ließ sie ihre Tasche los und riss die Hand vor den Mund.

»Du hast deine Tasche fallen lassen«, sagte ich so ruhig wie möglich.

»Papa«, kurze Pause, »wie siehst du denn aus? Ich hab dich gar nicht erkannt.«

»Wie vor zehn Jahren«, gab ich zurück, »erinnerst du dich nicht? So sehe ich doch auch auf Facebook aus.«

Sie kam näher. »Ist das peinlich!«, stieß sie hervor.

»Was, dass ich bei Facebook bin?«, gab ich mich so unbedarft wie möglich.

»Auch.«

Tatsächlich war mir schon aufgefallen, dass sie dort so gut wie gar nicht mehr auftauchte, hatte das darauf zurückgeführt, dass ihr Facebook nicht vertraulich genug war. Nicht wegen mangelhaften Datenschutzes, sondern weil sie wusste, dass ihre Eltern dort unterwegs sind. Zu gern hätte ich gewusst, ob sie uns von manchen Inhalten ausschließt, traute mich aber nicht, sie das zu fragen.

»Du siehst aus, als ob du eine Mütze trägst. Mützen sind auch uncool. Jedenfalls solche.«

Das fand ich jetzt unfair von ihr. »Sind graue Haare besser?«, erwiderte ich ein wenig spitz. »Schau mal, du verlässt uns, deine alten Eltern, aber für uns ist das

Leben doch nicht vorbei. Ich muss nicht aussehen wie mein eigener Vater.« Mir fiel ein, dass mein Vater gar keine grauen Haare hatte. Ob er sie sich gefärbt hat? Ich musste bei Gelegenheit mal meine Mutter fragen.

Jetzt aber war es Zeit, an mich zu denken. Daran, wie das wohl würde, ohne Kinder im Haus. Die letzten zwanzig Jahre war es doch immer um sie gegangen. Früher war ich ein Langschläfer, habe manche Nacht durchgemacht. Wir waren spontan, meine Frau und ich. Einmal sind wir abends einfach immer geradeaus gefahren, bis an die Ostsee, ohne jeden Plan. Wir haben dort die Nacht verbracht, als wären wir auf der Flucht, das war ein Abenteuer – obwohl die Fahrt sich ganz schön hinzog, wenn man ehrlich ist. Egal, als wir noch keine Kinder hatten, ging so etwas.

Danach geriet jede kleine Spritztour zu einem Umzug. Und als wir dann zu viert waren, mussten wir uns extra für den Strandurlaub eine kleine Karre kaufen, die ich hinter uns hergezogen habe, weil wir so viel Zeug dabeihatten. Aber als wir uns wirklich mal Babysitter für beide organisiert hatten, als unsere Eltern je ein Kind zu sich nahmen und wir uns einen Abend wie früher machen wollten, richtig mit um die Häuser ziehen, was ist da passiert? Nichts. Wir sind einfach zu Hause geblieben. Wir hatten es verlernt, uns zu amüsieren wie früher. Davor hatte ich jetzt Angst. Vor der großen Leere. In der wir am Ende nichts mehr miteinander würden anfangen können. Meine eigenen Eltern haben sich getrennt, lange bevor es dazu kam. Aus eigener Anschauung wusste ich jedenfalls nicht, wie das werden sollte, zwei Eltern allein zu Haus.

»Wie siehst du denn aus?« Inzwischen war meine Frau in die Küche gekommen. Du liebe Zeit, dachte ich, was wird das hier? Ein Tribunal? »Geht das wieder weg?«, fragte sie und fasste auf mein Haar, so vorsichtig, als würde das jetzt abfärben.

»Ist eine Koloration«, erklärte ich und merkte, dass ich klang wie in der Fernsehwerbung. »Das bleibt so. Ich dachte, du würdest gern den Mann wiederhaben, den du mal geheiratet hast.«

Sie fing an zu lachen. »Weiß ich gar nicht. Möchtest du denn, dass ich mir wieder dieselbe Frisur machen lasse wie damals?« Bei unserer Hochzeit hatte sie ihre Mähne zu lauter seltsamen Locken gekreppt. Ich dagegen trug eine Art Topfschnitt mit Mittelscheitel, muss man beides heute nicht mehr haben. »Spatzl«, sagte sie, so hatte sie mich lange nicht genannt, »was ist nur los mit dir. Und was machen wir mit deinen Haaren?«

Wieso wir? Sind doch meine Haare. Ich merkte, wie ich bockig wurde. Es war meine freie Entscheidung gewesen, mal etwas Neues auszuprobieren. Und wir müssen doch nicht immer alles genauso machen wie der andere. Ich bin auch ein großer Gegner des Partnerlooks. Den sieht man oft bei Paaren, die schon sehr lange zusammen sind. Wie hatte Karl Lagerfeld so treffend formuliert: »Wer eine Jogginghose trägt, hat die Kontrolle über sein Leben verloren.« Da ist etwas dran, aber wer sich so kleidet wie seine Frau, der hat auch keine Kontrolle mehr über sein Leben.

Jogginghose, das war das Stichwort. Mir fiel mein Triathlon-Versprechen wieder ein, das ich Frank gegeben hatte. Der erste Triathlon, der in Frage kam, sollte

schon in vierzehn Tagen sein. Was natürlich sehr ambitioniert war, denn unsere Vorbereitung konnte man getrost als lückenhaft beschreiben. Aber egal, es würde ja nicht über die ganz große Distanz gehen. Trotzdem war damit zu rechnen, dass das Wasser ziemlich kalt sein dürfte, weil das Schwimmen im Freiwasser ausgetragen werden sollte.

»Wo ist eigentlich mein alter Neoprenanzug?«, fragte ich. Daniela war ein wenig überrascht über meinen plötzlichen Themenwechsel und sagte, was sie in solchen Situationen immer sagt: »Im Keller, wo sonst.« Ich mag diese Antwort nicht. Dafür höre ich sie zu oft. »Im Keller« ist doch ein sehr allgemeiner Begriff, immerhin haben wir dort unten drei Räume, die in Frage kommen, alle ziemlich voll. Aber es hatte keinen Sinn, das weiter zu diskutieren, weil »im Keller« auch bedeutet, sie weiß es genauso wenig wie ich. Also machte ich mich allein auf die Suche.

Im Keller werde ich immer schnell melancholisch. Weil wir uns so schwer von alten Dingen trennen können. Ich kenne Leute, die sind da ganz pragmatisch. Was sie ein Jahr nicht in der Hand hatten, schmeißen sie weg. Nicht so wir. Hier unten liegt unser Leben. Natürlich hatten wir das eine oder andere schon auf Babybasaren vertickt, aber meistens scheitert das große Geschäft daran, dass ich im letzten Moment entscheide, das können wir nicht weggeben. Ich nahm mir vor, Frank zu fragen, wie er sich das gedacht hat. Wenn er und Connie wirklich ihr Haus verkaufen, dann ist das alles doch unwiederbringlich verloren. Bei uns ist alles noch da. Die Babywippe können wir längst nicht mehr brauchen, ebenso wenig wie den Sterilisator, unsere Familienplanung ist abgeschlossen. Ich fand die Kiste mit den Bauklötzchen. Wo war eigentlich das Video von dem gewaltigen Schloss, das ich einmal unter Verwendung all unserer Klötzchen errichtet hatte? Ich hätte es gerne mal wieder gesehen, ich wusste nur nicht, auf welcher Festplatte es schlummert, wir haben einfach zu viele davon. Ich nahm Winnie the Pooh in der beißfesten Hartpappeausführung in die Hand, legte es wieder weg und zog das Mobile auf, das einmal über Sophies Gitterbett gehangen hatte. Sofort erklang »Schlaf, Kindchen, schlaf«. Ich war gerührt und gleichzeitig traurig über mein eigenes Schicksal. Außer meiner alten Modellautobahn war von meinen eigenen Kindheitsschätzen wenig geblieben. Leider, die Donald-Duck-Hefte von Carl Barks wären heute vielleicht einiges wert, wenn meine Mutter die nicht ebenso entsorgt hätte wie meinen Aston Martin aus Zinkspritzguss mit der James-Bond-Figur und dem eingebauten Schleudersitz. Wo mochte der nur geblieben sein? Ich nahm mir vor, meine Mutter demnächst mal zu fragen.

Für einen Moment hatte ich vergessen, warum ich hier unten war. So etwas macht mir ganz schlechte Laune. Kann es eigentlich sein, dass man mit nicht einmal Mitte fünfzig schon erste Anzeichen von Demenz spürt? Bevor ich mir richtig Sorgen machte, fiel es mir zum Glück wieder ein. Der Neoprenanzug, natürlich, der musste hier irgendwo liegen. Wahrscheinlich dort, wo meine alten Sportsachen auch sind. Kurz darauf fand ich ihn in der Kiste mit den alten Fußballklamotten. Hatte ich lange nicht getragen. Ich bemerkte, dass von meinem linken Fußballschuh ein Schraubstollen abgebrochen

war, das Gewinde steckte noch in der Sohle. Der Schuh war eigentlich unbrauchbar, und den Verein, dessen Trikot ich hier aufbewahrte, gab es wahrscheinlich längst nicht mehr. Ich betrachtete die roten Flecken auf dem Hemd, die stammten von den Ascheplätzen, auf denen wir früher gespielt hatten. So etwas darf man natürlich nicht wegwerfen. Ich überlegte, ob ich das Trikot mit nach oben nehmen sollte, um es Sophie zu zeigen. Einem Reflex folgend schnüffelte ich daran. Es roch dumpf und säuerlich. Schnell stopfte ich es zurück in die Kiste, zusammen mit den Schuhen. Dabei entdeckte ich den Neoprenanzug. Ich rieb das Material zwischen den Fingern, er war dicker, als ich ihn in Erinnerung hatte. Aber er sah gut aus. Ich stellte mir vor, wie ich in diesem körperengen Ding auf einem Treppchen stand, dabei einen Pokal in die Höhe stemmte. Die bewundernden Blicke des Publikums ruhten auf meiner Gestalt, so ein Anzug verbirgt ja keinen Mangel. Einwandfrei, gut, dass ich mich so wenig verändert hatte. Allerdings war das Ding ursprünglich nicht für einen Triathlon gedacht, ich hatte es beim Windsurfen getragen. Ich überlegte, ob ich mit diesem Anzug Schwierigkeiten in einem Wettkampf kriegen würde, weil er womöglich dafür nicht zugelassen war. Aber Frank hatte ja von einem Volkstriathlon gesprochen, da würde das sicher nicht so genau genommen.

»Was willst du denn mit dem alten Gummianzug, passt du da überhaupt noch rein?«, fragte meine Frau. Ich verzog das Gesicht. Gummi! »Das ist Hightech, war schweineteuer«, gab ich zurück, »und ja, natürlich, warum sollte ich nicht da reinpassen?« Hier wurde viel zu viel an mir herumgemäkelt.

Sophie befühlte einen herabhängenden Ärmel. »Darin hab ich dich ja noch nie gesehen«, sagte sie, »wo hast du denn den her?« Noch nie? Seltsam, das konnte doch nicht so lange her sein, dass ich den Anzug getragen hatte. Tatsächlich waren wir nie zusammen windsurfen gewesen. Ich erinnerte mich lediglich an eine gemeinsame Paddeltour, bei der ich besser einen Neoprenanzug hätte tragen sollen, weil ich gleich zweimal vor ihren Augen kenterte. Ich entschloss mich, das Thema Wassersport nicht weiter zu vertiefen, und erzählte stattdessen von unserem Vorhaben. Frank und ich würden beweisen, wir wären noch ganz die Alten.

»Das fürchte ich allerdings auch, dass ihr die Alten seid«, bemerkte meine Frau.

»Ich mag es nicht, wenn du so sarkastisch bist«, antwortete ich. Sie versicherte, dass sie auch gar nicht sarkastisch sein wollte, sich vielmehr Sorgen mache, ob ich das auch durchstehen würde. Und ob ich nicht vorher lieber noch mal mit Harald reden sollte, unserem Hausarzt.

»Hallo«, sagte ich – wenn ich »Hallo« sage, das findet nun wiederum sie ganz schlimm –, »ich bin doch nicht gebrechlich.« Unsere Tochter verdrehte wieder mal die Augen. »Das wird mir zu blöd hier, ich geh nach oben.« Während ich meinem kleinen Mädchen hinterherschaute und mich darüber ärgerte, dass mir die Situation so entglitten war, hörte ich die Stimme meiner Frau: »Hab ich dir eigentlich erzählt, dass ich mich mit Connie getroffen habe?« Nein, hatte sie nicht. Ich dachte an meine eigene Begegnung mit ihr, von der ich eigentlich auch noch berichten wollte. Aber ich war neugierig, was Daniela zu erzählen hatte.

Wie zu erwarten sei Connie immer noch sehr traurig gewesen, auch weil Frank jeden Weg zurück ausgeschlossen habe. »Über zwanzig Jahre«, sagte Daniela, »wirft der einfach so weg, ich verstehe meinen Bruder nicht.« Nun, dazu hätte ich vielleicht etwas beisteuern können, unterließ es aber, denn so ganz sicher war ich mir auch nicht, was mit Frank los war. Weshalb ich mich erneut mit der banalen Feststellung begnügte: »Da gehören immer zwei dazu.« Und fügte noch hinzu, man dürfe sich seiner Beziehung nie zu sicher sein. Denn mit Bequemlichkeit habe bei den beiden doch alles angefangen. Daniela ging nicht weiter darauf ein, erzählte stattdessen die überraschenden Neuigkeiten: »Wenn die beiden ihr Haus verkauft haben, will Connie weg.«

»Wie, weg?«, fragte ich. Davon hatte sie mir nichts gesagt.

Tatsächlich war es wohl so, dass die Kinder sie ja nicht mehr so dringend brauchen würden und sie überhaupt keine Lust habe, über ihr vergangenes Leben nachzudenken. Sie wolle etwas Neues wagen.

»Aus dem Flugzeug springen«, entfuhr es mir. Ich dachte natürlich an Frank und seinen plötzlichen Wunsch nach mehr Adrenalin. »Oder«, fiel mir dann ein, »hat sie schon einen Neuen?«

Daniela schüttelte den Kopf. »Nein, das sind alles Dinge, die überlässt sie Frank. Stattdessen will sie richtig weg für eine Weile.« Wenn die beiden ihr Haus verkauft hätten, wolle sie mit dem Geld eine Auszeit nehmen, vielleicht sogar auswandern, nach Bali oder so.

Ich war sprachlos. Connie, die doch beruflich vor dem Nichts stand, die jetzt dringend ihr Geld zusammenhalten müsste, wie kann man nur so unvernünftig sein?

»Ich finde nicht, dass Frank vernünftiger ist, nein, ich verstehe sie voll und ganz.« Dann wünschte meine Frau mir viel Spaß mit dem alten Gummianzug, riet mir, ihn wenigstens vorher einmal anzuprobieren.

»Das ist kein Gummi«, widersprach ich erneut, aber Daniela war schon an der Tür. Sie müsse noch einmal in den Fliesenmarkt. Ihr Vater hatte ausgerechnet, dass wir zu wenig Leisten gekauft hatten. Nächste Woche wollte er mit dem Fliesenlegen beginnen, wenn Gerlachs Leute bis dahin fertig würden. So blieb ich allein in unserer Küche zurück, dachte noch eine Weile über Bali nach und darüber, ob Frank eigentlich über diese neue Entwicklung Bescheid wusste. Kurz überlegte ich, ob ich den Anzug tatsächlich einmal anprobieren sollte, verwarf den Gedanken aber wieder, das konnte warten. Viel dringender war mein Haarproblem. Der Vorwurf von Sophie, ich sähe aus, als ob ich eine Mütze auf dem Kopf hätte, lastete schwer auf mir. Ich entschloss mich, spontan meine Friseurin aufzusuchen, vielleicht konnte die ja etwas retten.

Chantal starrte mich an: »Was hast du getan?«

Ich versuchte ihr zu erklären, dass ich mal etwas Neues hatte ausprobieren wollen, aber vom Ergebnis noch nicht so richtig überzeugt war. Sie hielt mir dann einen kleinen Vortrag, dass das eine ziemlich dumme Idee von mir gewesen sei und ich mich lieber gleich in ihre Profihände hätte begeben sollen. Mal ganz abgesehen davon, dass sie wieder mal behauptete, meine grauen Haare hätten ganz toll ausgesehen und mich in-

teressanter gemacht als die Mütze, die ich jetzt trug. Überflüssig, ihr zu erklären, dass es ja sein mochte, dass sie das interessant gefunden hätte. Doch was nutzt das, wenn ich selbst mich älter fühle, als ich eigentlich bin. Ich wollte sie auch nicht kritisieren, das hätte sie womöglich gegen mich aufgebracht, und das konnte ich jetzt gar nicht brauchen. Schließlich sollte sie mir helfen.

»Schwierig«, sagte sie und riet mir dringend davon ab, es mit noch mehr Chemie zu versuchen. Stattdessen könne man versuchen, mein Experiment etwas aufzuhellen. Da gebe es eine Reihe von Hausmitteln, von Kamillentee über Olivenöl bis Backpulver.

Olivenöl, mir fiel mein Vater wieder ein und der Ölfleck, den er an der Wand über dem elterlichen Ehebett hinterlassen hatte. Ich wollte nicht, dass meine Kinder mich so in Erinnerung behielten. Außerdem wollte ich nicht, dass ich bei der Arbeit wie ein mediterraner Salatteller roch.

»Das mit dem Aufhellen kann allerdings schiefgehen«, warnte sie mich. »Oft kommt dabei so ein rötlicher Schimmer rein, das gibt dir dann etwas Feminines. Ich weiß nicht, ob du das willst.« Etwas Feminines? Mein Kollege fiel mir wieder ein, der sah nach so einer Prozedur aus wie Pumuckl. Furchtbare Vorstellung. »Das ist noch nicht alles«, sagte sie, »du musst dir auch überlegen, wie du jetzt weiter vorgehst. Mit einmal färben ist es ja nicht getan.«

Nicht?

»Das wächst doch raus, du musst den Haaransatz regelmäßig nachfärben.«

Mir schwante Übles, ich würde vor der Alternative

stehen, mehrfarbig durch die Gegend zu laufen oder mich für immer meinem Experiment auszuliefern.

»Na ja«, fügte Chantal hinzu, »irgendwann wirst du den Bogen raushaben. Es gibt allerdings noch eine Möglichkeit.«

Begierig fragte ich, welche das sein sollte.

»Du entscheidest dich für einen radikalen Kurzhaarschnitt.«

»Was meinst du mit radikal?«, erkundigte ich mich.

»Deine Haare wachsen ungefähr einen Zentimeter in vier Wochen. Radikal heißt: Es hängt davon ab, wie lange du warten willst.«

Das war eine Entscheidung, die ich nicht so schnell treffen konnte, machte aber sicherheitshalber schon einmal einen Termin für nächste Woche bei ihr aus.

Mir fiel ein, dass ich meinen Roller bei Frank hatte stehen lassen, auch egal, dachte ich. Ich war nicht besonders scharf darauf, ihn demnächst noch einmal zu benutzen. Was ich aber brauchte, war eine neue Hose, nachdem ich meine zweitbeste mit einem Ölfleck versaut und meine drittbeste kaputtgerollert hatte. Also beschloss ich, die Zeit zu nutzen und mir auf dem Heimweg eine zu kaufen. Normalerweise tat ich das lieber gemeinsam mit meiner Frau. Ich bin in diesen Dingen nicht besonders entscheidungsfreudig, hatte auch schon mal danebengegriffen. Ehrlich gesagt hingen sogar einige Sachen in meinem Schrank, die ich allenfalls einmal getragen hatte. Aber erstens brauchte ich ganz dringend eine Hose, und außerdem, wer bin ich denn, dass ich so etwas nicht allein erledigen kann? Ich beschloss, gleich da vorne in den Laden zu gehen, aus

dem die coole Musik kam. Es wurde Zeit, mal wieder etwas Neues zu wagen.

Drinnen bemerkte ich schnell, dass keines der Models auf den Postern an der Wand älter als dreißig war. Überhaupt trieb ich den Altersdurchschnitt der Kundschaft deutlich nach oben. Ich bedauerte, dass ich nicht doch lieber zu meinem bewährten Herrenausstatter gegangen war. Zu spät, eine Verkäuferin löste sich von einem Garderobenständer und kam auf mich zu. »Kann ich dir helfen?«, bot sie an. Meine Güte, sie duzte mich. Natürlich bemerkte ich, dass sie mir unverwandt aufs Haar schaute. Ich hatte dafür inzwischen ein feines Gespür entwickelt, ließ mir aber nichts anmerken. Stattdessen sagte ich einfach nur: »Eine Hose, ich brauche eine Hose.«

Wir gingen gemeinsam zu einem Stapel Hosen, sie sagte, dass ich in meinem Alter ja sicher Straight cut bevorzugen würde.

»Wieso?«, fragte ich schnell.

Sie erklärte mir, dass jüngere Männer eher Slim fit tragen.

»Okay«, sagte ich, »dann Slim fit, aber nichts mit Löchern an den Knien, die hab ich schon.«

Sie lachte nicht über meinen kleinen Scherz, fragte stattdessen nach meiner Größe. Die hatte ich vergessen, wusste aber, dass ich seit Jahren 33er Bundweiten trug.

»Farbe?«, fragte sie.

»Schwarz«, antwortete ich.

Sie schaute auf meine schwarzen Hosen, sagte: »Wie wäre es mal mit etwas ganz anderem, immer Schwarz ist doch langweilig.«

Langweilig, dachte ich, sagte: »Stimmt«, und bekam

von ihr eine curryfarbene Hose ausgehändigt, mit der ich mich hinter einen Vorhang verzog.

Die Hose erwies sich als verflixt eng. Ich hatte sogar Mühe, sie über die Knöchel zu ziehen. Und natürlich spannte sie im Bund. Obwohl die beiden Hosentaschen leicht sperrten und entsprechend abstanden, würde es schwierig werden, da irgendetwas reinzustecken. Aber das war wahrscheinlich sowieso nicht vorgesehen. Egal was es gewesen wäre, es hätte sich bei diesem engen Schnitt abgezeichnet. Ebenso wie mein Gemächt. Robert Plant von Led Zeppelin hatte so eine Hose getragen. Vor fünfzig Jahren. Vermutlich weil jeder sein Gemächt sehen sollte. Wenn ich heute so rumlaufen würde, drohte mir möglicherweise eine Anzeige wegen Erregung öffentlichen Ärgernisses. Ich stellte mir vor, was Plant wohl heute für eine Hose tragen würde, vermutlich Straight cut.

Statt meine Bedenken zu äußern, fragte ich mit fester Stimme nach draußen: »Ganz sicher, dass das eine 33 ist?«

»Ja«, tönte es von jenseits des Vorhangs.

Ich hakte nach, ob ich trotzdem mal eine 34 probieren dürfte, vielleicht fällt dieses Modell ja enger aus als üblich.

»Führen wir nicht«, kam die Antwort von draußen.

Also zeigte ich mich, wie ich war. »Ist die Hose nicht auch ein bisschen kurz?«, holte ich den Rat der Fachfrau ein, denn der Saum reichte nicht ganz bis auf meine Schuhe.

»Das trägt man so«, gab sie zurück, »steht Ihnen auch.«

Okay, dachte ich. Sie siezt mich jetzt. Ist ja auch mal was anderes und passt vielleicht zu dem neuen Typ, den ich gerade entwickelte.

»Vielleicht noch ein cooles Shirt dazu?«, fragte sie.

»Warum nicht«, antwortete ich ein wenig fahrlässig, wollte schon »Größe L« sagen, besann mich aber rasch und sagte: »XL.«

Sie kam mit einem grauen Shirt zurück, von dem sie behauptete, es würde gut zu Curry passen. Tatsächlich fand ich, dass es ebenfalls ein wenig spannte. Sie klärte mich darüber auf, dass sie erstens keine Ware in XXL führen würden und dass ich zweitens ja nun wirklich nicht der XXL-Typ bin.

»Natürlich nicht«, beeilte ich mich zu versichern, »habe ich noch nie getragen.« Ich atmete etwas flacher, zog dabei meinen Bauch ein und bemühte mich um eine aufrechte Haltung.

Die junge Dame schenkte mir ein bezauberndes Lächeln, fragte mich, ob ich mir nicht noch irgendetwas auf den Kopf setzen wollte.

»Nein. Nein«, presste ich heraus, mehr ließ meine neue Atemtechnik nicht zu, weshalb ich erst nach einer kurzen Pause ein »Da bin ich versorgt« hinterherschob. Lässig zog ich stattdessen meine goldene Kreditkarte aus der Brieftasche und sagte, dass ich die Sachen gleich anbehalten würde, vor allem die Hose, um sie schon mal ein bisschen einzulaufen.

Meine Frau würde staunen, dachte ich also und machte mich auf den Weg. Gleich darauf fiel mir jedoch ein, dass sie gar nicht zu Hause sein würde, heute wollte sie ja ihren Duschtag bei ihren Eltern nachholen.

Schade, vielleicht hätte ich sie mit meinem neuen Outfit überzeugen können, dass das mit der neuen Haarfarbe doch keine schlechte Idee war. Schließlich wollte sie doch keinen älteren Herrn an ihrer Seite, einen, der auf dem direkten Weg aufs Abstellgleis war. Ich beschloss, mir gleich noch ein paar neue Schuhe zu gönnen. Angesichts unserer katastrophalen finanziellen Lage würde diese zusätzliche Ausgabe jetzt auch nichts mehr machen. Und meine alten Treter mochten bequem sein, aber sie passten eindeutig nicht zu der neuen Hose, die doch sehr viel Schuh preisgab. Doch bevor ich den Gedanken zu Ende spinnen konnte, klingelte mein Telefon. Doreen, leuchtete auf dem Display.

»Doris«, sagte ich überraschter, als ich wollte.

»Du darfst Doreen zu mir sagen, warum meldest du dich nicht mehr?«

Ich versuchte, ihr zu erklären, dass ich wirklich gerade sehr viel um die Ohren hätte, Renovierung und so, sonst hätte ich mich bestimmt gemeldet.

»Ich find's schade, dass du das nicht getan hast, ich wollte mich so gern über deinen Fallschirmsprung unterhalten, fand ich total cool, vielleicht können wir das mal zusammen machen. Ich weiß nicht, ob ich mich das trauen würde, aber Bock hätte ich schon. Und ich kenne keinen, mit dem ich das sonst tun könnte.«

»Na ja«, antwortete ich, »kostet wirklich einiges an Überwindung, und ich kenne auch nicht viele, die das bringen.« Tatsächlich hatte ich mich ein wenig gewundert, dass mein Sprung zu Hause gar nicht gewürdigt wurde. Meine Frau hatte zwar kurz gefragt, wie es denn so gewesen sei und was einem da durch den Kopf geht,

wenn man aus dem Flugzeug springt, aber das war es dann schon. Sofort waren wir wieder bei Frank und Connie und deren Eheproblemen gelandet. Und wie merkwürdig sich Frank seitdem benehmen würde. Ich merkte, dass Doreens Interesse mir guttat. Sehr sogar. Schön, dass mich mal jemand verstand. Und interessant fand.

Ihre Anteilnahme ermutigte mich, noch ein bisschen nachzulegen. »Frank und ich wollen übrigens als Nächstes an einem Triathlon teilnehmen.« Sie schien mir ein wenig skeptisch zu sein. Gut, dann also konkreter: »Wir wissen auch schon, wann und wo!« Ich erzählte ihr von Hamburg und unserem Starttermin.

Sie sagte »Wow«, was mir gut gefiel. Und dann fuhr sie fort: »Ich weiß ja nicht, warum du dich nicht mehr gemeldet hast, aber jetzt kriegst du die Chance, das wiedergutzumachen.« Sie machte eine Pause. Ich war ein kleines bisschen beunruhigt, was sie von mir erwarten mochte. »Da kommt so ein junger Rapper heute in die Stadt, jedenfalls habe ich VIP-Karten, wie wär's, bist du dabei?«

Ich dachte an Robert Plant und was der heute wohl hören würde. Bestimmt keinen Rap. »Wer ist es denn, Eminem?«, fragte ich, Eminem war einer der wenigen Rapper, die ich kannte.

»Nicht ganz«, räumte Doreen ein, »aber weiß ist er auch. Und der Klub, in dem er auftritt, ist total angesagt. Ein kleines intimes Klubkonzert, was meinst du?«

Das Wort intim machte mir ein wenig Angst. Andererseits war ich auch neugierig, wie Doreen mein neues Outfit finden würde, das ich praktischerweise schon trug.

Außerdem war Daniela heute Abend sowieso nicht zu Hause. Bestimmt hatte sie mit ihren Eltern eine Menge zu besprechen. Und wahrscheinlich ging es um Frank. Ob er eigentlich dabei sein würde? »Okay«, sagte ich, »ist mal was anderes.«

Doreen küsste mich zur Begrüßung auf die Wange, lehnte sich dann zurück und fragte: »Wie siehst du denn aus?«

Nicht schon wieder, dachte ich und wollte ihr zuvorkommen: »Ja, ich weiß, irgendwie fremd.«

Sie schüttelte den Kopf, war offenbar amüsiert, wenn ich die Grübchen auf ihren Wangen richtig deutete. Erstaunlich, wie wenig Falten sie hatte. »Niedlich, mal ganz was anderes!«, sagte sie.

Niedlich, das war zwar nicht das, was ich mir eigentlich vorgestellt hatte, aber immerhin. Wir erreichten den Klub, stiegen eine steile Treppe hoch, der Eingang führte ins Obergeschoss einer Halle. Drinnen drückte mir jemand einen Stempel aufs Handgelenk, niemand sprach mich auf mein Alter an. Das mochte an der trüben Beleuchtung liegen, denn wahrscheinlich war ich wieder mal der Älteste. »Viel Spaß«, sagte der Typ am Eingang. Vielleicht begann mein neues Outfit aber auch zu wirken. Ich begann, mich wohlzufühlen, und holte uns ein Bier.

»Wie geht's zu Hause?«, fragte Doreen.

»Frag nicht«, gab ich zurück, erzählte ihr, dass ich gewissermaßen auf der Flucht war, weil mein Zuhause gerade in weiten Teilen in Trümmern lag und ich mich in der Küchenspüle waschen musste.

Sie lachte und meinte: »Wie ein Student« und drückte sich an mich.

Der Typ, der dann auf der kleinen Bühne stand, hieß Astronautalis. Nie gehört, dachte ich und war wieder der Einzige. Alle anderen um mich herum waren offenbar sehr textsicher und fingen an zu tanzen. Eine Zeitlang gefiel mir das ganz gut, auch wenn wir ziemlich an den Rand gedrängt wurden. Was mir aber ganz recht war. Ich war in meiner neuen Rolle noch nicht so weit, den Mittelpunkt zu suchen. Doreen tanzte auch, ihr schien es zu gefallen.

»Das ist doch mal was anderes als der Mainstreammist, den wir früher gehört haben.«

Was meinte sie mit Mainstreammist? Ich dachte an mein Reihenhaus. Der Typ vorne brüllte in die Menge, wir sollten ihm Worte zurufen, er würde einen Song draus machen. Doreen rief »Kiss«, ein anderer »Fuck«, ein dritter »Trump«, ein vierter »Tabletennis«, und er machte tatsächlich einen Reim daraus. Nicht schlecht, dachte ich.

Die Stimmung wurde immer ausgelassener. So ausgelassen, dass mir einer das Bier aus der Hand stieß. Ich bekleckerte mir meine neue Curryhose. »Hey«, sagte ich. Keine Reaktion. Ich tippte ihm auf den Rücken, er drehte sich zu mir um, sagte: »Bleib mal geschmeidig, Opa. Und nimm die Mütze ab.« Dann ließ er mich stehen. Doreen hatte den Vorfall beobachtet, merkte mir an, dass ich im Begriff war, etwas Dummes zu tun, und zog mich weg. »Wenn du willst, können wir auch gehen.«

Wir gingen an die Bar im Nachbarraum, ich erzählte ihr noch einmal vom Triathlon. Diesmal sagte sie nicht

»Wow«, worauf ich gehofft hatte. Sie ging auch nicht weiter auf meine sportlichen Ambitionen ein. Stattdessen forderte sie mich auf, ihr von Daniela zu erzählen. »Seid ihr glücklich?«, wollte sie von mir wissen.

Das Thema war mir gar nicht recht. »Ja, schon«, sagte ich, »wir lieben uns, vielleicht nicht mehr so wie am Anfang, aber mit den Jahren wird man eben ruhiger.«

»Muss das wirklich sein?«, fragte sie. Genau deshalb habe sie sich doch von ihrem Freund getrennt, weil es ihr einfach zu ruhig wurde, weil sie die Leidenschaft vermisst habe. »Spürt ihr noch Leidenschaft?«, wollte sie wissen. »Eine lange Beziehung ist schön«, sagte sie, »wenn Vertrautheit da ist, man ehrlich zueinander ist. Es braucht aber noch mehr, finde ich, man muss sich immer noch überraschen können.«

Nun ja, ging es mir durch den Kopf, ich schaute auf meine curryfarbene Hose, dachte an Daniela und dass ich auf dem besten Weg war, sie zu überraschen. Die Frage war nur, ob das hilfreich war.

Doreen redete einfach weiter: »Es gibt keine Pflicht zusammenzubleiben, nur weil es schon so lange dauert.«

Ich erzählte ihr von Frank, dass er sich getrennt hatte, nun in einer eigenen Wohnung lebt und auf einer Matratze auf dem Boden schläft. Über das Gespräch mit Connie schwieg ich. Ich verbot mir sogar, daran auch nur zu denken.

»Ist doch super«, sagte sie, »was braucht man mehr, wenn man frei ist. Das Leben ist zu kurz für eine unglückliche Ehe.«

Unglücklich war ich eigentlich nicht. Aber war ich glücklich? Ich dachte an heute Morgen, an meinen Job,

an die Anerkennung, von der ich gerne ein bisschen mehr hätte. An die Kinder, die dabei waren, uns zu verlassen. Wobei Florian ja schon weg war. Das Gespräch begann, mich nervös zu machen. »Hm«, brummte ich vor mich hin, »vielleicht hast du recht.«

»Womit«, fragte Doreen.

Ich schreckte hoch: »Weiß nicht.«

Und dann drang plötzlich eine Stimme zu mir durch, die ich kannte, sehr gut sogar. »Papa!«, sagte die Stimme.

Konnte das sein? Es konnte. Florian stand vor mir. »Was machst du denn hier? Und wo ist Mama?« Er schaute Doreen an.

»Bei Oma und Opa«, sagte ich. Hoffentlich war ich nicht rot geworden. Ich spürte plötzlich so eine Hitze in mir. Bestimmt würden sich gleich meine Poren öffnen. Ich war mir sicher, dass man das sehen würde. Mir wurde noch heißer.

»Und was hast du für Haare?«, fragte Florian weiter, »die Hose kenne ich auch nicht. Ich hätte dich beinahe nicht erkannt. Du siehst aus, als ob du dich verkleidet hast.«

Eine plausible Geschichte, ich brauchte unbedingt eine Geschichte. Ob ich ihm erzählen sollte, dass ich gerade Feldstudien für eine Kampagne betreiben würde, die wir planten? Ich verwarf den Gedanken aber wieder als zu abenteuerlich. »Ja, weißt du, ich hatte den Eindruck, im Büro halten sie mich langsam für alt. Da dachte ich, ich müsste etwas unternehmen.«

»Wieso?«, Florian schien erstaunt. »Ich dachte, du wärst der Chef dort?«

»Na ja, beinahe, aber nicht ganz.« Himmel, wie

kommt der Junge nur auf diese Idee, was in aller Welt hatte ich ihm denn da erzählt?

»Ist das deine Mama«, mischte sich ein Mädchen in unser Gespräch, das ich bislang nicht beachtet hatte.

»Sarah«, erkannte ich Florians Freundin. Die Sache wurde immer peinlicher. Immerhin wohnte er mit ihr zusammen, und ich begrüßte sie erst jetzt.

»Hallo, ich bin Doreen, eine alte Bekannte«, stellte sich Doreen selbst vor.

Ich war erleichtert, die Situation begann mich zu überfordern. Ich gab Sarah die Hand, was ich gleich wieder bereute. Sie hatte mir schon die Wange zur Begrüßung hingehalten, außerdem war meine Hand ein wenig verschwitzt. Was Sarah wohl auch bemerkte. Kaum hatte sie die meine ergriffen, wischte sie ihre nicht besonders unauffällig an ihrer Hose ab. »Ja, also, wie gesagt, Mama ist heute bei Oma und Opa, um dort zu duschen, und da rief Doreen an und sagte, sie hätte Karten für dieses Konzert hier.« Hörte mir eigentlich irgendjemand zu?

Immerhin sagte Florian etwas: »Bei Astronautalis hätte ich dich wirklich nicht erwartet.«

Ich wollte schon antworten, sah aber, dass sich Sarah und Doreen über irgendetwas unterhielten. Leider verstand ich nicht, worüber. Ich war beunruhigt. »Hat dir Sarah schon von der neuen Wohnung erzählt, in die sie und Florian gerade eingezogen sind?«, mischte ich mich ein.

»Wir reden gerade darüber«, sagte Doreen.

Das ist gut, dachte ich, wenigstens redeten sie nicht über Daniela. Oder schlimmer: über mich.

»Und über Daniela reden wir auch, wie toll sie

eure Renovierungsarbeiten managt«, ergänzte Sarah. »Daniela ist wirklich super.«

Ich nickte, konnte aber nichts sagen, weil ich viel zu angespannt darüber nachdachte, wie ich unseren Rückzug einleiten könnte. »Und morgen in aller Frühe geht es ja weiter«, sagte ich vielleicht eine Spur zu laut, »da kommen die Arbeiter, da müssen wir fit sein.«

»Wieso musst du fit sein, wenn die Arbeiter kommen?«, fragte Florian.

Ich ging nicht weiter darauf ein, sondern beharrte darauf, dass wir jetzt mal ans Gehen denken müssten.

»Ist doch gerade so nett«, widersprach Doreen, »aber wenn du gehen musst...«

Das fehlte mir noch, dass sie dann bleibt und Smalltalk mit Florian und Sarah macht. Wer weiß, in welche Richtung sich dieses Gespräch entwickelt.

»Nein, lasst mal, wir müssen auch früh raus«, meldete sich Florian wieder zu Wort, der gute Junge. Und so verabschiedeten sich Sarah und Florian, der versprach, in den nächsten Tagen bei uns vorbeizukommen. Vielleicht könne er ja helfen. Vielleicht, sagte ich und umarmte ihn. Was wiederum ein wenig zu pathetisch war. Plötzlich musste ich an Knautschke denken, das Flusspferd, das von seinem Sohn getötet worden war.

»Wir können ja auch mal wieder in den Zoo«, schlug ich vor.

»In den Zoo?« Florian blickte mich an, ich hatte ihn wirklich überrascht, das war offensichtlich. »Wie kommst du denn darauf?«

»Ach, vergiss es.«

Doreen und ich gingen kurz darauf. »Ein schönes

Paar«, sagte sie, während wir nebeneinanderher liefen. »Und dein Sohn hat große Ähnlichkeit mit dir, wie du früher aussahst, hübscher Junge.«

»Bin ich doch immer noch«, sagte ich, wieder kühn geworden. Zum Abschied küsste sie mich, diesmal auf den Mund und vielleicht eine Spur zu lang. Mir wurde ganz heiß. Dann ließ sie meine Hand los, sagte: »Man sieht sich«, und ging.

10
Ein ganzes Leben in sechs Alben

Ich rannte. Rannte wie noch nie in meinem Leben. Doch es fühlte sich an wie ein Lauf durch tiefen Schnee. Er klebte an den Füßen, und die Beine, ich konnte sie kaum noch bewegen. »Das Gate hat leider schon geschlossen«, säuselte eine Frau in Airline-Uniform mit falschem Lächeln. Irgendwo in der Ferne redeten Stimmen durcheinander. »Nein«, brüllte ich, schreckte hoch, brauchte einen Moment – und lehnte mich glücklich wieder zurück. Da war kein Schnee. Und auch kein Gate. Ich lag sicher in meinem Bett. Nur meine Füße, die waren wirklich gefesselt. Ich hatte die Decke weggestrampelt, mich dabei im Bezug verheddert. Nächster Schock. Der Wecker! Die kleine Anzeige, die signalisierte, dass er gestellt war, sie fehlte. Verdammt, ich musste vergessen haben, ihn zu stellen. Wahrscheinlich weil ich wieder im Dunkeln nach Hause gekommen war.

Noch so ein Abend, und ich durfte auf Danielas Geduld nicht mehr zählen. Wenn es nicht sowieso schon

zu spät war. Ich dachte an Doreen, an die Begegnung mit Florian. Ob er schon mit seiner Mutter gesprochen hatte? Dann fiel mir auf, dass da tatsächlich Stimmen waren. Wenigstens das hatte ich nicht geträumt. Natürlich, Herr Gerlach, seine Leute, die hatte ich auch vergessen. Ob ich ungesehen in die Küche kommen würde? Ich zog mein schweißnasses Schlafshirt aus und die Sachen von gestern Abend an. Wenn die Dusche noch lange ausfiel, wäre mein Weg ins gesellschaftliche Abseits klar vorgezeichnet. Wenigstens der Bierfleck auf meiner Hose war nicht mehr zu sehen. Ich schnüffelte am Hosenbein. Man musste dem Stoff schon sehr nahe kommen, um etwas zu riechen. Zufrieden schlüpfte ich hinein und wäre beinahe schwer gestürzt, weil es mir nicht gelang, meinen Fuß am Ende wieder freizubekommen. Gab es die wirklich nicht in einer Nummer größer?

Ich schaffte gerade mal die paar Stufen runter in die erste Etage, als mir ein fremder Mann in den Weg trat. Er war ziemlich muskulös, hatte ein Piercing an der Unterlippe und Tattoos auf der Schulter. Die Tattoos konnte man sehr gut sehen, weil er ein auffällig knappes Hemd trug. Er hantierte mit einer Art Stativ. »Ah«, begrüßte er mich, »Sie müssen der Bauherr sein!«

»Ah«, erwiderte ich meinerseits, während ich sein Piercing fixierte. Das würde mich vielleicht auch jünger machen, dachte ich, aber so weit wollte ich auf keinen Fall gehen. Tattoos kamen auch nicht in Frage. Ich kannte mal jemand, der hat sich in einem Anfall von Kontrollverlust Donald Duck auf die Schulter stechen lassen, seitdem habe ich ihn nie wieder oben ohne gesehen. Ich wollte den Monteur schon fragen, ob einen so ein Piercing nicht gelegentlich doch stört, sagte stattdessen: »Sie sind aber früh am Start.«

Das konnte man in seiner Doppeldeutigkeit als ironischen Kommentar verstehen: Es war einerseits nicht mal halb acht in der Frühe, andererseits hätten er und seine Kollegen schon seit Tagen hier arbeiten sollen. Er verstand es aber nicht ironisch, sagte stattdessen: »Ich steh immer um halb sechs auf, kenne ich gar nicht anders«, was man wiederum als Kritik an meiner unrasierten Erscheinung werten konnte. Jetzt guckte er mich an, einmal von oben nach unten. War da doch noch ein Bierfleck? »Irgendetwas riecht hier«, sagte er, die Nase rümpfend.

In dem Moment erschien Daniela: »Schatz, wir haben gerade kein Wasser, sie sind schon dabei, die Rohre auszuwechseln.«

»Auch nicht für Kaffee?«, fragte ich. Was für ein Tag würde das denn wieder?

»Ihre Frau hat eine Thermoskanne vorbereitet, reicht bestimmt auch für Sie«, sagte der Gepiercte und hielt mir die Kanne hin. Meine Kanne. Wie großzügig von ihm. »Sie haben überhaupt eine tolle Frau, hat an alles gedacht, und ihre Pläne«, er zeigte den Leitz-Ordner mit der Aufschrift »Badezimmer«, den meine Frau vorbereitet hatte, »damit könnte sie sofort bei uns anfangen.« Er lächelte Daniela an, sie lächelte zurück.

»Na, das wäre ja mal eine Karriere«, sagte ich. Hätte ich mir sparen sollen, kam nicht so besonders gut an. Bei beiden erstarrte das Lächeln zur Maske. »Was machen Sie denn da gerade?«, sagte ich, zeigte auf sein Stativ. Es konnte ja nicht schaden, ein wenig Interesse zu demonstrieren, um die Situation wieder zu entspannen.

»Wir vermessen Ihr Bad mit dem Laser, die Rohre sollen ja nachher an der richtigen Stelle liegen, und Markierungen hätten auf dem Rohputz keinen Sinn.«

Ich nickte anerkennend, murmelte: »Laser, Donnerwetter«, bemerkte bei der Gelegenheit, dass ich sämtliche Fliesen ganz allein abgeschlagen hatte, um auf diese Weise deutlich zu machen, dass ich ein Mann bin, der seine Hände zu gebrauchen weiß. Und zwar ohne Laserschnickschnack. Ich überlegte, ob ich ihm erzählen sollte, dass ich mal auf dem Bau gearbeitet hatte, ließ es lieber. Weil ich nicht wusste, was ich noch sagen sollte, wünschte ich ihm viel Erfolg und ließ ihn stehen.

»Das ist jetzt nicht so schlau von dir gewesen.« Meine Frau wirkte immer noch ein wenig beleidigt. »Dennis wollte doch nur nett sein.« Sie nannte den Gepiercten beim Vornamen. »Und überhaupt, ständig bist du weg, man könnte annehmen, das interessiert dich hier alles nicht mehr.«

»Doch, natürlich, habe ich etwa nicht meinen Beitrag geleistet?« Ich hob meinen ausgestreckten Mittelfinger, leider mit dem Handrücken zu ihr gewandt. Sie starrte ihn an, legte die Stirn in Falten. Wenn der Raum zwischen ihren Brauen zu verschwinden droht, ist das immer ein ganz schlechtes Zeichen. Ich nahm die Hand schnell wieder runter. Bevor ich vollends schrecklich missverstanden werden konnte, führte ich unablässig massierend vor, wie schwer sich der Finger ohne die Hilfe der anderen Hand beugen ließ. »Aber dafür tut er nicht mehr so weh«, sagte ich in der Hoffnung, tapfer zu wirken.

Meine Frau konzentrierte sich inzwischen auf meine Hose. »Neu? Schöne Farbe«, sagte sie.

»Ja, nicht wahr«, versuchte ich unser Gespräch auf unverfängliche Bahnen zu lenken.

»Aber ist die nicht viel zu eng? Ich finde, da markiert sich was.« Sie zeigte Richtung Schritt. »Außerdem ist sie doch auch zu kurz.«

»Trägt man jetzt so«, gab ich zurück und entschuldigte mich, weil ich dringend ins Büro musste. »Wir reden heute Abend, ganz bestimmt.«

Ich kam leider ein wenig spät ins Büro, die Teamsitzung hatte schon begonnen. Georg war auch da und hielt offenbar einen kleinen Vortrag. Aber er stoppte abrupt, als ich den Raum betrat. Alle blickten auf mich. »Andreas«, sagte er, »was ist denn mit dir passiert?« Er lächelte. Aber davon durfte man sich nicht täuschen lassen. Wenn es um Sarkasmus ging, übertraf Georg sogar noch meine Frau.

»Ich dachte, ich arbeite mal ein wenig an meinem Erscheinungsbild. Das ist es doch, was wir hier machen, das Image unserer Kunden pflegen. Wie sieht das denn aus, wenn wir es bei uns selbst nicht schaffen!« Die Kurve habe ich gut gekriegt, dachte ich und setzte mich ganz lässig zwischen die anderen.

»Wir waren gerade beim Thema Glaubwürdigkeit«, setzte Georg seinen Vortrag fort. »Die Kunden wollen heute nicht mehr aufgehübscht werden, die wollen nichts vormachen, die wollen glaubwürdig sein. Die wollen die Guten sein. Indem sie mit ihrem Produkt ganz nebenbei den Regenwald retten zum Beispiel. Das war es eigentlich, was ich euch mitgeben wollte. Danke.«

Und damit stand er auf und schickte sich an zu gehen. Doch kurz bevor er die Tür erreichte, drehte er sich um und fragte: »Ach, kommst du noch mal kurz mit?«

Ich war mir nicht sicher, ob das jetzt etwas Gutes bedeutete, zum Beispiel die lange erwartete Gehaltserhöhung. Immerhin, er nahm sich Zeit für mich, ein Gespräch nur zwischen uns beiden konnte auch eine Chance sein. Ich sah, wie mein Kollege Markus hinter uns herguckte. Bestimmt wüsste er gern, was wir zu bereden haben. Ich zwinkerte ihm zu, natürlich so, dass Georg es nicht sah.

»Schließ die Tür«, sagte Georg und setzte sich hinter seinen Schreibtisch.

Mir fiel gleich auf, dass an der Wand eine neue Auszeichnung hing, offenbar hatte er irgendetwas gewonnen. Nur hatte ich leider nicht mitgekriegt, was. »Gratuliere«, sagte ich trotzdem, »das hast du echt verdient.« Das war natürlich eine nicht ungefährliche Bemerkung, aber ich glaubte, das Risiko eingehen zu müssen.

Er nickte nur kurz. »Ich habe deinen Auftritt bei Facebook gesehen, du hast einen Tandemsprung gemacht, Respekt«, fing er an.

»Ach das«, sagte ich erleichtert, »ja, da musste ich mich schon überwinden. Wenn in dreitausend Metern Höhe die Tür aufgeht, und du stehst an der Kante. Da zeigt sich, was in dir steckt. Aber dann war es total cool. Gutes Managementtraining, sagte unser Ausbilder, beim Fallschirmspringen lernt man, sich zu entscheiden.«

»Tatsächlich«, Georg schien wirklich zu staunen, »ich wusste gar nicht, dass man für Tandemsprünge einen

Trainer braucht. Ich habe das auch mal gemacht, wir sind einfach so ausgestiegen, ohne große Anleitung.«

Na prima, hätte ich mir ja denken können, es gab nichts, was Georg nicht ausprobierte. Bestimmt färbte er sich auch die Haare. Ich versuchte, einen Blick auf seinen Nacken zu werfen, ob da irgendwelche verräterischen Spuren zu sehen waren. Aber da war nichts. Ich hätte für mein Experiment vielleicht doch besser einen Experten konsultieren sollen.

»Worauf ich hinauswill«, fuhr er fort, »mir fällt schon auf, dass du dich in den letzten Wochen verändert hast. Das mit dem Fallschirm, das habe ich dir gar nicht zugetraut...«

Jetzt geht es in die richtige Richtung, dachte ich und entspannte mich.

»Mit deinen Haaren, na ja, das ist deine Sache, das kann man besser machen...«

»Habe ich dir schon erzählt, dass ich an einem Triathlon teilnehmen will?«, unterbrach ich ihn. »Ich könnte ein Shirt mit unserem Logo tragen, was meinst du?«

»Das meine ich«, zog er das Gespräch wieder an sich, »du wirkst auf einmal so aktionistisch. Bei dir zu Hause alles in Ordnung? Und was sind das überhaupt für Klamotten, viel zu eng. Passt auch nicht zu dir. Abgesehen davon, dass Skinny Jeans seit zehn Jahren aus der Mode sind.«

Echt, ich war jetzt verunsichert, in Modefragen kannte Georg sich aus.

»Ja, ist was für Vorstadtjungs«, legte er noch nach, »hör mal, wir kennen uns jetzt schon so lange, wenn du Schwierigkeiten hast, du bist nicht der Erste, der mir

hier gegenübersitzt und auf dem Weg ins Burn-out ist. Das ist ein anstrengender Job, den wir hier machen. Du kannst jederzeit zu mir kommen.« Erwartungsvoll schaute er mich an.

»Super«, sagte ich, »finde ich echt super deine Offenheit. Aber nein, da ist nichts. Außer dass ich gerade viel um die Ohren habe zu Hause. Wir renovieren. Und wie du ja weißt, so toll verdienen wir hier auch nicht, muss ich halt viel selbst machen.« Ein Versuch ist es wert, dachte ich, das Gespräch wieder auf ein Thema zu bringen, das meinen Intentionen mehr entspricht.

»Das find ich großartig«, gab Georg zurück, »dass du das kannst. Ich mag Initiative. Okay, du hast verstanden, was ich meine, wie gesagt, jederzeit. Vielleicht sollten wir dann auch einfach mal darüber reden, wo du eigentlich hinwillst.« Und damit war die Audienz beendet.

Wie war das jetzt gelaufen? Ich wusste es nicht. Ich wusste im Moment auch nicht so genau, wo ich hinwollte.

»Hey, wie siehst du denn aus?«, sprach mich Markus von der Seite an.

Oh nein, jetzt bloß keine Unterhaltungen über Kleinkinder. Das ist gerade so gar nicht meine Welt.

»Du riechst auch ein bisschen übernächtigt«, sagte er grinsend. »Hast du durchgemacht, oder arbeitest du am Dreitagebart?«

»Das ist mein natürlicher Bartwuchs«, entgegnete ich, »zu viel Testosteron. Aber ich habe jetzt ein wichtiges Kundengespräch. Mein Date mit Georg hat schon viel zu lange gedauert.« Markus sollte ruhig noch weiter darüber nachdenken, was ich mit dem Chef so lange zu besprechen hatte. »Die weitere Aufgabenverteilung, weißt du?« Natürlich wusste er nicht, wovon ich sprach, aber er würde darüber grübeln. Und die Chancen standen gerade nicht schlecht, dass ich ihm den Tag versaut hatte. Was natürlich einerseits gemein war. Andererseits hatte ich den starken Verdacht, dass Markus schon lange versuchte, mich hier auszustechen. Und wer weiß, ob Georgs plötzliche Anteilnahme an meiner vorgeblichen Instabilität nicht irgendwie mit Markus zu tun hatte, der sich gern als hilfreich in Szene setzte.

Ursprünglich wollte ich ja gleich nach der Arbeit nach Hause. Ich musste Daniela unbedingt von meiner Begegnung mit Doreen erzählen, bevor es Florian tat. Es könnte ja sein, dass die Geschichte dadurch mehr Bedeutung bekommt, als ihr zusteht. Der Kuss kam mir in den Sinn. Den konnte er nicht gesehen haben, da war er längst weg gewesen. Und wenn schon, ein Kuss, das ist ja noch kein Betrug. Ich überlegte, ob ich auch davon erzählen sollte. Gefährlich, dachte ich. Das würde nur Danielas Misstrauen wecken, und zwar gründlich. Am liebsten würde ich die ganze Geschichte für mich behalten. Allerdings war ich nicht so gut darin, Geheimnisse zu bewahren. Ich hatte ja schon Schwierigkeiten, wenn es nur darum ging, Dritten gegenüber das Ende eines Films nicht zu verraten. Ich musste an Frank denken, wie lange er seinen Seitensprung geheim gehalten hatte. Waren es sechs Wochen? Jetzt schlief er auf einer Matratze am Boden und lebte aus Kisten. Na ja, er fand's gut.

Mich würde mal interessieren, wie mein Schwiegervater zu der Sache stand. Immerhin war er jetzt seit

über fünfzig Jahren glücklich verheiratet, jedenfalls soweit ich das beurteilen konnte. Und sein Sohn zeigte ihm gerade, dass es auch anders geht. Zu mir war Schwiegervater manchmal ziemlich streng. Wenn ich ihm das falsche Werkzeug reichte zum Beispiel. Wie er wohl mit Frank reden wird? Jedenfalls gab ich meinen bisherigen Plan, sofort nach der Arbeit nach Hause zu fahren, wieder auf und beschloss, meine Mutter zu besuchen. Sie lebt seit Kurzem in einem Pflegeheim und würde sich bestimmt freuen, mich zu sehen. Der Schritt hatte mich überrascht. Aber sie hat eingesehen, dass sie ihren Haushalt allein nicht mehr bewältigt. Tatsächlich ist sie sehr vergesslich geworden. Vielleicht sogar mehr als das. Einmal ist es vorgekommen, dass sie vergessen hat, den Herd auszuschalten. Und mehrmals schon hat sie ihre Schlüssel verlegt. Zum Glück fanden wir sie immer wieder. Sie wohnte in einem Zehngeschosser, die Vorstellung, dass dort auf ihre Kosten die Schlösser ausgetauscht werden müssten, gab dann den Ausschlag. Ich musste daran denken, wie ich neulich im Keller nicht mehr wusste, was ich da suchte. Sofort machte ich mir Sorgen um mein eigenes Gedächtnis. Wer weiß, wie viele gute Jahre ich noch habe. Da hieß es, sorgfältig mit der verbleibenden Zeit umzugehen.

In der Lobby des Pflegeheims wurde mir noch melancholischer zumute. Alles hier erinnert mich irgendwie an die Vergänglichkeit. Die Selbstbedienungsspender mit der Lösung zur Händedesinfektion am Eingang, der immer ein wenig abgestandene Geruch, der einen empfängt, der Flur, in den man tritt, wenn man den Fahrstuhl verlässt. Er sieht nicht nach Hotel aus wie im Heimprospekt, sondern wie ein Krankenhausflur, mit pflegeleichtem Linoleum ausgelegt. Die Barrierefreiheit, die sich automatisch öffnenden Türen, die Reling zum Festhalten an den Flurwänden, die Rollatoren und der Rollstuhl, die gegenüber vom Fahrstuhl parken. Natürlich ist das alles sinnvoll, wenn nicht unverzichtbar. Und doch erzählt alles zusammen vor allem eine Geschichte: Das hier ist die letzte Station, danach kommt kein Umzug mehr. Ich hoffte, dass ich nicht gleich zu weinen anfangen würde, und versuchte, an etwas anderes zu denken. Florian und Sophie fielen mir ein, die Kinder. Ob sie mich später auch mal besuchen kommen? Oder ob es mir wie Frank geht, dessen Söhne gerade gar nichts von ihm wissen wollen? Man würde sehen, ob sich das wieder einrenkt. Frank glaubte jedenfalls fest daran.

Meine Mutter kam mir auf dem Flur entgegen. Sie war mit einer älteren Dame ins Gespräch vertieft, beachtete mich deshalb nicht gleich. Sie ist beim Friseur gewesen, dachte ich. Ihre schneeweißen Haare sahen sehr gepflegt aus. Die Farbe dürfte ich von ihr geerbt haben, wahrscheinlich würde es nicht mehr lange dauern, bis ich von Grau auf Weiß überging. In meiner Kindheitserinnerung war sie immer blond gewesen, und dann, praktisch von einem Tag auf den anderen, war sie plötzlich weiß. Ohne irgendetwas dazwischen. Seltsam. Ob sie ein Schockerlebnis hatte? Ihre Scheidung vielleicht. Man sagt ja manchmal, die Haare könnten über Nacht weiß werden. Was ich allerdings für Unsinn halte. Jedenfalls war ich froh, dass sich meine Mutter nicht gehen ließ, sondern weiter auf sich achtete.

»Andreas!« Jetzt hatte sie mich gesehen. Sie sah erfreut aus. Obwohl es für sie bestimmt nicht leicht gewesen war, die eigene Wohnung aufzugeben, schien sie mir kein bisschen verbittert. Ich war mir nicht sicher, wie ich in ihrer Situation reagieren würde. Jedenfalls kam sie auf mich zu, ergriff meine Hände, sagte: »Wie schön« und stellte mir Frau Kästner vor, ihre Nachbarin. »Stell dir vor, Frau Kästner hat schon seit Wochen keinen Besuch mehr bekommen.«

»Ja«, bestätigte die alte Dame, »meine Kinder haben immer so viel zu tun. Aber das kennen Sie ja sicher.«

Ich nickte brav und ärgerte mich, dass ich nichts mitgebracht hatte. Blumen, oder wenigstens eiskalten Kaffee, den trank sie so gern. Frau Kästner verabschiedete sich, meine Mutter wandte sich wieder mir zu. »Sage mal, deine Hosen, aus denen bist du aber wirklich inzwischen rausgewachsen. Du musst mehr auf dich achten. Was ist mit Daniela, sieht sie das nicht, oder hörst du ihr nicht zu?« Sie lachte. »Wie dein Vater, der wollte auch nie zuhören.«

»Mama«, sagte ich, »ich wachse seit fünfunddreißig Jahren nicht mehr.«

Sie ließ sich nicht stoppen: »Und was ist mit deinen Haaren passiert? Soweit ich mich erinnere, hattest du doch graue Strähnen. Ach, ich vergesse so viel. Oder färbst du? Solltest du nicht tun. Graue Haare sehen beim Mann interessant aus.«

»Das war früher«, sagte ich, »heute machen graue Haare alt«, und bereute diesen Satz wieder. So etwas sollte man in diesem Haus vielleicht nicht so laut sagen.

»Ich habe mein halbes Leben lang gefärbt«, sagte sie,

»dein Vater wollte es so. Und wenn du einmal damit anfängst, musst du dabei bleiben. Sonst sieht das nicht gut aus.« Sie strich mir über den Kopf, was ich noch nie besonders mochte. Noch schlimmer war eigentlich nur, wenn sie die Ecke eines Taschentuchs anfeuchtete und mir damit den Mundwinkel auswischte. Was sie leider heute noch manchmal tut. Bevor sie ein Taschentuch ziehen konnte, sagte ich: »Komm, lass uns in dein Zimmer gehen.«

Sie hatte natürlich viele Sachen zurücklassen müssen, als sie ihre alte Wohnung aufgab. Aber von ihren Fotos hatte sie sich nicht trennen wollen. Sie hingen dicht an dicht, bedeckten zwei der vier Wände ihres Appartements. Praktisch alle Familienfeste der letzten fünfzig Jahre blickten mich an, meine Einschulung, die meines Bruders, Hochzeiten, Geburtstage, ein paar Urlaube, Sophie und Florian von der Wiege bis heute. Früher wurden fast nur besondere Ereignisse im Bild festgehalten. Mit der Erfindung des Smartphones hat sich das komplett verändert. Kein Anlass kann zu banal sein, dass er nicht trotzdem fotografiert wird. Weshalb wir selbst derart viele Bilder auf verschiedenen Festplatten und in diversen Clouds gespeichert haben, dass ich keinen Überblick mehr habe. Was wohl bei mir in meinem letzten Zimmer hängen wird? Selbst wenn ich mich manchmal durch die Bilderflut klicke, kann ich nicht immer mit Bestimmtheit sagen, wen oder was ich da gerade sehe. Meine Erinnerungen werden im Meer der Bedeutungslosigkeit versinken, dachte ich noch trauriger als vorhin, als ich den Fahrstuhl betreten hatte. Meine Mutter besitzt sechs Fotoalben, auf denen praktisch ihr gesamtes

Leben festgehalten ist, das meiste darin sogar mit kurzen Kommentaren.

»Ich kann dir leider nichts anbieten«, sagte sie, »ich habe in meiner neuen Wohnung keine Küche.«

»Das macht doch nichts«, tröstete ich sie, »wollen wir uns stattdessen ein Album angucken?«

Sie war begeistert.

Ich zog einen braunen Kunstlederband aus einer kleinen Truhe mit Klappdeckel, die Oberfläche hatte die Struktur von Krokodilleder. Ich hatte allerdings noch nie ein braunes Krokodil gesehen. Ich vermutete, dass es sich um den ältesten Band handelte, und lag richtig. Die ersten Bilder zeigten meine Mutter als kleines Mädchen, alle in Schwarz-Weiß. Mir fiel Sophie wieder ein. Auch meine allerersten Kinderbilder sind zum Teil noch in Schwarz-Weiß, mein Vater hatte sie selbst entwickelt. Sophie war höchstens fünf, als wir uns mal zusammen diese Bilder angeschaut haben. »Als du klein warst, hätte ich nicht gern gelebt, da gab es ja noch gar keine Farbe in der Welt«, hatte sie mit ihrem zarten Stimmchen gesagt. Ich fand das damals sehr lustig, versuchte, ihr zu erklären, dass meine Welt natürlich auch bunt gewesen sei – was sie mir aber nicht recht zu glauben schien.

Wenn ich heute an früher denke, kommt mir die Welt damals inzwischen selbst ein wenig blass vor. Weil es wirklich weniger Farben gab? Oder ist das gemeint, wenn man von verblassenden Erinnerungen spricht? Ich stieß auf ein Foto, auf dem meine Mutter vielleicht achtzehn war. Es lag lose zwischen den Seiten.

»Flott«, sagte ich und drehte es um. »Blumen und

Liebe will ich dir schenken, und du sollst immer bei mir sein!«, stand da in sauberer Schreibschrift.

»Von deinem Vater«, sagte meine Mutter.

Ich war gerührt, wenngleich ich es ungewöhnlich fand, dass er diesen Satz auf die Rückseite eines Fotos von ihr geschrieben hatte. Verschenkt man nicht eher ein Bild von sich selbst? Mir fiel auf, dass ich kein Bild meiner Frau bei mir trug, von den Kindern auch nicht. Aber im Handyspeicher sind ja diverse.

»Wir waren sehr jung, als wir uns kennenlernten«, sagte meine Mutter wie zur Entschuldigung, »und die Zeiten waren nicht leicht.« Noch zehn Jahre nach dem Krieg hätten sie Schwierigkeiten gehabt, eine Wohnung zu finden, und deshalb bei den Eltern meines Vaters gelebt. Was nicht immer einfach war, weil Schwiegermütter ihre Schwiegertöchter zuweilen als Konkurrenz sehen würden, wie sie erklärte. Ich sei der Grund gewesen, warum sie schließlich doch auszogen. Und ich war ein spätes Kind, gewissermaßen ein Nachzügler, weshalb mich meine Mutter heute noch manchmal als ihr Baby betrachtet. »Das ist mein Kleiner«, pflegt sie mich dann vorzustellen, während mein Bruder immer »der Große« ist. Ich kann noch so alt werden und werde doch nie etwas daran ändern können. »Wie geht es denn bei euch«, fragte sie, »ich hoffe, ihr versteht euch gut.«

»Prima«, antwortete ich, »alles bestens.«

»Wir waren auch glücklich, am Anfang zumindest«, sagte sie. Ich habe mit meiner Mutter tatsächlich noch nie über ihr Eheleben gesprochen. Sie erzählte, dass mein Vater eigentlich ihre ältere Schwester habe kennenlernen wollen. Die stimmte zwar einem Treffen zu,

aber als es so weit war, überlegte sie es sich anders. »Da hat sie gesagt, geh du.« Und so wurden meine Eltern ein Paar, blieben siebenundzwanzig Jahre lang verheiratet, bevor sie sich haben scheiden lassen. Mein Vater lernte eine neue Frau kennen, das wusste ich natürlich, über Details hatten wir aber nie gesprochen.

»Das Problem mit deinem Vater war, dass er irgendwann nicht mehr wusste, was er wollte.«

Ich zog einen Karton mit alten Postkarten aus der Truhe, fand eine von den Kanarischen Inseln. »Da sind wir doch zusammen gewesen«, sagte ich. Ich erkannte das Hotel, damals war ich zwölf gewesen, und es war der letzte Urlaub mit meinen beiden Eltern. Ich erinnerte mich an eine Szene am Strand. Plötzlich tauchten da ein paar junge Männer auf, die alle in unserem Hotel arbeiteten. Sie fragten, ob sie sich mal meinen Plastikfußball ausleihen dürften. Ich wollte das eigentlich nicht, aber mein Vater sagte großzügig: »Na klar.« Und dann haben die großen Jungs meinen Ball gegen einen Felsen geschossen, und er war platt. Ich weiß es deshalb noch so genau, weil ich damals keinen neuen gekriegt habe. Mein Vater versprach zwar noch, er würde mir zu Hause einen besorgen. Aber als wir wieder daheim waren, zog er aus, und niemand sprach je wieder über meinen Ball.

Meine Mutter unterbrach meine Gedanken: »Ja, aber diese Karte hat er nicht aus unserem Urlaub geschrieben, sondern aus einem späteren, mit seiner neuen Frau.«

Ich drehte sie um. Es stand nur ein Satz drauf: »Ich habe einen Fehler gemacht.«

»Dein Vater wollte immer woandershin, war er bei uns, wollte er zu ihr. War er bei ihr, wollte er zu uns. Das meine ich mit, er wusste nicht, was er will.«

Ich war erschüttert. Wie alle Kinder hatte ich zu meinem Vater aufgeblickt, jetzt erfuhr ich, dass er keineswegs der strahlende Held gewesen ist, für den ich ihn gehalten habe. Und zwar nicht nur, weil er meinen Ball vergessen hat.

»Ich bin so froh, dass du ganz anders bist. Bei dir bin ich sicher, du weißt, was du willst.« Meine Mutter strich mir wieder übers Haar.

»Hm«, brummte ich. Auch dieses Gespräch begann, mir unangenehm zu werden. »Lass uns gucken, was da noch für Bilder sind.«

Wir stießen auf ein neueres Album, die Fotos darin allesamt in Farbe. Viele davon waren bei Firmenfeiern aufgenommen worden, meine Mutter stand im Mittelpunkt. »Ich habe nach der Scheidung wieder angefangen zu arbeiten.«

Das wusste ich, auch dass sie einen neuen Mann kennenlernte. »Warum seid ihr dann nicht zusammengezogen?«, fragte ich sie.

Meine Mutter zögerte. »Wir haben uns gut verstanden«, sagte sie, »sind verreist, waren tanzen, aber den gleichen Fehler noch einmal machen, mich an einen Mann binden, nur für ihn da sein, das wollte ich nicht.« Ich schaute mir die Fotos aus diesem zweiten Leben genauer an. Meine Mutter sah glücklich darauf aus. Komisch, dass wir nie darüber gesprochen haben. Vielleicht hätte ich was lernen können.

Als ich nach Hause kam, saß meine Frau in der Küche.

225

Irgendwie war das unser Lieblingsraum. Wir hatten sogar schon mal überlegt, die Wand zum benachbarten Wohnzimmer wegzunehmen, um eine offene Küche mit Tresen zu bekommen. Das würde vielleicht moderner aussehen. Wir haben es gelassen, weil dann die Intimität unserer Küche, die so lange Mittelpunkt des familiären Lebens gewesen war, für immer verloren gewesen wäre.

»Sophie hat einen Aufsatz geschrieben, den schenkt sie uns zum Abschied. Er heißt Freitagabend in der Küche.« Ich war verblüfft. Unsere Tochter schenkt uns einen Aufsatz. Aber so war es. Die Geschichte handelte davon, wie ich freitags nach Hause komme und wir alle in der Küche sitzen, zusammen kochen, Musik hören, »und mein Vater erzählt eine Geschichte«. Das stimmt, das ist wirklich so passiert. Und ich habe von der Woche erzählt. Und das haben wir dann gemeinsam ausgesponnen, zu einem kleinen Drama. Einfach so, statt Fernsehen. Ich weiß gar nicht, warum wir das nur freitags gemacht haben oder eben vor allem freitags. Und warum ich so ein Küchentyp bin. Auch auf Partys stehe ich am liebsten in der Küche rum. Na gut, das habe ich nicht exklusiv. Auf Partys gibt es nun einmal die drei Gruppen: Die Raucher, die auf dem Balkon rumhängen, die Tänzer, die versuchen, Einfluss auf die Musik zu nehmen, und sich deshalb immer in der Nähe der Anlage rumtreiben. Und die Küchentypen. Küchentypen sind jetzt nicht die spannendsten, aber solide, dachte ich mit einiger Befriedigung.

»Wer ist eigentlich Doreen?«, platzte meine Frau in meine von Küchendünsten umnebelten Gedanken,

»und warum hast du nicht erzählt, dass du mit ihr auf einem Konzert warst?«

Wieder wusste ich nicht, ob ich rot wurde. Aber ich fing an zu stammeln: »Doreen«, längere Pause. »Ja«, noch eine Pause, »ach die, die kennst du doch auch.« Ich verstummte.

»Woher denn?«, meine Frau war sichtlich misstrauisch.

»Na, die hieß früher Doris, und... Aber das war eigentlich vor deiner Zeit, also der Zeit mit dir.« Mir war spontan die Eloquenz des Geschichten erzählenden Freitagabendvatis abhandengekommen, und das hörte sich jetzt natürlich nicht gut an. Ich nahm einen neuen Anlauf. »Also, Doreen hatte sich spontan bei mir gemeldet, nach Jahren musst du wissen, und sie hatte Karten für dieses Konzert, und du warst an dem Abend bei deinen Eltern, und ich dachte, ach, wie nett, nach so langer Zeit, und da habe ich gesagt, okay, gehen wir halt zusammen hin. Und da habe ich dann Florian getroffen.«

»Wir könnten auch mal wieder abends aufs Konzert gehen.«

»Auf jeden Fall«, stimmte ich so euphorisch wie möglich zu, »oder wir gehen essen«, aber auf keinen Fall ins Amalfi, fügte ich in Gedanken hinzu, weil ich jetzt vollkommen vergessen hatte, diesen Ausflug zu erwähnen.

»Okay«, bemerkte meine Frau ziemlich knapp, »ich bin gespannt.«

Abends im Bett las ich Sophies Aufsatz noch mal und war gerührt. Mein kleines Mädchen. Das war eine

Hymne. Und selbst wenn man sich bemühte, die Geschichte ganz objektiv zu lesen. Ich war der Held darin. Vielleicht sollte ich versuchen, daran anzuknüpfen. Aber wie, wenn sie erst einmal weg war.

11
Der Triathlon

»Was heißt hier Männerding?« Meine Frau blieb hartnäckig: »Zunächst mal ist es dein Ding. Du fährst doch alleine nach Hamburg.« Ihre Stirnfalte wuchs.

»Ja, aber nicht wirklich«, versuchte ich zu erklären. »Frank fährt schon mal vor, weil er unbedingt noch ein Spiel von Sankt Pauli sehen will, was mich aber nicht so interessiert. Und ich wollte dich hier nicht so lange alleine lassen. Weshalb ich erst zum Starttag hinfahre.« Ich merkte selbst, dass meine Geschichte auf dem Weg war, kompliziert und zudem etwas hölzern zu werden. Daniela schien auch nicht besonders überzeugt zu sein. Ich bemühte mich um versöhnliche Töne. Jedenfalls hielt ich sie dafür: »Hör mal, ich treffe mich mit ihm. Gleich wenn es vorbei ist, komme ich wieder, und abends gehen wir alle zusammen essen und feiern unseren Triumph.«

Es half nichts: »Ich weiß genau, wie das dann abläuft. Du bist vollkommen erledigt, und damit hat es

sich. Wenn du wirklich willst, dass wir etwas gemeinsam machen, komme ich mit. Das ist doch eine tolle Gelegenheit. Wir beide in Hamburg. Ohne Kinder. Können wir schon mal üben für unser neues Leben, wenn Sophie weg ist.« Ihre Stirn glättete sich.

Eigentlich hatte sie recht. Ich stand zwar auf dem Standpunkt, dass sich eine gute Beziehung dadurch auszeichnet, jedem auch mal einen eigenen Weg zuzugestehen. Und dass es ein Fehler ist, wenn man so etwas als Bedrohung ansieht. Aber vielleicht war ich auf meinen eigenen Wegen falsch abgebogen? Meine Haare zum Beispiel hatten die Struktur von einem gefärbten Rasierpinsel. Wie hatte meine Mutter gesagt: »Dein Vater wusste nicht, was er wollte.« Aber ich bin nicht mein Vater und versuchte es noch einmal: »Weißt du, ich will mich auf diesen Wettbewerb fokussieren, darauf habe ich mich total vorbereitet.«

Meine Frau reagierte prompt. »Fokussieren? Wie redest du denn?« Sie wurde jedenfalls richtig wütend. »Total vorbereitet. Dass ich nicht lache.« Sie lachte tatsächlich. »Wann denn? Mir ist sowieso ein Rätsel, wie du einen Triathlon durchstehen willst. Wahrscheinlich wirst du froh sein, wenn jemand deine müden Knochen hinterher aufsammelt.«

In der Tat war meine Vorbereitung nicht optimal gewesen. Frank und ich hatten zwar einen ambitionierten Trainingsplan aufgestellt, den wir eigentlich gemeinsam durchziehen wollten. In der Praxis kam aber entweder mir oder ihm immer etwas dazwischen, sodass wir schließlich beschlossen hatten, unser Training individuell zu gestalten. Wie das bei Frank klappte, wusste ich nicht. Nun, er war jetzt allein, beinahe wenigstens. Es heißt, er verbrachte ziemlich viel Zeit mit Karen. Ich sah ihn eigentlich nicht mehr oft und musste an die Präservative in seinem Badezimmerschrank denken. Früher wurde von Leistungssportlern verlangt, dass sie sich vor einem Wettbewerb von ihren Frauen fernhalten. Mein eigenes Liebesleben verlief in letzter Zeit ja eher ruhig. Viel zu ruhig. Darüber würde zu reden sein. Aber nicht jetzt. Vielleicht war Abstinenz am Ende wirklich hilfreich für meine Wettbewerbsvorbereitung. Die ansonsten nicht rundlief. Die Zeit war ohnehin viel zu kurz gewesen. Im Wesentlichen vertraute ich auf meine bereits vorhandene Fitness. Woraufhin Micha mich bei unserer Billardrunde vorgestern Abend für verrückt erklärt hatte. So unrecht sollte er da nicht haben. Und auch Daniela hatte einen wunden Punkt getroffen, wie sich noch zeigen sollte.

Der Billardabend war zu Beginn eigentlich ganz gut gelaufen. Micha und ich lagen sogar einen Punkt vorne. Was er darauf zurückführte, dass er sich exakt den gleichen Queue wie Tobi gekauft hatte und sich jetzt für einen Meisterspieler hielt. Tatsächlich war Tobi an diesem Abend in ungewohnt schlechter Form. Ihm misslangen selbst einfache Stöße. Er zeigte uns diesmal auch keine Handybilder. Ich wollte ihn nach seiner aktuellen Freundin fragen, aber mir fiel ihr Name nicht ein.

Vielleicht hatten Tobi auch die ständigen Unterbrechungen abgelenkt. Micha fing immer wieder von dem bevorstehenden Triathlon an, für den Frank und ich uns angemeldet hatten. Erst zweifelte er daran, dass wir das überhaupt schaffen würden. Dann kam er auf sein Lieb-

lingsthema, den finalen Zusammenbruch infolge unentdeckter Vorerkrankungen. Wir nahmen seine hypochondrischen Ausflüge in die Welt der Intensivmedizin nicht ernst, aber das spornte ihn nur an. »Du kennst doch Lutz«, sagte er, während er für gefühlte fünf Minuten die Spitze seines Queues mit Kreide bearbeitete und keinerlei Anstalten machte, endlich seinen Stoß auszuführen. »Du bist draaan«, ermahnte ihn Frank. »Lutz, den Schwimmer«, Micha ließ sich nicht aus dem Konzept bringen, redete einfach weiter. Ich erinnerte mich dunkel: »Ja, Lutz die Beckenrakete.« Lutz ist in unserer Schulzeit der breitschultrigste Kerl im ganzen Jahrgang gewesen. Die meisten Mädchen schmachteten ihn an. Leider auch Jule, für die ich mich damals intensiv interessiert hatte. Nun ja, Lutz war wie gesagt Schwimmer. Ich war hingegen Mitglied der Schulmannschaft im Langstreckenlauf. Da war ich sogar richtig gut drin. Und so sah ich auch aus, Langstreckenläufer haben ja eher die Figur von Windhunden. »Halbes Hemd« wurde ich zuweilen genannt. Mit meiner schmächtigen Gestalt war es mir jedenfalls nicht gelungen, Jule zu beeindrucken. Egal, lange her, längst verjährt. Damals schmollte ich, hielt mich fortan von Jule fern und hatte insofern auch mit Lutz nichts mehr zu tun.

»Was ist mit dem?«, fragte ich jetzt mehr aus Langeweile und um Michas Geschichte ein wenig zu beschleunigen. »Tot«, sagte er, »plötzlicher Herztod, mit fünfundfünfzig. Und Lutz war echt fit.«

»Vielleicht war er gedopt«, gab Frank lässig zu bedenken. So ist er, den kann man mit nichts beeindrucken.

»Ja«, schloss ich mich Franks Theorie an, »vielleicht hat er zu viele Anabolika geschluckt. Ihr wisst doch noch, was der für einen Brustkorb hatte. Das war nicht normal. Und so was kann sich noch nach Jahren rächen«, behauptete ich, ohne das medizinisch begründen zu können.

Das war der Moment, indem sich Tobi in das Gespräch einmischte: »Der arme Lutz, so etwas hat niemand verdient.« Ich hatte ganz vergessen, dass Tobi ihn auch kannte. Genau genommen hatte er vor allem Jule gekannt. Weil er sie nämlich seinerseits Lutz ausgespannt hatte. Tobi war zwar kein Athlet, besaß aber damals bereits ein überbordendes Selbstbewusstsein und ein Motorrad, was ihn in den Augen vieler Mädchen ziemlich attraktiv machte. Tobis Motorrad schlug Lutz' Fahrrad, so hatten wir uns das erklärt.

»Leute«, meldete sich wieder Frank zu Wort, »das ist doch ewig her, und weiß irgendjemand, was Lutz seit damals getrieben hat? Nein? Also, vielleicht ist er Couchkartoffel geworden, wollte aber plötzlich wieder zeigen, was in ihm steckt, und peng.«

Da hatte er recht, so könnte es gewesen sein. Couchkartoffel und peng. Ob ich wirklich so fit war, wie ich glaubte? Oder ob mir ein Schicksal wie das von Lutz bevorstand, das ich allerdings so genau nicht kannte. Was nicht zu meiner Beruhigung beitrug. Ich horchte in mich hinein. Konnte man eigentlich seinen Herzschlag auch spüren, ohne dass man sich zuvor angestrengt hatte? Ich legte mir die Hand auf die Brust, spürte nichts. Micha aber spürte instinktiv, wie ich unsicher geworden war, und lief zu großer Form auf. Er über-

schüttete uns mit Geschichten von Leuten, die zwar keiner von uns kannte, die aber dem Vernehmen nach alle an plötzlichem Herzversagen verschieden waren. »Mitte fünfzig ist da ein ganz gefährliches Alter«, beendete er seinen morbiden Vortrag.

Damit hatte er es geschafft. Ich baute ab, wir verloren die offene Partie, am Ende gewannen wie immer Tobi und Frank. »Ich habe keine Lust mehr«, sagte ich.

»Ich auch nicht«, stimmte Tobi zu. Mir fiel auf, dass er seinen Sieg nicht wie üblich mit wölfischem Grinsen feierte. Zwar hob er seine Hand zum obligatorischen Give-me-Five-Abschlag, aber selbst dabei passierte ihm, was sonst nie geschah: Er verfehlte Franks Hand knapp, traf sie nur am Rand, was ziemlich ungeschickt aussah. Dann schraubte er seinen Queue auseinander.

»Alles in Ordnung?«, fragte ich ihn.

»Hm«, kam seine sparsame Antwort.

»Wollen wir noch auf einen Absacker an die Bar?«

Frank und Micha verneinten, aber zu meiner Überraschung willigte Tobi ein. Ich hatte mich schon lange nicht mehr allein mit ihm unterhalten.

»Ich habe deinen Ford Capri gesehen«, bemühte ich mich um eine unverfängliche Gesprächseröffnung. Leider fiel mir immer noch nicht der Name seiner Freundin ein.

»Hm«, murmelte er wieder, und dann legte er los: »Ich dachte wirklich, das ist sie. Meine Traumfrau, mit der werde ich alt.«

»Und?« Ich hielt es für klüger, ihn weiterreden zu lassen.

»Langweilig, sie hat gesagt, ich bin ihr zu langweilig.« Er lachte schnaubend. »Ausgerechnet ich. Hast du eigentlich eine Ahnung, wie das ist, sich immer Mühe zu geben, sich nie gehen zu lassen, immer um sich zu werben?«

Ich war mir nicht sicher, ob er erwartete, dass ich jetzt etwas sagte. Er nahm mir die Entscheidung ab.

»Anstrengend ist das. Weißt du, du kannst auch mal in der Jogginghose zu Hause sitzen. Solltest du allerdings nicht, weil...«

»Ich weiß, Achtung Kontrollverlust.«

Tobi verehrte Karl Lagerfeld. »Genau«, fuhr er fort. »Aber du könntest es, wenn du mal schwach bist. Was mache ich, wenn ich mal schwach bin? Ich werde es dir sagen. Dann bin ich einsam!« So kannte ich ihn gar nicht. »Ich meine, ich werde doch auch mal älter, du hast jemanden, auf den du dich verlassen kannst. Daniela ist eine ganz tolle Frau. Sie ist selbstständig, sieht toll aus, ich mag ihre Zähne. Und ihre Augen.«

»Ich auch«, sagte ich und wunderte mich ein bisschen, woher er seine Kenntnisse über meine Frau nahm. So oft sahen die beiden sich nicht. Jedenfalls nicht in meinem Beisein. Gab es da irgendetwas, was ich wissen sollte? Immerhin hatte sie neulich unseren Wagen bei Wolle abgeholt, mit der neuen TÜV-Plakette. Da könnte sie Tobi getroffen haben. Sie hat aber nichts erzählt.

»Du hast Glück«, behauptete Tobi, »ich beneide dich, ich würde sie glatt gegen meinen Ford Capri tauschen.«

Also doch in der Werkstatt. »Deal«, sagte ich, er guckte komisch. »Scherz«, fügte ich rasch hinzu.

»Mach keinen Fehler«, sagte er, »ich hab das Gefühl, bei dir ist nicht nur die Work-Life-Balance ein wenig

235

durcheinander. Weißt du was, am besten gefällst du mir, wenn du du selbst bist, wenn du nicht versuchst, jemand anders zu sein. Das steht dir nicht. Ich würde mir diese seltsame Frisur abrasieren. Ich sage dir aus eigener Erfahrung, so ein Charakterkopf kommt an.«

Ich wurde direkt ein bisschen verlegen, starrte auf seine Glatze. »Ich bin ich«, sagte ich, »ich will nur nicht alt werden, sondern der bleiben, der ich bisher gewesen bin. Eine Glatze macht mich auch nicht jünger.«

Tobi sah müde aus, was er offenbar auch war. »Ich bin müde«, sagte er und trank sein Glas aus.

Ich tat es ihm gleich. Und beschloss, auf dem Heimweg für Daniela diesmal wirklich Blumen zu kaufen. Also stoppte ich an einer Tankstelle. Vor der Glastür standen ein paar leere Eimer, nur in einem hingen ein paar Astern lustlos über den Rand. So viel war klar, mit dem Strauß würde ich nichts reißen. Ich stieg gar nicht erst aus.

Am nächsten Morgen nahm ich mir vor, gewissermaßen in letzter Minute noch Harald zu konsultieren. Er sollte mir bescheinigen, dass ich die Sache sicher überleben würde. Am Telefon sagte er, sein Sprechzimmer sei voll.

»Es ist dringend«, behauptete ich.

»Komm rum«, willigte er ein.

Ich musste dann aufs Ergometer. »Hör mal«, sagte ich, »das Ding tritt sich so schwer.«

Harald klebte mir ein paar Gummipfropfen auf die Brust. »Das muss so sein.« Er war so wortkarg heute. Harald blätterte sich durch mein EKG, guckte nach meiner Einschätzung gar nicht richtig hin und gab Entwarnung. Während ich mir die Gumminäpfe selbst vom Leib pflückte, versicherte er mir: »Dein Herz ist in Ordnung.« Ich war erleichtert, bis er noch hinzufügte: »Aber absolute Gewissheit hat man nie, gib halt auf, wenn du nicht mehr kannst.« So sind Ärzte, immer eine Hintertür.

»Ja, ja«, versprach ich ihm, »aber du sagst, dass alles okay ist?«

»Ja, ja«, äffte er mich nach, klang ein bisschen genervt, »und jetzt ist gut, da draußen sitzen noch ein paar richtige Patienten.«

Damit war meine Vorbereitung weitgehend abgeschlossen. Frank und ich würden zeigen, was wir für Kerle sind. Und zwar allein. Falls nämlich doch der Ernstfall eintreten sollte und ich das Handtuch warf, wollte ich keine mir bekannten Zeugen dabeihaben.

»Vergiss es«, sagte meine Frau schließlich, als ich einen letzten Versuch unternahm, sie zu überreden, mich doch alleine fahren zu lassen. Ich musste an Tobis kleinen Vortrag denken und wie gerne ich Daniela lächeln sah.

»Na gut«, lenkte ich schließlich ein, »vielleicht wird es ganz nett.«

Auf jeden Fall, aber das konnte ich zu diesem Zeitpunkt natürlich noch nicht wissen, kam alles ganz anders. Dabei hätte es leicht passieren können, dass mit diesem Trip alles zu Ende gewesen wäre.

Mir blieb nichts anderes übrig, als meinen Neunzigerjahre-Trainingsanzug einzupacken, weder die neonfarbenen Blitze auf Armen und Beinen noch die Bändchen an Hand- und Fußgelenken waren zeitgemäß. Vor allem an den Handgelenken rutschten sie mir immer

nach oben, was ziemlich albern aussah. Leider hatte ich keine Zeit mehr gehabt, mir etwas Passenderes zu besorgen, und Florian wollte mir seine Klamotten nicht leihen. Gepasst hätten sie, der Junge hatte ganz schön Muskelmasse zugelegt, trieb ziemlich viel Sport.

Nun, ich würde ihm beweisen, dass sein Vater noch lange nicht zum alten Eisen gehörte. Auch meine kurze Sporthose saß sehr knapp. Früher ist so etwas sexy gewesen, jetzt klemmte sie etwas. Ich würde versuchen müssen, besondere Coolness an den Tag zu legen, steckte mir einen Zahnstocher in den Mund und kniff die Augen zu. Wie Clint Eastwood. Allerdings, wer hat beim Triathlon einen Zahnstocher im Mund, und warum? Vielleicht würde es mir gelingen, meinen Auftritt als Retrotrend zu verkaufen. Außerdem hatte ich die Absicht, durch Leistung zu überzeugen.

In großer Eile packte ich also meine Ausrüstung in den Wagen, musste dabei ein wenig umdisponieren, weil meine Frau auch noch eine überraschend große Tasche mit sich führte. Und als ich alles auf einem Haufen hatte, war mein eigenes Gepäck größer als angenommen. Ich kriegte das Fahrrad nicht mehr in einem Stück in den Wagen, musste also das Vorderrad demontieren. Das war aber im Handumdrehen erledigt, danach ging es ganz leicht.

Und so waren wir in aller Frühe beinahe ohne Verspätung bereit zum Start. Was auch daran lag, dass die Dusche immer noch ausfiel. Immerhin waren Gerlachs Leute mit ihrem Teil der Arbeit inzwischen fertig, Schwiegervater hatte bereits begonnen, die neuen Fliesen anzubringen, und versprach, am Wochenende auch ohne unsere Hilfe weiterzuarbeiten. Das machte mir gute Laune. Auf diese Weise blieb es mir erspart, mich von ihm als eine Art Lehrling demütigen zu lassen. Und wenn hinterher irgendetwas nicht funktionierte, konnte ich unmöglich schuld sein.

Frank war ein wenig verwundert, als wir in Hamburg eintrafen. »Wir hatten doch vereinbart, dass wir ohne die Frauen...«

»Ich weiß«, unterbrach ich ihn, »aber du kennst doch deine Schwester...«

Daniela ließ mich gar nicht erst weitersprechen und redete stattdessen auf ihren Bruder ein: »Ich habe es satt, eure Eskapaden. Ständig macht Andreas sein Ding alleine. Er springt aus Flugzeugen, geht auf Konzerte, spielt mit seinen Kumpels Billard, kauft sich merkwürdige Hosen. Wer weiß, was ihr beide hier anrichten würdet, wenn keiner da ist, der auf euch aufpasst!«

»Ja, wer weiß«, erwiderte Frank, aber Daniela hatte sich schon umgedreht, um ihre Tasche aus dem Auto zu holen.

»Tut mir leid«, sagte ich zu Frank, »ich weiß, wir hatten das anders geplant.«

»Keine Ahnung, was du geplant hast«, unterbrach Frank jetzt auch mich, »ich weiß nur eins, ich bin ohne Frau hier, du hast es gleich mit zweien zu tun.«

Ich starrte ihn an. »Wie meinst du das?«

»Wie, wie ich das meine?« Frank schien ernsthaft verblüfft. »Wusstest du gar nicht, dass Doreen auch hier ist? Ich dachte, du hättest das so eingefädelt, und war gelinde gesagt ein bisschen verwundert. Mir gegenüber tust du so, als ob es völlig unverständlich wäre, was bei

mir und Connie passiert ist. Aber ich bin wenigstens ehrlich. Und du benutzt mich als Alibi für ein heimliches Wochenende. Das ist ein starkes Stück. Deine Frau ist immerhin meine Schwester. Soll ich die jetzt belügen? Oder wie hast du dir das vorgestellt?«

Ich war vollkommen perplex. »Ehrenwort«, sagte ich, »ich hatte keine Ahnung, dass Doreen…«

»Hallo«, schallte es plötzlich von hinten, »Überraschung!« Jemand hielt mir die Augen zu und flüsterte: »Kuckuck, wer ist da?« Oh nein, dachte ich. Aber es war wirklich Doreen. »Ich wollte doch unbedingt sehen, wie ihr beide euch schlagt.«

»Doreen«, brachte ich hervor, »das ist jetzt wirklich ungünstig.« Ich schaute mich um, wo Daniela abgeblieben war. Im Moment konnte ich sie nicht sehen. »Wir müssen uns jetzt erst mal um ein paar Dinge kümmern, lass uns später reden.« Im Moment hatte ich eigentlich auch keine Lust, später mit ihr zu reden. Im Moment fürchtete ich vielmehr, dass ich gleich großen Ärger bekommen würde. Der von Micha prophezeite plötzliche Herztod schien mir jedenfalls gerade das geringste Problem. Ja, vielleicht wäre das sogar noch eine Option, dachte ich spontan. Muss ja nicht gleich tot sein, vielleicht scheintot. Der Scheintod schien mir in diesem Moment zunehmend eine verlockende Alternative. Ich malte mir aus, wie ich am Boden liege und mich alle umringen: Daniela, Doreen, Frank, wie sie rufen: »Verlass uns nicht!« Wie sie glücklich gucken, als ich die Augen wieder aufschlage, wie sich Daniela und Doreen in die Arme fallen. Und alles würde wieder gut sein.

»Andreas hat recht«, sprang mir Frank bei, »wir müssen jetzt dringend noch ein paar Formalitäten erledigen.«

»Okay, ich sehe euch beim Start oder besser am Ziel«, sagte sie und drehte ab.

»Danke«, sagte ich knapp.

»Ist schon in Ordnung«, gab Frank zurück, »schien ja wirklich eine Überraschung zu sein, na, die ist ihr gelungen.« Er erklärte mir dann, dass er sich bereits um die Formalitäten gekümmert hatte, dass aber der Schwimmwettbewerb schon bald beginnen würde, es also höchste Zeit wäre, dass ich mich jetzt mal um mein Equipment kümmerte.

»Logisch«, sagte ich immer noch dankbar, ging zum Wagen und öffnete die Heckklappe, um mein Fahrrad herauszuholen. Das war der Moment, an dem mich der nächste Schlag traf. »Das kann nicht sein«, stammelte ich.

Frank drehte sich zu mir um. »Was ist denn nun wieder?«

»Mein Vorderrad...« Tatsächlich wurde mir in diesem Augenblick klar, warum plötzlich alles so gut reingepasst hatte. »... ich hab das Vorderrad vergessen.«

Frank lachte. Der Kerl hatte wirklich ein sonniges Gemüt. »War Absicht, oder?«

Ich ging auf seine Bemerkung gar nicht ein, stand vielmehr unter Schock. »Erledigt«, stammelte ich, »ich kann gleich wieder einpacken.«

In dem Moment kam Daniela zurück, offenbar gut gelaunt. »Ich habe mich mal um unsere Unterkunft gekümmert«, sagte sie, »ist ganz nett. Ich glaube, die Chancen stehen gut für ein Superwochenende.«

Frank lachte schon wieder, aber ich war dafür kurz vorm Explodieren.

»Ja, ganz toll«, brüllte ich, »sag mal, hast du nicht gesehen, dass da gar kein Vorderrad ist?«

»Jetzt mal ganz ruhig«, Frank legte mir die Hand auf die Schulter, »hier sind jede Menge Ausrüster, die ihre Stände aufgebaut haben, da kriegst du im Nu auch ein neues Vorderrad. Und zwar noch bevor der erste Wettbewerb beginnt. Das würde ich auch empfehlen, damit du wieder runterkommst und beim Schwimmen nicht die ganze Zeit an dein Vorderrad denkst. Dann wird das nämlich nie was.«

Frank hatte natürlich recht. Ich zwang mich, gleichmäßig zu atmen, sonst konnte ich wirklich gleich wieder abreisen. Daniela hatte sich bereits beruhigt. Normalerweise hätte mein Vorwurf, sie könnte irgendwie mit schuld an diesem Desaster sein, zu einer scharfen Reaktion ihrerseits geführt. Irgendetwas wie »Kannst du nicht selbst auf deinen Kram achten« oder Schlimmeres. Jetzt aber sagte sie: »Soll ich mitkommen, dir helfen?« Das waren wirklich ungewohnte Töne.

»Nee, lass mal«, sagte ich trotzdem, »ich weiß, was ich brauche. Wenn du mir helfen willst, dann, indem du mit Frank meinen Kram ins Hotel bringst.«

Das machten die beiden auch, und ich kümmerte mich um mein Rad.

Es stimmte, da waren wirklich jede Menge einschlägige Stände. Das Problem stellten die Preise dar. Denn hier waren vor allem die Hightechausrüster präsent. Ich hatte mit maximal hundert Euro für ein Komplettrad gerechnet, jetzt wurden zweihundert fällig.

»Das ist doch nicht dein Ernst«, sagte ich zu einem Händler mit Zopf und Ohrring. Ich hielt den vertraulichen Ton unter Sportlern für angemessen, hoffte irgendwie auf seine Solidarität.

»Dann nicht«, antwortete er leichthin, »wer nicht will, der hat schon.«

Am Ende wurde die Zeit knapp, ich zahlte die zweihundert, war jetzt auch egal, inzwischen stand ich derart in den Miesen, dass es nicht mehr darauf ankam.

»Da bist du ja endlich«, Frank schien mir das erste Mal an diesem Tag tatsächlich ein wenig nervös zu sein. Er sah gut aus in seinem Neoprenanzug. Erstaunlich, was ein paar Kilo weniger so ausmachen. »Ich dachte, du willst dich noch ein bisschen einschwimmen, Freiwasser ist noch mal etwas anderes als Becken. Sieh zu, dass du in deinen Anzug kommst.«

Ich hatte tatsächlich vorgehabt, das Ding im Wasser noch mal zu testen. Inzwischen war nicht einmal mehr Zeit für eine Anprobe. »Okay«, sagte ich, »läuft.« Daniela hielt mir den Anzug hin. Wir wurden ein letztes Mal eingewiesen: »Keinen falschen Ehrgeiz«, sagte ein Mann in einer Art Bermuda-Shorts. Ich wunderte mich noch, denn es war der erste frische Tag in diesem Jahr, und ich selbst fröstelte ein wenig. »Wer merkt, dass ihn die Kräfte verlassen, der muss einfach nur Handzeichen geben. Wir werden ihn dann sofort aus dem Wasser ziehen.« Tatsächlich sah ich mehrere Boote von der DLRG auf der Alster dümpeln.

Alles war bereit. Nur ich nicht. Ich kämpfte immer noch mit dem alten Neoprenanzug. Das Ding war doch erheblich enger, als ich ihn in Erinnerung hatte, und

243

zudem ziemlich störrisch. Meine Frau hatte bereits ihr Handy gezückt, fing an zu fotografieren. Ich wurde noch nervöser, das konnten keine guten Bilder sein, wie ich mich in diesen halb aufgekrempelten Anzug zwängte. »Hilf mir lieber«, sagte ich. Sie hörte mich gar nicht in dem allgemeinen Durcheinander. Ich hielt nach Frank Ausschau, doch ich hatte ihn aus den Augen verloren. Irgendwie gelang es mir, in den Anzug hineinzukommen, aber jetzt ging er nicht zu. Verdammt, ich würde den Reißverschluss sprengen. Oder wenigstens diesen kleinen Zipfel am Ende abreißen. Um mich herum wurde gegrinst. Ich zerrte und zog, kämpfte Zentimeter für Zentimeter, bis ich das Ding endlich geschlossen hatte. Jetzt bekam ich kaum noch Luft, stapfte trotzdem an den Start. Und dann ging es los.

Wasser drang in meinen Anzug ein, ich weiß nicht, wie das physikalisch möglich war, saß ich doch fest wie die Wurst in der Pelle. Meine Brust krampfte sich zusammen, ich wurde geschubst, kriegte einen Arm ab oder ein Bein. Mich erfasste eine Panik, wie ich sie lange nicht erlebt hatte, nicht einmal, als ich in dreitausend Metern Höhe an der offenen Flugzeugtür stand. Zudem musste ich jetzt feststellen, dass weniger das bisschen eingedrungene Wasser mein Problem war als vielmehr die verbliebene Luft. Das Ding entwickelte ungeheuren Auftrieb, ich lag wie eine Flunder auf dem Wasser, leider mit dem Gesicht nach unten. Ich nahm einen ordentlichen Schluck Alster, dachte, ich müsste mich gleich übergeben, riss die Hand nach oben, um nach irgendetwas zu greifen. Aber da konnte nichts sein – glaubte ich zumindest. Tatsächlich wurde ich gepackt, an den

Armen, unter den Achseln, ich wurde förmlich aus dem Wasser gerissen. »Nein«, wollte ich noch rufen, aber selbst dafür reichte meine Luft nicht. »Ich hab ihn«, rief einer, und so wurde ich gegen meinen Willen gerettet. Ich schwöre, es war doch nur eine momentane Unpässlichkeit, Sekunden später hätte ich mich gefangen, ganz bestimmt. Doch nach geschätzten dreißig Sekunden war der Triathlon für mich beendet. Und mein verschluckter Protest blieb ungehört.

Meine Frau kam mir zu Hilfe. Doreen auch, und sie war ein kleines bisschen schneller. Sie zog meinen Kopf an ihre Schulter, fragte: »Alles in Ordnung?« Was sollte ich sagen? Natürlich nicht. Ich erwog für einen Moment, ob es nicht besser wäre, jetzt wirklich den Scheintoten zu mimen, unterdrückte aber rasch das Stöhnen, zu dem ich bereits angesetzt hatte. Am Ende würde sie noch versuchen, mich zu beatmen. Ich zog meinen Kopf weg, Daniela hockte sich auf die andere Seite.

»Mein Lieber.« Sie sagte tatsächlich mein Lieber. »Was machst du nur?«

Das kam meiner Scheintotfantasie bereits ziemlich nahe. Dann guckte sie Doreen an, sagte: »Danke, jetzt kümmere ich mich um meinen Mann.«

Kurze Pause. »Oh, ich wusste gar nicht«, sagte Doreen.

Ich überlegte ein letztes Mal, ob ich jetzt vielleicht doch noch die Ohnmacht simulieren sollte, entschied mich aber für die Offensive. »Ja, das ist aber ein Zufall«, sagte ich, »das ist übrigens Doreen, ich habe dir doch von ihr erzählt.«

Was dann geschah, war ungefähr das Letzte, womit ich in dieser Situation gerechnet hätte. »Doreen, natür-

lich«, säuselte meine Frau, »unser Sohn hat mir erzählt, Sie sind die Ex, wie nett, dass man sich mal trifft.«

Auch Doreen schien mir sehr überrascht zu sein. »Ja, dann lasse ich euch mal allein«, sagte sie, »die Krise scheint mir überwunden.«

Mir war nicht ganz klar, welche meiner aktuell ziemlich zahlreichen Krisen sie meinte. Während sie sich geschmeidig erhob, sagte ich einmal mehr: »Man sieht sich.« Aber sie guckte nicht einmal.

Ich blieb noch eine Weile sitzen. Solange ich hier den sterbenden Schwan mimte, konnte mir nicht viel passieren, dachte ich. Daniela schwieg ebenfalls, hielt mich aber im Arm. »Du willst sicher wissen, ob das Zufall war, dass Doreen hier auftaucht«, fragte ich irgendwann.

»Weiß ich im Moment nicht«, gab sie zurück, und nach kurzem Zögern kam doch die Frage: »War es Zufall?«

»Absolut«, rief ich aus, »da kannst du deinen Bruder fragen, ich hatte keine Ahnung, dass sie hier sein würde.«

»Es ist nur so, weil du dich vehement gesträubt hast, mich mitzunehmen, das wirkt jetzt schon komisch.«

Natürlich, das wusste ich selbst. »Ich bin aber froh, dass du mitgekommen bist.« Tatsächlich ging mir kurz durch den Kopf, was wohl passiert wäre, wenn Daniela nicht hier gewesen wäre. Ob ich in diesem Moment tiefster Schmach – der Wettbewerb war natürlich gelaufen – anfällig für Trost gewesen wäre.

Irgendwann tauchte Frank auf. »Was ist mit dir?«, fragte er. »Ich habe dich gar nicht mehr gesehen.«

»Ein Krampf«, antwortete ich, »gewissermaßen ein Ganzkörperkrampf.«

»Ich auch«, erklärte er, »Triathlon ist vielleicht doch nicht die richtige Disziplin für uns.«

»Ich habe eine Bitte«, meldete sich plötzlich Daniela zu Wort, »und zwar an dich.« Sie meinte ihren Bruder. »Du weißt, dass ich nicht gut finde, was du mit Corinna abgezogen hast. Ich verstehe ja, dass man sich auseinanderlebt, aber warum habt ihr nicht darüber geredet, warum stellst du sie plötzlich vor eine unumkehrbare Situation? Du hast ihr keine Chance gegeben, das ist nicht fair.« Frank wollte etwas erwidern, aber sie signalisierte mit der Hand, dass sie noch nicht fertig war. »Ich will das gar nicht weiter diskutieren mit dir, damit musst du klarkommen. Ich will nur nicht, dass das jetzt so weitergeht mit Andreas. Ich will nicht, dass du ihn benutzt.«

»Er benutzt mich doch nicht«, widersprach ich, »er ist mein Freund, und da hilft man sich.«

»Indem ihr zusammen den permanenten Ausnahmezustand übt.«

»Kein Triathlon mehr«, versprach ich. »Überhaupt brauch ich mal eine Pause. Ich glaube, ich werde alt. Dem muss man ins Auge sehen.«

»Komm jetzt«, sagte sie.

Wir gingen Hand in Hand Richtung Hotel. Hatten wir lange nicht gemacht, weder das eine noch das andere.

Am nächsten Tag fuhren wir in aller Ruhe zurück nach Berlin. Ja, ich hatte versagt. Aber das machte nichts, im Gegenteil. Ich fühlte mich trotzdem gut.

»Immerhin haben wir es versucht«, sagte ich zu

Daniela. »Und ihr wart schlau genug aufzugeben, als ihr gemerkt habt, das wird nichts. Dazu gehört auch Mut.«

»Hm«, der Gedanke gefiel mir.

»Darf ich noch einen Wunsch äußern?«, fragte sie.

»Alles, was du willst.«

»Dann lass dir diese Haare abschneiden, ganz kurz. Ich hätte gerne wieder den Mann, den ich kenne.«

Die Antwort blieb ich schuldig. Ich hatte gerade versucht, einen LKW zu überholen, aber der Wagen beschleunigte nicht wie erwartet. Es gelang mir nicht, den nächsthöheren Gang einzulegen.

»Was tust du?«

»Ich weiß nicht, irgendetwas stimmt nicht, der Wagen fährt schon die ganze Zeit so eigenartig. Ich glaube, die Kupplung ist kaputt.« Und damit hatten wir eine neue Baustelle. »Gleich morgen kümmere ich mich darum«, versprach ich.

Den Rest der Fahrt sagten wir nichts mehr, lauschten vielmehr auf das angestrengte Motorgeräusch. Mir blieb nichts anderes übrig, als im dritten Gang nach Hause zu fahren und zur Sicherheit nirgendwo mehr anzuhalten.

12
Tanz auf dem Tisch

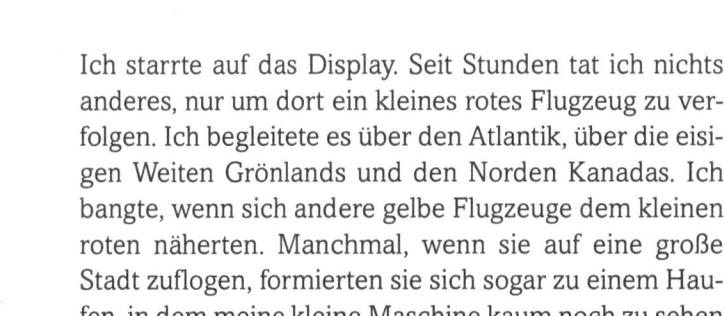

Ich starrte auf das Display. Seit Stunden tat ich nichts anderes, nur um dort ein kleines rotes Flugzeug zu verfolgen. Ich begleitete es über den Atlantik, über die eisigen Weiten Grönlands und den Norden Kanadas. Ich bangte, wenn sich andere gelbe Flugzeuge dem kleinen roten näherten. Manchmal, wenn sie auf eine große Stadt zuflogen, formierten sie sich sogar zu einem Haufen, in dem meine kleine Maschine kaum noch zu sehen war, weil sie die anderen bedrängten und schließlich verdeckten. Dann wischte ich mit zwei Fingern über den kleinen Bildschirm meines Handys, um ein bisschen näher ranzuzoomen, bis wenigstens ein Flügel wieder auftauchte.

Ich malte mir aus, wie mein kleines Mädchen aus dem winzigen roten Flugzeug durch das Oval ihres Fensters schaute und andere Maschinen ihr so nahe kamen, dass sie dieses Fenster fast ausfüllten. Ist natürlich Unsinn, sagte ich mir und schaute selbst aus dem Fenster. Der

Himmel ist groß genug für all diese kleinen Flieger. Aber dann blickte ich wieder auf das Handy und fand den Himmel gar nicht mehr so groß. Ob sie an Bord gerade einen Film guckte, vor sich einen Tomatensaft?

Seit Sophie vor Stunden abgehoben war, um in ihr Austauschabenteuer zu starten, seit ich diesen Tracker runtergeladen hatte, mit dem man wunderbarerweise Flugzeuge auf dem Handy verfolgen kann, beinahe als säße man selbst mit im Cockpit, seitdem kam ich nicht mehr dagegen an. Ich musste auf diesen Bildschirm starren, um mich zu vergewissern, dass alles in Ordnung war, dass die Maschine ruhig ihre Bahnen zog. Vielleicht sollte ich mir das Update kaufen? Dann würde ich noch mehr Details erkennen.

Heute Morgen war ich noch ganz ruhig gewesen. Ich stand in unserem neuen Bad, strich mit der Hand über das Porzellan des weißen Waschtischs und blickte in den Spiegel. Endlich konnte ich mich hier wieder rasieren. Leider funktioniert die Dusche immer noch nicht. Ich dachte an Florian, unseren Sohn. Der hatte ein ähnliches Austauschabenteuer vor Jahren glücklich überstanden. Der Gedanke daran wärmte mich. Der Junge war ja damals gerade erst sechzehn geworden. Das Bild, wie er da am Gate stand, hängt heute noch über meinem Schreibtisch. Wie jung er darauf aussieht. Er musste allein in New York umsteigen. Schafft er nie, hatte ich insgeheim gedacht, aber mich nicht zu sagen getraut. Ich meine, damals hatte er doch sogar Schwierigkeiten, in unserer, seiner Heimatstadt allein das Rathaus zu finden. Und nun das! Obwohl sie es ihm nicht leicht machten, obwohl er viel zu wenig Zeit hatte, obwohl sie ihm bei der

Einreise das falsche Formular in die Hand gedrückt hatten und dieser Beamte, der einem dort die Fingerabdrücke abnimmt, ihn allen Ernstes zurückschickte, damit er sich noch mal am Ende der Schlange anstellte. Ob sie Sophie auch zurückschicken würden? Mein kleines Mädchen, so hartherzig kann doch keiner sein.

Florian schaffte es trotzdem. Und er hat uns nicht erzählt, wie knapp es wirklich war, jedenfalls nicht gleich, sondern erst sehr viel später. Nun ja, ich habe meinen Eltern auch nicht alles erzählt. Ich dachte an das Geheimversteck in der Wand hinter meinem Kinderbett. Ich hatte versucht, mit einem Teelöffel einen Ziegelstein aus der Wand zu lösen. War ganz gut, dass ich das nie jemandem erzählt hatte. Wahrscheinlich würde uns Sophie auch nicht verraten, wenn es eng wird. Alle Kinder haben ihre Geheimnisse. Glaube ich jedenfalls. In Sophies Fall liegt es vielleicht auch ein bisschen an mir, das muss ich leider zugeben. Ich misch mich schnell mal ein. Zum Beispiel beim Elternsprechtag, einmal bin ich ihrem Lehrer gegenüber ziemlich scharf geworden, weil der nicht so wollte wie ich. Natürlich habe ich gemerkt, wie peinlich ihr das war. Aber ich meine es doch nur gut.

Ich dachte wieder an das Foto über meinem Schreibtisch. Florian hatte sich nicht einmal mehr umgedreht, als er damals durch das Gate ging. Warum dreht er sich nicht um, dachte ich noch. Ich habe ihm dann sogar einen Steward hinterherschicken wollen. »Schauen Sie«, habe ich zu dem Mann gesagt, »das ist mein Junge da drüben, sein Handgepäck, er hat es viel zu weit weggeschoben, sagen Sie ihm doch bitte, er soll darauf

achten!« Der Steward hat mich angeschaut, als ob ich nicht alle Latten am Zaun hätte. Also hampelte ich am Gate rum, um Florian auf mich aufmerksam zu machen. Aber der starrte stur geradeaus. Wahrscheinlich wollte er nicht, dass wir sehen, wenn ihm die Tränen kommen, der Junge. Und so war er damals für ein Jahr verschwunden, ohne einen letzten Blickkontakt.

Die Erinnerung, sie war so frisch. Und jetzt unsere Tochter. Sophie hatte sich umgedreht. Und gewinkt. Mehrmals sogar. Sie sah so fröhlich aus. Ein bisschen trauriger hätte sie ruhig sein können. Wir winkten zurück, sie wird wohl gesehen haben, dass wir es waren, denen die Tränen kamen. Und jetzt war sie weg.

»Lass mich mal schauen«, sagte meine Frau. Ich hatte gar nicht bemerkt, dass sie plötzlich neben mir stand. Ich spürte ihren Atem, roch ihr Parfüm, so nah war sie mir gekommen. Parfüm habe ich ihr lange nicht mehr geschenkt, sie muss es sich wohl selbst gekauft haben. Die Heimfahrt aus Hamburg, nach diesem unglückseligen Triathlon, die Kupplung ruckte und zuckte, der Wagen bockte, das hatte uns gutgetan.

Normalerweise geben wir uns gern gegenseitig die Schuld, wenn irgendetwas nicht klappt. Jedenfalls war es in letzter Zeit viel zu oft so gewesen. Diesmal hätte es gut sein können, dass wir auf der Autobahn stranden. Und niemand sagte etwas wie: Hast du nicht vorher gemerkt, dass mit dem Wagen etwas nicht stimmt? Es war ein Abenteuer, das wir gemeinsam bestanden hatten. Das nächste stand jetzt an.

»Sind da nicht viel zu viele andere Flugzeuge in der Nähe?«, fragte Daniela.

»Das wirkt nur so«, versicherte ich und zoomte wieder ran, damit es nicht gar so eng am Himmel aussah.

»Finde ich aber doch«, sagte sie.

»Der Himmel ist ja sehr groß«, antwortete ich ziemlich leise.

»Ach, hier seid ihr«, Florian stand auf der Kellertreppe, »ich such euch schon die ganze Zeit.«

Kam mir gar nicht so lange vor, dass ich mich hierhin zurückgezogen hatte, angeblich um Getränke zu holen. Eigentlich wollte ich nur in Ruhe Sophies Flug verfolgen.

»Könnt ihr nicht mal kommen, ihr habt Gäste.«

Der Junge hatte recht. Es war unsere Party. Eigentlich wollten wir das Ende der Renovierungsarbeiten feiern und Sophies Abschied. Aber Sophie hatte es vorgezogen, lieber allein ihren Freunden Adieu zu sagen. Und weil das Bad auch nicht ganz fertig geworden war, hatten wir die Party verschoben. Nun feierten wir seltsamerweise ihr Wegsein. Wenigstens funktionierte die Toilette.

»Irgendetwas ist mit dem Geschirrspüler nicht in Ordnung«, Florian bestand darauf, dass ich in die Küche ging, »wir brauchen den aber dringend, wir haben nicht genug Gläser.«

In der Küche war niemand außer Micha, der auf dem Boden hockte. Normalerweise ist die Küche ein beliebter Partyhotspot. Jetzt standen überall halb leere Gläser und Schüsseln. Salatblätter klebten auf dem kleinen Bistrotisch, auf dem Herd war etwas übergekocht und hatte sich zu einer dunklen Kruste verfestigt. Von meiner Lieblingstasse fehlte der Henkel. Traurig befingerte ich den scharfkantigen Rest, guckte mich um, ob ich irgendwo

den Henkel sah. Vielleicht könnte ich ihn ja ankleben. Ich bin nicht so der Typ, der leichtfertig etwas wegwirft. Micha knurrte. Er hörte sich ein bisschen an wie Duffy. Was tut er da, dachte ich und machte mir Sorgen. Micha ist zwar immer hilfsbereit, aber manchmal etwas unüberlegt in seinen Handlungen. Und es ist schon vorgekommen, dass das dann auf mich zurückfällt.

Einmal hatten wir uns in einer Fußballkneipe verabredet, um ein Championsleague-Spiel zu gucken. Ich war ein wenig früher gekommen, trotzdem waren die besten Plätze schon sehr umkämpft. Jedenfalls hatte ich eine kleine Auseinandersetzung mit jemandem, der der Meinung war, ich würde ihm im Weg stehen. Nichts Ernstes, wir kriegten das geregelt, und die Situation entspannte sich gerade, als Micha kam. Ich sagte ihm, wir sollten ein bisschen an den Rand rücken, weil der Mann hinter uns eben schon ziemlich sauer war. Und was macht Micha? »Soll ich den da für dich klarmachen?«, hat er laut und vernehmlich gesagt, so, dass der Mann das mitbekommen musste.

Micha ist nicht besonders groß, jedenfalls nahm ihn der andere nicht ernst, sagte stattdessen zu mir: »Halt den mal zurück.« Am Ende hatte ich Glück, dass der Typ nicht auf mich losging, weil Micha einfach nicht lockerließ, stattdessen von einem Bein aufs andere tänzelte, als sei er ein Boxer unter Strom, der nur darauf wartet, zum finalen Hieb auszuholen. Dabei blieb er allerdings strategisch geschickt hinter mir in Deckung.

Jetzt lehnte Micha mit dem Oberkörper über einem umgestürzten Stuhl. Er hatte die Ärmel hochgekrempelt und beide Hände im Geschirrspüler versenkt. Das

Bedienteil lag neben ihm auf dem Küchenboden. »Was machst du?«, fragte ich nun laut. Er guckte hoch, ich sah, dass er einen Schraubenzieher in der Hand hielt.

Jede Generation hat so ihre Eigenheiten. Meine Oma zum Beispiel pflegte von schimmligem Brot einfach die oberste Scheibe abzuschneiden und vom Rest zu behaupten, der wäre noch gut. Micha gehört wie ich der Analoggeneration an. Wir schrauben gern, selbst wenn wir keine Ahnung haben, was uns hinter der Schraube erwartet. Leider sind die Geräte heutzutage verschlossen, versiegelt und verklebt. Es gibt mittlerweile einfach zu wenig Schrauben. Aber ich habe schon mal die Wasserpumpe unseres Geschirrspülers mit Hilfe eines YouTube-Videos gereinigt, auf dem ein Engländer am Beispiel eines Geräts einer anderen Firma auf Englisch erklärte, wie es geht. Ich veranstaltete eine Riesensauerei, setzte die Küche unter Wasser, riss mir den Daumen auf und brauchte den halben Tag. Aber als das Ding hinterher wieder pumpte, war ich ungeheuer stolz. Seitdem halte ich mich für einen Experten, was Küchengeräte angeht. Kennst du eines, kennst du alle. Fußball, Baumärkte und neuerdings Extremsport, das ist der Kosmos, in dem Micha, Frank und ich uns gern bewegen, weil wir fest daran glauben, dort ein Terrain zu haben, auf dem wir gut sind, auf dem man uns braucht, das uns keiner so leicht streitig macht. Vor allem wenn es ansonsten gerade nicht so gut läuft.

»Der blöde Einschaltknopf ist abgebrochen. Jetzt muss er irgendwo hinter dieser Klappe stecken.« Micha zeigte auf das Bedienteil, das er gerade entfernt hatte. Quer über die Front zog sich ein gezackter Riss. Ich

schaute mich noch einmal um. Der Küchenstuhl lag umgekippt auf dem Boden, wahrscheinlich war irgendjemand mit dem Stuhl in den Geschirrspüler gefallen. Deshalb mache ich so ungerne Partys.

»Hast du denn Ahnung davon?«, fragte ich Micha. Er rieb an seinem Ohr, antwortete: »Nö, aber willst du das ganze Zeug mit der Hand abwaschen?« Dazu machte er mit der freien Hand eine kreisende Bewegung, die so ziemlich die gesamte Küche umfasste.

Ich schob ihn beiseite. »Tu mir einen Gefallen, hilf Daniela ein paar Getränke auf die Terrasse zu bringen.« Obwohl es kühl geworden war, standen viele unserer Gäste immer noch draußen. Wahrscheinlich weil es der einzige Ort war, an dem man bei uns rauchen darf.

Ich schaute in den verbliebenen Rest des Bedienpaneels und sah den nach innen gerutschten Knopf. Die Halterung, die ihn normalerweise an seinem Platz fixierte, war schon länger defekt, weshalb man ihn sehr behutsam betätigen musste. Sonst verschwand er in seinem schwarzen Loch. Wahrscheinlich hatte doch keiner gekippelt, wahrscheinlich wollte nur jemand behilflich sein und hatte zu fest gedrückt. Ich hatte Micha im Verdacht. Wahrscheinlich hatte ich ihn schlicht auf frischer Tat ertappt.

Ich beschloss, die Knopfhalterung mit reichlich Sekundenkleber wieder an ihrem Platz zu befestigen. Das dürfte nicht weiter schwierig sein, auch wenn die Bedingungen in einem Haus voller Gäste nicht optimal waren. Von der Terrasse hörte ich ausgelassene Stimmen, Tobi schaute durch das Fenster herein, fragte: »Warum kommst du nicht raus?«

»Kann nicht. Eine Operation am offenen Herzen«, gab ich zurück und hob dabei die Hände, Handrücken nach außen, wie ein Chirurg im Fernsehen. Im Kühlschrank suchte ich die Tube mit dem Sekundenkleber.

Die Küchentür ging einen Spalt auf, meine Frau steckte den Kopf herein. »Du willst jetzt nicht wirklich an dem Geschirrspüler herumschrauben«, meinte sie, »muss ich dich daran erinnern, dass du mit deiner letzten Bastelarbeit das Bad versenkt hast?«

Da war er wieder, ihr Sarkasmus. Konnte sie nicht einfach sagen: »Super, dass du das jetzt schnell machst. Und wie geschickt du bist.« Irgendetwas Nettes halt. Stattdessen wurde dauernd meine Kompetenz angezweifelt. »Bitte«, sagte ich, »ich muss mich konzentrieren, da drinnen fließt Strom, das ist nicht ungefährlich.«

Meine Mutter hatte mal ihr Bügeleisen selbst repariert. Ich sehe sie vor mir, wie sie am Bügelbrett steht, in der Hand das defekte Eisen, an dem sie gerade herumgedoktert hat. Es war schon ein älteres Modell, und sie muss irgendwie das Gehäuse unter Strom gesetzt haben. Jedenfalls starrte sie mich für Sekunden an, unfähig, sich zu rühren. Sie brachte nicht einmal mehr einen Ton heraus. Dann gab es einen Knall. Kurzschluss, wahrscheinlich war die Sicherung rausgeflogen. Das Eisen fiel runter, und alles war wieder gut. Und was machte meine Mutter? Sie schraubte ein zweites Mal an dem Ding herum. Manchmal staune ich, dass sie angesichts solcher Risikobereitschaft so alt hat werden können. Normalerweise sind es doch die Männer, die vorzeitig ins Gras beißen, weil sie Dinge tun, die sie besser

hätten lassen sollen. Ich sah sie vor mir, auf dem Flur in ihrem Pflegeheim, ihr weißes Haar, die zerbrechliche Gestalt. Wenn sie jetzt hier wäre, würde sie bestimmt das Gleiche tun wie ich.

Ich war also gewarnt, als ich versuchte, den Schalter in Position zu bringen. Den Schraubenzieher in der einen und den Sekundenkleber in der anderen Hand machte ich mich ans Werk.

»Frag doch lieber Toni.« Danielas Ex war auch unter unseren Gästen.

»Brauche ich nicht«, gab ich zurück, »selbst ist der Mann.«

Aber dann ging alles schief, wahrscheinlich weil meine Frau Toni erwähnt hatte, den Eintänzer, der angeblich alles konnte. Jedenfalls passte ich nicht auf, ein Tropfen Sekundenkleber ging eine unheilvolle Verbindung zwischen meinem Daumen und dem Zeigefinger ein. Hektisch wedelte ich mit der Hand und berührte mit der anderen den offenen Schalter. Es traf mich wie ein Hieb. Verblüfft starrte ich auf meinen geröteten Finger. Ich hatte nicht wirklich geglaubt, dass dort Strom fließt. Und dass es überhaupt möglich war, an den Kontakt zu kommen. Ist so etwas denn erlaubt? Spontan kam mir der Gedanke, dass man doch eigentlich den Geschirrspülerhersteller verklagen müsste. Ich malte mir eine gewaltige Summe aus, wie man sie von amerikanischen Gerichten hört, so ein Monsanto-Ding. Mit dem Geld könnte ich dann meinem Chef mal richtig die Meinung sagen. Und ein neuer Geschirrspüler wäre bestimmt auch drin. Allerdings musste man dafür wahrscheinlich viel schlimmer verletzt sein. Wenn nicht tot. Ich lebte aber noch. Ich sagte meinem schönen Tagtraum Adieu, tat trotzdem so, als ob mir schwindelig wäre. Daniela starrte mich von der Küchentür aus an wie ich einst meine Mutter. Ihre Augen waren weit aufgerissen, der Mund auch, zum stummen Schrei. Sehr gut. Ich fasste mir ans Herz, stöhnte leise. Ein wenig Mitleid würde mir jetzt helfen. Hatte ja in Hamburg auch funktioniert.

Es klappte wieder. Sie schien jedenfalls milde gestimmt, schimpfte nicht weiter, sondern sorgte sich.

»Alles in Ordnung mit dir?«, fragte sie und half mir wieder auf die Beine.

»Alles gut«, behauptete ich, »ich weiß jetzt, wie es geht.«

Mit Mühe kriegte ich die Finger wieder auseinander, zwischen denen immer noch der Knopf klebte. Ich drückte ihn auf die Halterung, und es gelang mir tatsächlich noch, die Maschine zum Laufen zu bringen.

»Donnerwetter«, sagte meine Frau. Sagt sie sonst nie. »Donnerwetter« ist eigentlich mein Wort. Das war doch schon mal was.

Ich brauchte eine kurze Pause, aber überall im Haus standen unsere Gäste herum. Ich ging in mein kleines Arbeitszimmer, auf meinem Lesesessel saß Duffy und zog die Lefzen hoch. Einem ersten Impuls folgend wollte ich ihn verscheuchen. Das musste ein Ende haben, dass sogar der Hund mir meinen Platz streitig macht. Dann aber ließ ich ihn großzügig gewähren, wahrscheinlich war es ihm auch zu unruhig. Ich ging weiter, warf einen Blick in Florians altes Zimmer. Das war immer noch ziemlich kahl, aber Daniela hatte es tatsächlich geschafft, das zertrümmerte Regal wieder zusammenzu-

setzen. Und ich musste zugeben, dass es nicht schlecht aussah.

Ich wandte mich ab und schloss mich in unserem neuen Bad ein, um mir einen Blick auf das Handydisplay zu gönnen. Sophies Maschine war immer noch ein gutes Stück von ihrem Ziel entfernt. Ich guckte in die Runde, Gerlachs Leute hatten gute Arbeit geleistet, ebenso wie Schwiegervater mit den Fliesen. Früher ließen wir Gäste grundsätzlich nicht in unser Bad, weil mir der Zustand ein wenig peinlich gewesen war. Jetzt sah es aus wie in einer Wohnzeitschrift. Silberfische waren auch keine mehr zu sehen. Wohin hätten sie auch fliehen sollen? All die offenen Fugen, die staubigen Ritzen, sie waren verschwunden. Ich spielte am Lichtschalter, erfreute mich an den LEDs, die verborgen im Spiegel aufflammten. Schade, dass die Dusche nicht richtig funktionierte. Was leider meine Schuld war. Irgendwo müssen wir ja mit dem Sparen anfangen, hatte ich behauptet und die Duscharmatur, die Gerlach besorgen wollte, aus unserem Auftrag gestrichen. Ich fand sie zu teuer und holte eine aus dem Baumarkt. Die sah sogar besser aus. Gerlach weigerte sich trotzdem, sie zu montieren, weil er dafür keine Garantie übernehmen wollte. Also musste ich das selbst tun. Hatte so weit auch ganz gut geklappt, es kam bloß kein warmes Wasser. Im Baumarkt behaupteten sie, das läge an der Installation, Gerlach wiederum versicherte, alles sei richtig verlegt, nur dass eben das Ding, das ich gekauft hatte, nichts taugen würde.

Jemand rüttelte an der Tür. Es war Florian. »Bist du da drin? Papa! In der Küche ist immer noch Chaos, und

du müsstest dich jetzt wirklich um die Gäste kümmern.«
Ich öffnete.

»Du hast gar nicht gespült«, sagte er. Wie aufmerksam.

»Hm«, brummte ich, »hab mich auch nur mal umgesehen.«

Wir gingen gemeinsam die Treppe runter. Wie groß der Junge jetzt war! »Ich kümmere mich um die Küche«, sagte Florian und schickte sich an, das Werkzeug wegzuräumen, das ich auf dem Boden hatte liegen lassen. Er hatte sich so verändert, seit er in seine eigene Wohnung gezogen war. Ich finde ja, dass er es bei uns schöner gehabt hat. Aber er war stolz wie sonst was, arbeitete neuerdings in einem Copyshop und war auch sonst kaum wiederzuerkennen. Bei unserem ersten Besuch nach seinem Umzug, er hatte uns zum Kaffee eingeladen, was ich ausgesprochen rührend fand, fragte er uns tatsächlich an der Tür, ob wir nicht die Schuhe ausziehen könnten, weil er doch gerade gewischt habe. Mein Sohn, gewischt. Ich erinnere mich noch sehr gut, in welchem Zustand sein Zimmer bei uns zuletzt gewesen war, an die Pizzakartons und die Essensreste auf seinem Schreibtisch, an die halb leere Flasche Wein, die er vor uns in seiner Sockenschublade versteckt hatte und auf die ich ihn nicht ansprechen durfte, weil er sonst ja gewusst hätte, dass ich in seinen Sachen rumstöberte.

Bei seiner Einweihungsparty hingegen hatte er sich tatsächlich mit Sophie gestritten, weil sie seiner Meinung nach im Treppenhaus zu laut gewesen war und er bei den Nachbarn keinen schlechten Eindruck hinterlassen wollte. Ausgerechnet er, der mich mehr als ein-

mal aus dem Schlaf gerissen hatte, während er mit seinen Kumpanen durch unser Treppenhaus polterte. Seit er ausgezogen ist, verstehen wir uns super. Wir haben uns sogar verabredet, zusammen ins Kino zu gehen, wenn der neue Bond anlaufen würde. Dabei kommt es mir manchmal so vor, als ob wir erst neulich zusammen »Ein Schweinchen namens Babe« gesehen hatten und er mitten in der Vorstellung an meiner Schulter eingeschlafen war.

Dabei ist das jetzt bestimmt sechzehn Jahre her. Mir wurde wieder melancholisch zumute. Florian kommt nur noch zu Besuch, und Sophie würden wir auch erst in einem Jahr wiedersehen. Was wird das mit Daniela und mir machen? Connie und Frank fielen mir wieder ein. Sie hatten wohl einen Käufer für ihr Haus gefunden und waren tatsächlich im Begriff, die letzten zwanzig Jahre ihres Lebens abzuwickeln. Ich fragte mich, ob es wohl auch so schnell gegangen wäre, wenn ihre Kinder noch klein gewesen wären. Ich guckte auf den Flight-Tracker, Sophie näherte sich ihrem Ziel. Ich suchte meine Frau, um ihr die Nachricht zu überbringen, dass wir bald bereit zur Landung wären, sah sie aber nirgends. Drinnen nicht, auf der Terrasse auch nicht, doch dann entdeckte ich sie hinten im Garten. Tobi hatte sie verdeckt. Und dann erkannte ich, warum. Er hielt sie im Arm. Was war das denn jetzt? Ausgerechnet Tobi. Ich wollte hingehen, aber in diesem Moment klingelte es. Durch das Küchenfenster sah ich, wie Florian gerade die Kruste vom Herd schabte, irgendetwas war dort übergekocht, also musste ich wohl zur Tür.

»Georg, das ist aber eine Überraschung.« Ich hatte

meinen Chef schon oft eingeladen, aber immer war ihm irgendetwas dazwischengekommen, wie er hinterher behauptete. Was eigentlich nur eine Schlussfolgerung zuließ: Ich bin ihm nicht wichtig genug. Früher, da hatte ihn meine Meinung interessiert, zog er mich sogar hin und wieder ins Vertrauen. In letzter Zeit nicht mehr. Keine Frage, meine Karriere war im Sinkflug, für eine Beförderung wurde ich wohl langsam zu alt. Und jetzt stand er vor mir. »Komm doch rein«, sagte ich. Während ich die Tür zur vollen Breite öffnete, rannte Duffy kläffend an mir vorbei und verbiss sich in Georgs Schuh. »Duffy!«, brüllte ich, Georg versuchte, seinen Fuß frei zu bekommen. »Daniela!«, schrie ich noch ein bisschen lauter. »Dein Hund!« Aber Georg war inzwischen in die Hocke gegangen und versuchte selbst, Duffy zu beruhigen. Der probierte weiter, Georgs Fuß zwischen seinen Zähnen durch Schütteln das nicht vorhandene Genick zu brechen, gab dann aber tatsächlich auf.

»Das ist also deine pelzige Inspiration«, sagte Georg. Ich verstand die Anspielung sofort. Tatsächlich hatte ich mal einen Werbespot für Toilettenpapier vorgeschlagen, bei dem ein kleiner Hund mit dem Zipfel einer Klopapierrolle erst durch das ganze Haus und dann auch noch durch den Garten rannte. Ein, wie ich fand, ziemlich lustiger Hinweis darauf, wie lang die Rolle war. Tatsächlich hatte es einen ähnlichen Spot schon einmal gegeben, fünfzehn Jahre vorher im irischen Fernsehen, was, wie ich glaubte, keiner merken würde. Leider merkte es dann doch jemand, der Spot wurde abgelehnt, und Georg hatte etwas von »Plagiat« erzählt und wie peinlich das für alle war.

»Der Hund war nicht meine Idee«, sagte ich, »den hat Daniela ins Haus geholt.«

»Schon in Ordnung.« Georg kam rein, er hatte einen Blumenstrauß in der Hand. »Wo ist denn deine Frau?«

»Weiß nicht«, log ich und hoffte, sie würde sich inzwischen von Tobi gelöst haben.

Wir gingen zusammen zur Terrasse. Schon von Weitem hörte ich, dass dort irgendetwas im Gange war. »Wenn der seine Trulla mitbringt, bin ich weg.« Das war Connies Stimme. »Ich will eigentlich gar nicht, dass der kommt. Nicht einmal, wenn er alleine ist.«

Georg guckte mich an. »Und das ist?«, fragte er.

»Connie, eine gute Freundin von uns. Sie trennt sich gerade von Frank, auch ein Freund von mir und außerdem Danielas Bruder.«

»Kenn ich – also nicht die beiden, sondern die Situation.«

Ich guckte Georg an. Warum war er eigentlich allein gekommen? Mir fiel auf, dass ich überhaupt nicht wusste, was bei ihm zu Hause so los war. Er machte noch ein paar Schritte nach draußen und sagte dann: »Hallo, ich bin Georg.« Wenn er wollte, konnte er ganz charmant sein. Jedenfalls guckten ihn alle an.

»Mein Chef«, stellte ich ihn vor, damit jeder Bescheid wusste und niemand irgendetwas Dummes zum Besten gab, eine bescheuerte Anekdote womöglich, bei der ich nicht gut aussah. Ich blickte mich nach Micha um, der ein Topkandidat für solche Situationen war, sah ihn aber ins Gespräch vertieft mit Wolle, unserem Autoschrauber, und Siggi. Wahrscheinlich waren sie in eine Diskussion über Motorsägen verwickelt, von dort drohte also keine Gefahr. »Ich lass euch mal einen Augenblick alleine«, sagte ich in die Runde, die mir sowieso nicht zuhörte, und ging wieder rein.

Wo war eigentlich Frank? Natürlich hatten wir ihn auch eingeladen, aber bis jetzt war er noch nicht aufgetaucht. Ich hatte so eine Ahnung, die Lage könnte eskalieren, wenn er jetzt käme und womöglich seine neue Freundin mitbrachte. Ich rief ihn an. Es dauerte eine Weile, ich wollte schon aufgeben, als er doch noch ranging. »Frank«, zischte ich mit unterdrückter Stimme, musste mich ja nicht jeder hören, »wo bist du?«

»Ja, also, mir ist da noch etwas dazwischengekommen, aber wir sind gleich da.« Im Hintergrund hörte ich jemanden kichern. Er hatte tatsächlich »wir« gesagt.

»Hm«, brummte ich, wie immer, wenn ich nicht wusste, was ich sonst sagen sollte.

»Was heißt hier ›hm‹«, fragte er sofort, »sind wir nicht willkommen? Musst du nur sagen, dass ich mir neue Freunde suchen soll!«

»Jetzt bleib mal ruhig, es ist nur so, ich will hier keine Szene, und Connie ist einfach nicht gut drauf. Natürlich bist du willkommen, aber könntest du vielleicht alleine...«

»Mal sehen, ob ich überhaupt Lust habe«, unterbrach er mich ziemlich barsch, »ich misch mich ja auch nicht in dein Sexleben.«

»Was heißt hier Sexleben«, jetzt war ich verärgert, »mit Doreen war doch gar nichts.«

Prima, dachte ich, wenn der in dieser Stimmung hier auftaucht, wird es bestimmt super, vor allem wenn er mit dem Thema Sex anfängt. Fehlte eigentlich nur, dass

Doreen ebenfalls auftaucht. Ich hatte seit Hamburg nichts mehr von ihr gehört und auch keine Nachricht bekommen. Aber es war immerhin möglich, dass sie von unserer Party heute wusste.

»Frank«, unternahm ich mit gesenkter Stimme einen neuen Anlauf, ihn zu beruhigen.

Er drückte mich einfach weg. Ich widerstand der Versuchung, ihn noch einmal anzurufen, und machte mich auf die Suche nach meiner Frau. Immerhin ist er ihr Bruder, vielleicht konnte sie mal mit Frank reden.

Ich fand sie mit Tobi im Strandkorb.

»Störe ich?«, fragte ich.

»Gar nicht«, sagte Tobi und setzte sein wölfisches Grinsen auf. Hatte wahrscheinlich nichts zu sagen, er grinste immer so, aber heute machte es mich nervös.

»Und?«, fragte ich. »Was hattet ihr so zu bereden? Muss ja ein emotionales Thema gewesen sein, dass dich Tobi gleich in den Arm nimmt?«

»Bist du eifersüchtig?« Sie lächelte. »Ich habe ihn gefragt, ob er nicht auch findet, dass du dich in letzter Zeit seltsam benimmst.«

»Seltsam«, sagte ich, »ich versuche doch nur, mich weiterzuentwickeln.«

»Ist ja gut«, sie nahm meine Hand und zog sich an mir aus dem Strandkorb. Gemeinsam gingen wir zurück zum Haus. »Tatsächlich war da noch was«, flüsterte sie, »Tobi fühlt sich manchmal ziemlich einsam.«

Tobi, ich dachte an unser Gespräch nach der letzten Billardrunde, vielleicht war ich nicht genug auf ihn eingegangen. »Was redest du da, du musst dich irren. Wenn Tobi sich einsam fühlt, zieht er los und guckt in anderer Leute Einkaufswagen, bis er eine andere einsame Seele gefunden hat.«

»Er hat es mir aber erzählt«, unterbrach Daniela. »Redet ihr eigentlich nie miteinander? Ich denke, ihr seid Freunde?«

»'türlich reden wir. Nicht so oft vielleicht. Beim Billard muss man sich schließlich auch konzentrieren.«

»Es gibt da noch etwas«, unterbrach sie mich ein zweites Mal. Jetzt kommt es, dachte ich, gleich sagt sie, ich verlasse dich und zieh mit Tobi zusammen. »Sie haben mir die Leitung unseres Controllings angeboten. Das wäre schon einiges mehr an Geld, was wir ja gut gebrauchen könnten. Du sagst doch selbst, du kannst im Moment keine großen Sprünge erwarten.«

Mehr Geld, dachte ich, das wäre schon schön. Ich machte mir ernsthaft Sorgen, dass wir in die Insolvenz rutschen würden, wenn jetzt noch irgendetwas mit dem Haus passierte. Andererseits würde sie wahrscheinlich auch mehr arbeiten müssen. Und ich wäre wieder ein kleines Stückchen weniger wichtig. »Das erfahre ich jetzt so nebenbei. Du redest ja auch nicht besonders viel mit mir.«

»Wann denn? Du bist ja nie da!«, konterte sie. »Und lass doch mal dein Handy in Ruhe.«

»Sophie ist gerade gelandet«, sagte ich, und damit hatte ich Danielas volle Aufmerksamkeit.

Es dauerte dann noch eine halbe Stunde, bis wir Sophie endlich am Telefon hatten. Mein kleines Mädchen klang sehr müde und wartete immer noch auf ihr Gepäck. Aber wenigstens war sie wohlbehalten angekommen, der Rest würde sich schon finden. Und das

war dann der Moment, in dem mir der Abend vollends entglitt.

Es war einfach alles ein bisschen viel. Immerhin soll es Leute geben, die fallen tot um, wenn sie einen elektrischen Schlag kriegen. Danielas Geständnis, dass sie wohl befördert werden würde, war natürlich eine gute Nachricht. Aber das hieß auch, dass ihr gelungen war, was ich nicht geschafft hatte. Muss man auch erst einmal verkraften. Ich lief immer noch rum wie ein verfärbter Wischmopp und hatte mich seit Sophies Start in eine Art Stellvertreter-Flugangst hineingesteigert. Ich wusste nicht wirklich, was meine Freunde bewegte. Meine Lieblingstasse war kaputt, ausgerechnet mein Beitrag zu unserem neuen Bad war der, der jetzt nicht funktionierte. Mein bester Freund, dem zuliebe ich mich aus einem Flugzeug gestürzt hatte, redete nicht mehr mit mir, und unser Auto war auch kaputt. Jetzt war Schluss, mehr geht nicht.

Es gelang mir, mich in nicht einmal einer halben Stunde schwer zu betrinken. Das Eigenartige aber war, dass meine Frau es mir gleichtat. Was ich nicht gleich bemerkte, weil sie immer so kontrolliert ist. Die volle Aufmerksamkeit aller hatte sie erst, als sie die Stufe zwischen Terrasse und Garten verfehlte und mit erhobenem Sektglas in den Rhododendron stürzte. Es schien ihr nur nicht viel auszumachen, sie lachte einfach weiter und sagte zwischendurch immer wieder: »Meine Kleine, sie ist jetzt in Amerika.« Und dann fing sie an, einen Song von Rammstein zu singen, »Amerika, Amerika«, und schmiss das Sektglas, das sie bis dahin in der Hand gehalten hatte, Richtung Schuppen. Was sie noch nie getan hatte, weder Rammstein singen noch ein Glas wegwerfen, schon aus Angst, Duffy könnte sich eine Scherbe eintreten. So kriegten wir auch nicht mehr richtig mit, dass Frank noch kam – und tatsächlich »seine Trulla« mitbrachte, wie Connie ihre Nachfolgerin nannte. Jedenfalls legten die drei auf unserer Terrasse eine Szene hin, bei der auch noch meine zweite Lieblingstasse kaputtging. Die beiden, ich meine die Tassen, sie waren ein Paar gewesen. Und nun war auch diese Einheit zerstört.

Zum Glück beruhigten sich aber alle wieder. Offenbar war es ausgerechnet Georg, der als Moderator daran einigen Anteil hatte. Im Leiten von Konferenzen ist er richtig gut. Er und Connie sollen sich dann länger darüber unterhalten haben, wohin man am besten auswandern könne, Chile oder doch lieber Thailand. Doreen kam übrigens auch noch, wir wechselten allerdings nur wenige Worte miteinander. Umso angeregter unterhielt sie sich dann mit Tobi. Sollte mir recht sein. Und Duffy kotzte in den Garten, nachdem er sich über die Würste hergemacht hatte, die neben dem Grill lagen, die aber in dem allgemeinen Chaos keiner mehr beachtet hatte.

Wie gesagt, von dem allem kriegte ich nicht mehr viel mit.

Irgendetwas drückte mir furchtbar in den Rücken. Ein dumpfer Schmerz, es dauerte eine Weile, bis er sich in meinem Bewusstsein ausbreitete und ich ihn genauer lokalisieren konnte. Ich schlug die Augen auf, tastete mich vorsichtig zur Quelle des Übels vor und hielt einen halb zerdrückten Apfel in der Hand. Ich schüttelte mich, mir war kalt, außerdem hatte ich einen pelzi-

gen Geschmack im Mund. Ich drehte mich auf die Seite, weg von dem Schmerz und hatte jemanden im Arm. Der Schreck weckte mich endgültig auf. Doch ich roch einen vertrauten Duft und sah Daniela, die ebenfalls gerade die Augen öffnete.

»Oh Gott«, murmelte sie, »wir haben im Garten geschlafen.«

Ich drückte ihre Hand. »Haben wir lange nicht getan, vor allem nicht ohne Bettzeug und im September.«

Wir lagen unter unserem Apfelbaum. Von unseren Gästen war niemand mehr zu sehen.

Ich drehte mich noch einmal, jetzt drückte mein Handy in der Tasche. Es waren einige Nachrichten eingetroffen. »Sophie hat immer noch nicht ihr Gepäck bekommen, aber sie ist wohlbehalten bei ihren Gasteltern eingetroffen.«

»Verdammt«, sagte meine Frau, »ihre ganzen Sachen.«

»Das wird schon«, behauptete ich, dann scrollte ich zur nächsten Nachricht. Sie war von Georg. »Ich wollte dich nicht wecken«, hatte er geschrieben, »euer Sohn hat gesagt, er würde sich um alles kümmern.« Himmel war das peinlich. Ich stellte mir vor, wie ich vor meinem Chef komatös auf dem Rasen lag. Er hatte seiner Nachricht eine kleine Filmdatei beigefügt, nein, sogar zwei. Die erste zeigte den Moment, in dem Daniela in den Rhododendron gefallen war. Die zweite zeigte mich, auf dem Tisch tanzend, jedenfalls kurz, dann fiel ich hintenüber, wo mich Tobi auffing. Das war es wohl endgültig mit meiner Karriere. »Ich fand's lustig«, hatte Georg geschrieben, »und keine Angst, niemand sonst kriegt das zu sehen, ich hab's gelöscht.«

Ich nahm meine Frau wieder in den Arm. »Alles wird gut«, behauptete ich.

»Hm«, murmelte sie, »aber wo ist unser Sohn?«

Gute Frage, dachte ich und sagte: »Mach dir keine Sorgen, der Junge ist selbstständig.«

13
Ein neues Projekt

Der Platz neben mir war verlassen. Überrascht fasste ich noch zweimal auf die leere Decke, bis mir bewusst wurde, dass Daniela ja jetzt immer früher aufstand. Ihr neuer Job. Musste mich erst daran gewöhnen. Auch daran, dass sie jetzt mehr Geld verdiente als ich. Ich strich mir über die raspelkurzen Haare, die wieder grau waren. Meine Färbphase hatte Chantal auf meinen Wunsch hin radikal beendet. Ich dachte an Florian, unseren Sohn, wie er auf meine Frage, was er denn mal werden wolle, geantwortet hatte: »Weiß nicht, irgendetwas, wo ich gut bezahlt werde, so wie du halt.« Der gute Junge, da muss er zehn gewesen sein, vielleicht auch zwölf. Er schaute zu mir auf, zu seinem Papa. Er machte mich zu seinem Vorbild, wie wunderbar. Ob das heute immer noch so sein würde? Ich überlegte, ob es klug wäre, ihn mal zu fragen. Knautschke fiel mir wieder ein, das Nilpferd im Zoo, mit dem sein Sohn Nante kurzen Prozess gemacht hatte.

»Reiß dich zusammen«, murmelte ich leise vor mich hin, »wie oldschool ist das denn, dass es dir zu schaffen macht, wenn deine Frau mehr verdient. Freu dich doch.« Jetzt führte ich schon Selbstgespräche. Ich blieb noch ein wenig liegen und konzentrierte mich darauf, mich zu freuen. Das klappte nicht besonders gut. Stattdessen grübelte ich einfach weiter vor mich hin.

Ich sah mein Büro vor Augen, malte mir aus, wie ich mich wohl über kurz oder lang damit abfinden musste, dass mir irgendetwas weniger Spannendes anvertraut würde. Das Betexten lustiger Scherzkarten zum Beispiel, wie sie in Schreibwarengeschäften auf den Drehständern stehen. So etwas wie »Du spielst Fußball – welche Position denn? Pfosten?« oder: »Ich spüre das Tier in mir. Es ist ein Faultier«. Gibt es beide schon. Mir würde etwas Originelleres einfallen müssen. Du liebe Zeit. Ich meine, es kann doch nicht sein, dass ein Mann sein ganzes Selbstbewusstsein nur aus seiner Arbeit zieht. Es gibt doch noch so viel mehr im Leben. Ich verfiel in noch tieferes Grübeln, was das sein könnte. Dann fiel mir Wolle wieder ein.

»Ihr braucht ein gemeinsames Projekt, du und Daniela.« Das hatte Wolle, unser Autoschrauber, auf unserer Gartenparty gesagt. Kurz nachdem mir der Geschirrspüler einen Schlag versetzt hatte. Wir hatten den Gedanken in diesem Moment nur nicht weiter ausführen können, weil der Abend ja dann eskalierte. Ich beschloss, nach der Arbeit zu Wolle in die Werkstatt zu fahren. Es wurde sowieso höchste Zeit, unseren Wagen abzuholen, der stand inzwischen schon wieder eine halbe Ewigkeit bei ihm.

»Hallo Wolle, wie geht's, wie steht's.« Ich hatte beschlossen, so freundlich wie möglich aufzutreten. Im Moment schien es mir so, als ob Wolle der einzige Freund war, der mir noch blieb. Ausgerechnet Wolle. Der sein Schweigen für gewöhnlich nur unterbricht, um irgendetwas zu brummen. Weshalb man schnell zum Alleinunterhalter wird, wenn man ihm ein Gespräch aufdrängt. Ich streckte die Hand zur Begrüßung aus, sah, wie er seine Hände an dem dreckigen Lappen abwischte, der ihm immer aus der Gesäßtasche seines Graumanns hing, und kriegte gerade noch die Kurve zu einem lässigen Winken.

»Kupplung fertig?«

»Hm«, brummte Wolle.

»Mann, das hat ja gedauert!« Der Satz rutschte mir einfach so raus, es klang ungehaltener als beabsichtigt. Immerhin war Wolle extrem preiswert und versuchte nie, einem irgendeinen sinnlosen Quatsch unterzujubeln. In anderen Werkstätten war mir früher so etwas regelmäßig passiert. So etwas wie: »Oh, Sie brauchen neue Wischergummis, mit den alten darf ich Sie gar nicht vom Hof lassen.« Oder: »Tut mir leid, Sie sind leider nicht durch den TÜV gekommen, da hing ein Faden aus dem Sicherheitsgurt auf dem Rücksitz, so etwas ist brandgefährlich.« Wolle hingegen war immer korrekt und machte nie mehr, als er musste. Manchmal sogar weniger.

»Ja, also, tut mir leid«, sagte Wolle von sich aus und polierte seinen Daumen mit dem dreckigen Lappen. »Aber ich hatte einfach so viel zu tun. Erst musste ich Tobis Capri fertig machen, dann war ja da noch dieses

alte Wohnmobil, und außerdem hast du ja selbst gesagt, du brauchst den Wagen nicht so schnell.«

»Stimmt«, erwiderte ich, »aber mit so schnell meinte ich nicht die nächsten Wochen.«

»Ich komm dir auch entgegen«, sagte Wolle.

Okay, dachte ich schon wieder besänftigt. Wie viel mochte er meinen? Aber Wolle kam vom Thema ab und war in seinem ungewöhnlichen Redefluss gar nicht mehr zu stoppen.

»Tobi hatte noch ein paar Extrawünsche, damit sein Capri so authentisch wie möglich aussieht.«

Ich bemerkte, dass Wolle Probleme mit »s«-Lauten hatte, vor allem wenn sie zum »sch« wurden. War mir sonst gar nicht aufgefallen, wahrscheinlich weil er nie viel sprach. Zu viel Spucke im Mund, dachte ich.

»Ich musste ihm sogar einen Fuchsschwanz besorgen«, fuhr er fort, »Fuchsschwanz« bereitete ihm besondere Probleme, »obwohl der ja eigentlich besser zum Opel Manta passt. Aber er wollte Doreen einen Gefallen tun.«

»Doreen? Wieso Doreen?« Ich war verblüfft.

»Na hast du nicht mitgekriegt, wie die beiden bei dir rumgeknutscht haben?«

Hatte ich nicht. Bekanntermaßen hatte ich auf unserer Gartenparty andere Probleme gehabt. Ich dachte an Sophie. Inzwischen war sie mit ihrem Gepäck vereint und meldete sich viel zu selten bei uns. Offenbar ging es ihr gut. Ein bisschen mehr Heimweh könnte sie ruhig haben.

»Tobi ist hin und weg. Sie ist die Liebe seines Lebens, hat er mir erzählt.«

»Die Liebe seines Lebens«, echote ich, »wie oft ich das schon gehört habe.«

»Ja, aber diesmal ist alles anders.« Wolle blieb beharrlich. Ich wich dem feinen Spucketropfen aus, der ihm bei »anders« rausrutschte. »Endlich jemand in seinem Alter, hat er gesagt, und dann sind sie hierher in die Werkstatt gekommen, Tobi hat ihr den Capri gezeigt, und seitdem sind die beiden unzertrennlich.«

»Ich weiß«, sagte ich, »Doreen hatte selbst mal einen, vor Ewigkeiten.« Deshalb hatte sie mir also nicht mal mehr eine Nachricht geschickt. Ich spürte tatsächlich so etwas wie Eifersucht. Was natürlich Unsinn war, aber ich hatte geglaubt, Doreen findet mich gut. Mindestens. Hatte mir geschmeichelt. Jetzt fand sie Tobi besser.

Ich dachte an sein wölfisches Grinsen. Und daran, dass unsere Billardrunde zuletzt immer wieder verschoben wurde. Eigentlich trafen wir uns seit Jahren alle zwei Wochen. Jetzt fanden wir keinen Termin mehr. Wegen Frank, hatte ich gedacht, alles wegen Frank. Seit der seine neue Trulla hat – jetzt nenne ich sie auch schon so –, hat er keine Zeit mehr für uns. Jede freie Minute verbringt er mit ihr. Das Letzte, was ich von ihm gehört hatte, war, dass die beiden eine Radtour an der Elbe planten. »Stell dir vor, Karen fährt mit mir Rad. Hat Connie nie getan.« So lauteten seine Worte. Natürlich denkt man dann, warum fährt er nicht mit mir? Und hält er mich seit unserem Hamburger Triathlon für einen Versager, der nicht mehr mit ihm mithalten kann? Jetzt wusste ich, der wahre Grund ist ein anderer: Mit mir würde er keinen Sex haben. Ich dachte an seinen Badezimmerschrank, in dem zwar kein einziges Pflaster zu

finden war, dafür war das Ding randvoll mit Präservativen. Okay, ich hatte kapiert, Frank kannst du erst mal vergessen. Das Lustige daran ist, dass Connies Leben inzwischen viel spannender ist als seines. Langeweile, das war doch der Knackpunkt in ihrer Ehe gewesen. Und was macht Connie? Sie lernt einen Australier kennen, mit dem sie inzwischen nach Bali abgereist ist. Nicht ohne vorher noch zum Besten zu geben, dass sie jetzt Sex hat. Guten Sex. Keinen Bruder- und Schwestersex.

Das soll aber nur eine Zwischenstation sein. Connie und Frank haben inzwischen ihr Haus verkauft, und mit ihrem Anteil wollen sie und ihr Australier in Byron Bay, das muss irgendein Badeort an der australischen Ostküste sein, eine Surferbar aufmachen. »Die ist verrückt geworden«, hat Frank noch gesagt. Tatsächlich benahm sich Connie wie ausgewechselt. Sie, die immer die brave Hausfrau war, sagt neuerdings, dass Frank zwar für immer ihr Superman bleiben werde, dass sie aber beschlossen habe, jetzt als Batgirl weiterzuleben. Oder hatte sie Bad Girl gesagt? Na egal, ich gönne es ihr.

Micha meldete sich auch nicht mehr. Das Letzte, was ich von ihm gehört habe, war, dass er eine Kur machen wollte. Ich habe vergessen, weshalb. Ich glaube, es war der Rücken. Ich weiß auch nicht, wie ernst es ist. Das weiß keiner so genau. Und eigentlich glauben wir alle, dass Micha das mit der Kur vor allem deshalb macht, weil er einen Plan verfolgt. Er will unbedingt in den Vorruhestand, und zwar mit möglichst geringen Abzügen. Also macht er eine Kur nach der anderen und arbeitet gezielt an seiner Krankengeschichte. Um irgendwann berufsunfähig geschrieben zu werden.

So kam es, dass Wolle zu meinem einzig verfügbaren Freund aufgestiegen ist. Leider spielt er kein Billard. Und ich habe nicht besonders viel Ahnung von Autos. Um ehrlich zu sein, haben sie mich noch nie besonders interessiert, auch wenn ich manchmal so tue, weil ich es in meiner Altersgruppe mit ziemlich vielen Männern zu tun habe, die in PS denken. Wolle schwärmt zum Beispiel für Motorräder. Einmal war ich bei ihm zu Hause, ist allerdings schon ewig her. In der ganzen Wohnung lagen Teile von seiner Harley. Sogar auf dem Bett. Die Decke sah aus, als hätte er darauf einen Ölwechsel vorgenommen.

Es ist mir ein Rätsel, wie es seine Frau Mary mit ihm aushielt. Dass sie Mary heißt, wusste ich übrigens erst seit Kurzem, weil er ihren Namen nie ausspricht und sie stattdessen beharrlich »meinen Hasen« nennt. Inzwischen weiß ich sogar, wie sie aussieht, da hängt nämlich ein Bild von ihr in der Werkstatt, ein Bild, von dem ich bisher immer glaubte, es wäre irgendein Poster. Ich kenne sonst niemanden, der sich das Wort »Harley« auf die Wade tätowieren würde. Aber wahrscheinlich muss man so ticken, wenn man mit Wolle zusammen sein will.

Unser Wagen stand auf seinem engen Werkstatthof hinter dem alten Wohnmobil, deshalb hatte ich ihn beim Reinkommen nicht gesehen. »Und was hast du damit vor?« Ich zeigte auf die fahrende Schrankwand in Zahnsteinfarbe.

»Nichts«, antwortete Wolle, »mein Hase hat keinen Bock mehr darauf.«

»Wieso?«, fragte ich ihn.

»Mary findet, dafür seien wir noch nicht alt genug.

Wohnmobile sind was für Rentner. Außerdem könnten wir unsere Motorräder nicht mitnehmen.«

Ich betätigte die Klinke der Aufbautür, sie war nicht abgeschlossen und schwang auf.

»Willst du mal reingucken?«, fragte er.

Ohne zu antworten, stieg ich ein.

Drinnen war es überraschend geräumig. Alles da, Sitzecke, kleine Küche, Kühlschrank, ein Klo gab es auch. »Nett«, sagte ich nach rückwärts. Erinnerungen stiegen in mir auf. Wir sind selbst immer mit dem Wohnwagen von Schwiegereltern in den Urlaub gefahren, allerdings nur, solange die Kinder kleiner waren. Vor allem aber hatten Daniela und ich uns in einem Wohnwagen kennengelernt. Das heißt, kennengelernt ist nicht ganz richtig, nähergekommen trifft es mehr. Ist ewig her, damals waren wir eine große Clique, die regelmäßig zu Pfingsten nach Dänemark fuhr. Ich hatte gerade eine unglückliche Beziehung zu Ende gebracht und war spontan mit einem Minizelt mitgefahren. Pfingsten kann es sehr kalt sein in Dänemark. Jedenfalls gewährte mir Frank Unterschlupf in einem Caravan, den er dort gemietet hatte. Mir und seiner Schwester, von der ich damals noch nicht ahnte, dass sie mal meine Frau werden würde.

Was soll ich sagen, draußen stürmte es, der Regen hämmerte auf unser Blechdach, wir tranken Bier aus Dosen, und irgendwann lagen ich und Franks Schwester Arm in Arm in der Sitzgruppe. »Bleibt einfach hier«, hatte Frank gesagt und sich mit Connie hinter eine Schiebetür zurückgezogen. Ehrlich gesagt war mir das alles etwas peinlich damals. Die Schiebetür war sehr dünn, ich wagte kaum, mich zu rühren. Dafür rührte Daniela sich. Und am nächsten Morgen waren wir ein Paar.

Klingt einfach, war es aber nicht. Am schlimmsten wurde es, als ich aufs Klo musste, mich aber nicht traute, weil alles so eng beieinanderlag und ich mir sicher war, jeder würde alles hören. So ein Toilettengang ist ja keine besonders romantische Angelegenheit. Vor allem wenn man noch in der Kennenlernphase ist. Ich bin dann raus in den Regen, kam klitschnass zurück, und es wurde doch noch sehr romantisch. Wie glücklich wir damals waren.

»Weißt du, was ihr braucht?« Wolles zischende Stimme mischte sich von der Tür her in meine Gedanken. Ich guckte ihn ahnungslos an. »Ihr braucht ein gemeinsames Projekt.«

»Wie meinst du das?« Ich hatte nicht ganz kapiert, was er mir sagen wollte.

»Na ja, eure Kinder waren euer Projekt, das hat euch all die Jahre zusammengehalten, aber das geht jetzt zu Ende. Jetzt braucht ihr ein neues gemeinsames Projekt.«

»Und was soll das sein?«, fragte ich ihn.

»Keine Ahnung, was das bei euch ist. Wir haben unsere Motorräder. Andere Leute besorgen sich ein Opernabonnement.«

»Oper ist nicht so meins«, erwiderte ich, »und Danielas auch nicht.«

»Theater«, schlug er vor, ich zog die Schultern hoch und ließ sie wieder sinken. »Oder eben das hier«, bei seinen letzten Worten klopfte Wolle auf den Türrahmen. »Ist noch ein bisschen Arbeit, die könnt ihr ja gemeinsam erledigen, du bist doch geschickt, oder?«

»Joo«, sagte ich gedehnt.

»So was schweißt zusammen. Und wenn ihr dann auf engem Raum unterwegs seid, vielleicht an irgendeinem einsamen See steht«, Wolle klang wie aus einem Prospekt für Freizeitausstatter, »und draußen klopft der Regen aufs Dach, sollst mal sehen, wie das zusammenschweißt.«

Ich dachte an Dänemark vor fünfundzwanzig Jahren und fand, der Gedanke hatte tatsächlich was.

Wir einigten uns, dass ich das Ding erst einmal ausprobieren dürfte, Hauptsache, ich würde den Wagen möglichst bald vom Hof fahren, er brauchte den Platz.

Meine Frau war schon da, als ich endlich zu Hause ankam. »Na endlich«, begrüßte sie mich, »ich dachte, wir stoßen endlich mal auf meinen neuen Job an und gehen essen.«

Das taten wir dann auch. Und beim Essen erzählte ich ihr von Wolles Plan, den ich inzwischen zu meinem gemacht hatte. Natürlich war sie zuerst ein wenig verblüfft. »Weißt du noch, wir beide damals in Bøtø, unsere Nacht.« So zog ich sie dann langsam auf meine Seite, und wir fabulierten, wie unsere gemeinsame Zukunft aussehen würde, wir zwei ohne die Kinder.

»Ist natürlich noch ein bisschen Arbeit«, sagte ich, als wir bei unserem letzten Glas Wein waren.

»Arbeit?« Ihre Frage blieb in der Luft hängen.

»Na ja, fahren tut es, aber drinnen ist noch einiges zu erledigen.«

»Und das macht Wolle?«

»Natürlich nicht.« Ich sah, wie sich ihr Lächeln verflüchtigte, schade, ich mag ihre weißen Zähne. »Aber keine Angst«, fügte ich rasch hinzu, »das schaffen wir, da bin ich sicher. Und dann wird es erst recht unser Projekt.«

»Du klingst wie der Typ aus der Baumarktwerbung.« Ihr Zweifel war unüberhörbar.

»Ach was«, sagte ich, »du wirst sehen, das wird super. Und der Hund darf auch mit.« Womit ich mich ziemlich weit aus dem Fenster lehnte, den Punkt mit dem Hund hatte ich eigentlich später verhandeln wollen.

Zu Hause kuschelten wir uns aneinander, sie strich mir über den rasierten Kopf, es blieb ein schöner Abend.

Am nächsten Morgen verzichtete ich auf die Snoozetaste, sprang stattdessen sofort aus dem Bett. Daniela war allerdings schon fertig mit Frühstücken. Sie verabschiedete sich rasch und musste los.

Ich ging ins Bad. Endlich funktionierte auch die Dusche. Ich hatte sie eigenhändig repariert. War ganz leicht, ich musste nur die Kartusche in der Armatur austauschen. Der Hersteller hatte ein Einsehen gehabt und mir eine neue geschickt. Verbunden mit einer fotokopierten Gebrauchsanleitung. Ich drehte den Hahn auf und dachte daran, wie herrlich das Leben sein konnte, wenn man es so erfolgreich gestaltete wie ich. Von irgendwo drang ein hoher Pfeifton in mein Ohr. Eigenartig, dachte ich, wo kommt das her? Ich konnte den Ton nirgendwo zuordnen, also drehte ich das Wasser ab, um besser hören zu können. Der Pfeifton erstarb sofort. Ich drehte wieder auf, es pfiff. Vielleicht hatte ich beim Einbau der Kartusche doch einen Fehler gemacht? Na, das konnte ja keine große Sache sein. Ich trocknete mich ab, band mir das Handtuch um die Hüften und ging in den

Keller, um den Werkzeugkasten zu holen. Von so etwas würde ich mich nicht aufhalten lassen. Das erledigte ich besser gleich.

Auf der Unterseite der Armatur befand sich eine kleine Schraube. Ich wusste, wenn ich die löse, würde ich die Kartusche leicht herausnehmen können. Beherzt drehte ich sie auf. Mit lautem Knall flog die Kartusche aus der Armatur und schlug gegenüber an die Fliese. Gefolgt von einem harten Strahl. Das Wasser schoss mit hohem Druck genau in den Sprung, den die Kartusche in der neuen Fliese gegenüber verursacht hatte. Verdammt, ich hätte zuerst das Wasser abstellen müssen. Ich sprang aus dem Bad, verhedderte mich in dem Handtuch um meine Hüften, fing mich auf der Treppe gerade noch ab. Das Absperrventil war in einem Versorgungsschacht eine Etage tiefer.

Ich stellte das Wasser ab und ging wieder nach oben. Dort hatte die Flut inzwischen die Stufe zum Flur erreicht, der Badezimmerteppich schwamm obenauf. Mist. Ich erkannte sofort, dass ich die Sauerei würde beseitigen müssen, bevor Daniela wieder nach Hause kam. Auch die Fliese würde ich auswechseln müssen. Ich rief im Büro an und meldete mich krank. Für die Arbeit hatte ich jetzt einfach keine Zeit.

Manchmal muss man einfach Prioritäten setzen.

Danke

Zum Entstehen dieses Buches haben viele Freunde in der einen oder anderen Weise beigetragen. Chris, Jochen und Jan aus meiner Billardrunde zum Beispiel, denen ich hier viele Eigenschaften zugetraut habe, die nun wirklich nicht die ihren sind. Die habe ich mir ganz woanders ausgeborgt. Meine Nachbarn übrigens sind allesamt sehr nett, und ich habe auch nichts gegen Lehrer – im Gegenteil, ich wäre selber beinahe mal einer geworden.

Die wichtigsten Menschen in meinem Leben sind aber meine Frau Diana, die wirklich schöne Zähne und fast schwarze Haare hat und manchmal auch ein wenig sarkastisch ist. Aber das macht mir nichts, beinahe wenigstens. Jedenfalls sind wir sehr glücklich zusammen. Und natürlich meine Kinder Katharina und Konstantin, die sehr früh selbstständig wurden, auch kein Makel.

Ich bedanke mich bei meinem Schwiegervater, der ein begnadeter Handwerker ist, auf dessen Hilfe ich immer gerne zähle und hoffentlich weiterhin zählen kann. Und bei meiner Mutter, die mir so viel gegeben

hat. Leider ist sie während der Entstehung dieses Buches verstorben.

Ich bedanke mich bei meinen Freunden Nils, Christian und Nicola, die mich in vielen Dingen beraten haben. Bei Stephan und Michael, die mir mit Tipps aus der Welt des Triathlons und der Werbebranche geholfen haben. Und Jacqueline, die mich als Friseurin unterstützt hat.

Danke meinen Agenten Florian Glässing und Thomas Schmidt von Landwehr & Cie, ohne deren Ermutigung das Buch wahrscheinlich nie erschienen wäre. Meiner Lektorin Katharina Fokken, die immer so viel Vertrauen in mich setzt, sowie meiner Redakteurin Antje Steinhäuser für ihre Sorgfalt.

Und ich bedanke mich bei meinem Hund Duffy, ohne den ich mein mehrwöchiges Schreibexil in der Einsamkeit der Müritz wahrscheinlich nicht schadlos überstanden hätte.

Andreas Austilat
Hotel kann jeder

288 Seiten
auch als E-Book erhältlich

„Meine Frau stammt aus einer Camper-Familie. Ich wusste nicht, was das bedeutet. Mein Gott, ich war verliebt, da hört man nicht immer so genau hin. Die Fotos von diesem zahnsteinfarbenen Ei, das ihr Vater hinter dem Auto herzog und in dem sie die Sommer ihrer Kindheit verbracht hat, hielt ich für farbstichige Erinnerungen aus ihrer Vergangenheit. Ich hatte ja keine Ahnung, dass dies mal meine Gegenwart werden würde ..."

www.goldmann-verlag.de
www.facebook.com/goldmannverlag

Andreas Austilat
Vom Winde gesät

224 Seiten
auch als E-Book erhältlich

Natürliche Neugier und ehrlicher Kleingärtnerehrgeiz treiben den Berliner Journalisten Andreas Austilat dazu an, hinter seinem Reihenhaus nach Herzenslust zu mähen, zu häckseln, zu buddeln und zu graben. Er zählt stolz seine Kirschen und ist zur Stelle, wenn der Rosenkohl um Hilfe ruft. Seine Frau träumt derweil von romantisch rankenden Rosen und „verborgenen" Plätzen auf den paar Metern zwischen Terrasse und Geräteschuppen. Der Blick über den Zaun lässt die Austilats dann oft grün vor Neid werden.

www.goldmann-verlag.de
www.facebook.com/goldmannverlag

GOLDMANN
Lesen erleben